The American Draught Player, Or, The Theory And Practice Of The Scientific Game Of Checkers, Simplified And Illustrated With Practical Diagrams Containing Upwards Of Seventeen Hundred Games And Positions...

Henry Spayth

Nabu Public Domain Reprints:

You are holding a reproduction of an original work published before 1923 that is in the public domain in the United States of America, and possibly other countries. You may freely copy and distribute this work as no entity (individual or corporate) has a copyright on the body of the work. This book may contain prior copyright references, and library stamps (as most of these works were scanned from library copies). These have been scanned and retained as part of the historical artifact.

This book may have occasional imperfections such as missing or blurred pages, poor pictures, errant marks, etc. that were either part of the original artifact, or were introduced by the scanning process. We believe this work is culturally important, and despite the imperfections, have elected to bring it back into print as part of our continuing commitment to the preservation of printed works worldwide. We appreciate your understanding of the imperfections in the preservation process, and hope you enjoy this valuable book.

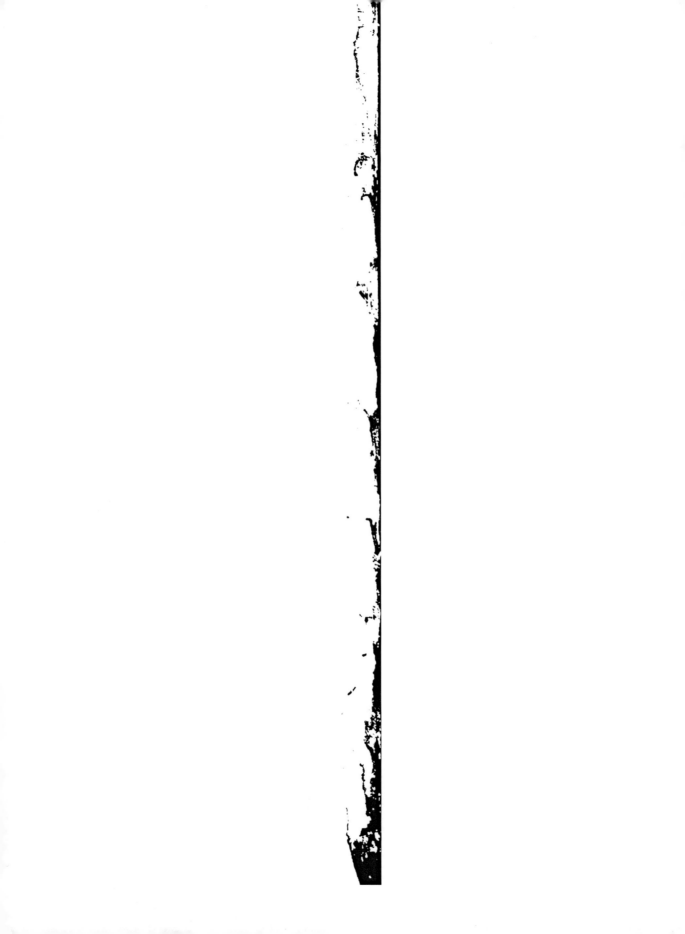

TO L. L. HODGES, ESQ.,

BUFFALO, N. Y.

Feeling highly honored with your permission to dedicate this volume to you, I improve the opportunity to express my admiration for your many sterling qualities, and thanks for the encouragement you have ever manifested toward all that is practical, useful and scientific, in the deeply interesting Game of Draughts; and also to pay a slight tribute to your qualifications as an eminent Draught Player. Wishing you every pleasure and happiness, I remain

Yours, Truly,

HENRY SPAYTH.

BUFFALO, N. Y., 1860.

AUTHORS QUOTED.

Andrew Anderson, Jas. Wylie, John Drummond, J. Sinclair, Wm. Hay, Scotland; Joshua Sturges, Robert Martin, Wm. Payne, England.

CONTRIBUTORS.

Alonzo Brooks, S. Brooks, A. H. Mercer, Geo. Mugridge, J. A. Mugridge, J. Blanchard, Wm. L. Crookston, Geo. Whitcomb, P. Young, Buffalo, N. Y.; J. W. Howard, Lancaster, N. Y.; J. G. M. Fisk, Newark, N. Y.; S. Osgood, O. Dutton, Lockport, N. Y.; E. S. Boughton, Rochester, N. Y.; A. J. Drysdale, A. Ross, John McLean, P. Welch, New York; Jas. Ash, W. R. Bethell, E. Hull, John Paterson, Philadelphia, Pa.; J. D. Janvier, New Castle, Del.; Wm. Everett, Boston, Mass; J. Story, Winchester, Mass.; E. Northrop, Elyria, Ohio; C. H. Irving, Howardsville, Va.; Geo. Thompson, N. J.

CONTRIBUTORS TO ANDERSON'S TREATISE.

J. Neilson, A. McIntosh, A. McKerrow, Wm. Black, Wm. Ross, J. Hutcheson, F. Anderson, J. Fife, W. Lewis, A. Thompson, A. Gardner, T. Muir, J. Dunn, Scotland; A. Brown, J. Mathison, England.

CONTENTS.

	PAGE
Contributors and Authors Quoted	2
Laws of the Game	5
Instructions	8
Draught Board Numbered	10
Names of the Games, and how formed	12
Theory of the Move and its Changes	15
New Notations	24
Playing Tables for Draught Clubs	26
Prefixing Signs to the Variations	28

GAMES.

			PAGE
Single Corner	Game with 257 Variations		30
Old Fourteenth	" " 185 "		70
Cross	" " 112 "		108
Laird and Lady	" " 193 "		126
Suter	" " 71 "		152
Dyke	" " 59 "		162
Maid of the Mill	" " 67 "		172
Glasglow	" " 39 "		182
Fife	" " 66 "		188
Ayrshire Lassie	" " 48 "		196
Will O' the Wisp	" " 54 "		202
Second Double Corner	" " 30 "		210
Defiance	" " 41 "		214
Bristol	" " 54 "		220
Whilter	" " 87 "		232
Double Corner	" " 23 "		248
Irregular	" " 79 "		252

17 Games and 1465 Variations, Total 1482.

CONTENTS.

END GAMES.

No.						PAGE
1	Single Corner	with	3	Variations		73
2	do	"	1	"		74
3	do	"	1	"		75
4	do	"	3	"	Alonzo Brooks	107
5	do	"	1	"		125
6	Whilter	"	5	"		151
7	Old Fourteenth	"	1	"		171
8	do	"	2	"		181
9	do	"	1	"		219
10	do	"	2	"		228
11	Laird and Lady	"	2	"		229
12	Whilter	"	1	"	C. H. Irving	230
13	Laird and Lady	"	3	"		231
14	do	"	1	"		244
15	do	"	2	"	Jas. Ash	245
16	Suter	"	2	"		246
17	do	"	2	"		247
18	Glasglow	"	1	"	Alonzo Brooks	251
19	Fife	"	1	"	Alonzo Brooks	252
20	Ayrshire Lassie	"	1	"		253
21		"	20	"	Jas. Ash	263

21 End Games with 56 Variations—77.
78 Critical Positions with 96 Solutions—174.
TOTAL—Games, Variations, End Games and Solutions, 1733.

PREFACE.

In submitting the following Treatise on Draughts to the consideration of the public, I do not feel as if any elaborate apology were necessary.

With regard to the game itself all who are in the least familiar with it, will at once acknowledge its peculiar adaptation, not only as a game which requires great self-reliance and patient investigation, but which may be regarded with equal consistency as a domestic amusement. While it requires the profound calculation of the mind to understand and appreciate its merits; the simplicity of its rules is such that one of moderate capacity may acquire with readiness and ease a knowledge of the game, sufficient to stimulate and induce the learner to acquire a still greater proficiency.

The pupil will discover that there is ample scope for the exercise of the most critical powers of the mind as well as furnishing a pleasing excitement to the most unpracticed player. He will also learn that the faculties requisite to cope successfully with others, who have had longer experience in the beautiful varieties of the game, are the unflinching habits of self-investigation and patience; and that to play well he must use the greatest caution, the most careful scrutiny, as well as the constant exercise of his memory.

It is a game not only deserving encouragement as peculiarly if not exclusively adapted to the intellectual research of manhood, but is with equal propriety consistent with female delicacy. It can afford the female mind a congenial pastime as a game peaceful and innocent.

It is impossible to conceive that this curious game is made up of chance as long as there is ample scope for the exercise of the scientific and reasoning capacities of the mind. Did its success depend upon chance, it would not answer the purpose of a mental recreation, and all who are acquainted with its complex and varied movements will admit that such is the end it subserves. In a moral and intellectual point of view, it is not a game in the least calculated to encourage gambling, as it is evident that superior skill will always command success, and the most ignorant of its complex movements have too much sense to hazard their fortunes when their loss must be inevitable. It clearly and intelligibly admonishes men not to place their means at such an insecure risk.

This work was unexpectedly commenced to comply with the request of numerous friends; consequently many of the games are put forth entirely from memory, and I do not expect all to be exempt from errors. Criticism is invited so that any errors discovered may be corrected in future editions. Many of the games will be found familiar and easy to the old experienced player but at the same time very instructive to the pupil. The trunks of Anderson's game were adopted at the request of the leading players so that the starting point would be the same in each work. The arrangement or classification of the games is also the same as in Anderson's second edition. In every other work of the kind the modes adopted are not only very perplexing to the unskilled learner, but really tedious to practical players who have with unequaled and wonderful facility acquired many accurate ideas of the game from that Treatise.

The pupil will find the Theory of the Move and its Changes practically explained and illustrated with diagrams so as to be readily understood.

The collection of Critical Positions and End Games will be found practical and instructive.

On the last two pages will be found a list of Draught works chronologically arranged.

I take this opportunity of returning sincere thanks to my friends for their contributions of games and Positions, for which it will be found they are given due credit.

In concluding his remarks on the game, the author may be allowed to say that he has availed himself of everything at his command of interest in the game, to make this volume beneficial to those who are anxious to acquire a knowledge of it. That throughout, he has been animated by a sincere love of the science, to which he has invariably sacrificed every selfish consideration. His object has ever been to diffuse a knowledge of this most interesting game. Hoping then, that the spirit in which this new publication is issued will be appreciated, he leaves it with the public to pronounce a verdict on its merits, with the assured conviction that the award, whether answerable or not to his sanguine and cherished expectations, will be just.

BUFFALO, Jan. 1860.   H. S.

LAWS OF THE GAME.

1. The standard board must be of light and dark squares, not less than fourteen inches nor more than fifteen inches across the squares.

2. The standard men, technically described as White and Black, must be light and dark (say White and Red or White and Black,) turned and round, not less than one inch, nor more than one and one-eighth inches in diameter.

3. The board shall be placed so that the bottom corner square on the left hand shall be black.

4. The men shall be placed on the black squares.

5. The Black men shall be invariably placed upon the real or supposed first twelve squares of the board ; the White upon the last twelve squares.

6. Each player shall play alternately with White and Black men, and lots shall be cast for the color only once, viz.: at the commencement of a match, the winner to have the choice of taking Black or White.

7. The first play must be *invariably* made by the person, having the Black men, and alternately till the end of the match.

8. TIME.—At the end of five minutes, (if the play has not been previously made) time must be called by the person appointed for the purpose, in a distinct manner, and if the play be not completed on the expiration of another minute, the game shall be adjudged to be lost through improper delay.

9. When there is only *one way* of taking *one or more* pieces, time shall be called at the end of ONE MINUTE, and if the play be not completed on the expiration of another minute, the game shall be adjudged to be lost through improper delay.

10. After the first move has been made, if either player arrange any

piece, without giving intimation to his opponent, he shall forfeit the game; but, if it is his turn to play, he may avoid the penalty by playing that piece, if possible.

11. After the pieces have been arranged, if the person whose turn it is to play, *touch* one he must either play it or forfeit the game. When the piece is *not* playable, he forfeits according to the preceding law.

12. If *any part* of a playable piece is played over an angle of the square on which it is stationed, the play must be completed in that direction.

13. A capturing play, as well as an ordinary one, is completed whenever the hand has been withdrawn from the piece played, even although one or more pieces should have been taken.

14. The Huff or Blow, is to remove from the board, before one plays his own piece, any one of the adverse pieces that might or should have taken. But the Huff or Blow never constitutes a play.

15. The player has the power either to *Huff, compel the capture,* or *let the piece remain on the board,* as he thinks proper.

16. When a man first reaches any of the squares on the opposite extreme line of the board it becomes a King, and can be moved backward or forward as the limits of the board permit, though not in the same play, and must be crowned (by placing a man on the top of it) by the opponent; if he neglect to do so, and play, any such play shall be put back until the man be crowned.

17. Either player making a false or improper move, shall instantly forfeit the game to his opponent, without another move being made.

18. When taking, if either player remove one of his own pieces, *he* cannot replace it; but his *opponent* can either play or insist on his replacing it.

19. A Draw is, when neither of the players can force a win: when one of the sides appears stronger than the other, the stronger party is required to complete the win, or show at least a decided advantage over his opponent within forty of his own moves—to be counted from the point at which *notice* was given;—failing in which, he must relinquish the game as a Draw.

20. Anything which may tend either to annoy or distract the attention of the player, is strictly forbidden; such as making signs, or sounds, pointing or hovering over the board, unnecessarily delaying to move a piece touched, or smoking. Any *principal* so acting, after having been warned of the consequence, and requested to desist, shall forfeit the game.

21. While a game is pending, neither player is permitted to leave the room without giving a sufficient reason, or receiving the other's consent, or that of the company.

22. Either player committing a breach of any of these laws, must submit to the penalty, and his opponent is equally bound to exact the same.

23. Any spectator giving warning by sign, sound or remark, on any of the games, whether played or pending, shall be expelled from the room during the match.

24. Should any dispute occur, not satisfactorily determined by the preceding laws, a written statement of facts must be sent to a disinterested arbiter, having a knowledge of the game, whose decision shall be final.

25. A match must consist of an even number of games, so that each player will have the first move the same number of times.

INSTRUCTIONS.

The Game is played on a Board of sixty-four squares of alternate colors, and with twenty-four pieces, called men, of adverse colors. It is played by two persons, placed opposite each other; the one, having the twelve Red or Black pieces, is said to be playing the first side, and the other, having the twelve White, to be playing the second side.

The final object of each player may be thus briefly stated: the one endeavors to confine the pieces of the other in situations where they cannot be played, or both to capture and fix, so that there may be none that can be played, and the person whose side is brought to this state, loses the game.

A MAN can be played only forwards; a KING can be played both backwards and forwards; and both kinds must be invariably played along the corners or angles of the squares, in capturing as well as in ordinary plays. But the power and progress of each kind being fully illustrated in the following Games and Critical Positions, it is quite unnecessary to add more on this point.

The first thing we desire of the student is to read over carefully the laws of the Game, and to play at all times in accordance with them; the best players invariably do so. We would next recommend him at once to begin with a Board and men of the kind agreed upon in the Laws. Those of real or imitation Rose and Satin or Ebony and Maple woods, are best and most generally used.

The Board and men being placed (see 3rd and 4th Laws), when you wish to learn the first side of any of the games, take the Black men next you, and refer to the numbers on the 1st Diagram, Page 10. But, when learning the second side, take the White men next you, and refer to the numbers on the 2nd Diagram, Page 11. You should have a representation of these two figured Diagrams on a small card; it is much preferable to the usual method of affixing the numbers to the squares, recommended by some; and a little practice in this way, with the card, will shortly enable you to dispense altogether with any such aid.

You should at first learn one or two variations (for first or second side) of every game in this work, and try to keep your opponent in those you have examined; but the moment he leaves off these, exercise your judgment, not your memory. You can afterwards examine at your leisure those games to which you have observed him to be partial.

Remember there must be a motive for every move; the perpetually recurring question should therefore be, what will be the result of this one, that one, etc.

Apply, then, that important question at every stage of the game, and answer it by calculating the result of every playable move at the stage in question. After a few weeks perseverance in this discipline, you will, if possessed of tolerable memory, become an expert player, and will shortly be able to cope with players of high standing.

In the following Games, the left side numbers indicate the square you play from; that on the right, the one you play to;—thus, 11 15, signifies —"play from 11 to 15" The variations are numbered in natural succession, at the top of the page, on a line with the word GAME; and the numbers that refer to them follow each other in succession down along the columns; thus, 1 leads to variation 1st, 2 leads to 2nd; and so on with the rest.

The Brace, when used, has its central point to the move at which variations occur. The letters refer only to variations in the same column.

THE BOARD NUMBERED.

1st Diagram—Showing the Black men next you when you play first—(See 5th, 6th and 7th laws.)

	32		31		30		29
28		27		26		25	
	24		23		22		21
20		19		18		17	
	16		15		14		13
12		11		10		9	
	8		7		6		5
4		3		2		1	

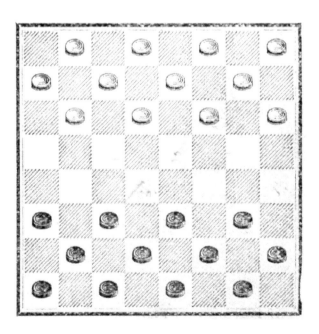

The Board Numbered.

2nd Diagram—Showing the White men next you when you play second —(See 5th, 6th, and 7th laws.)

	1		2		3		4
5		6		7		8	
	9		10		11		12
13		14		15		16	
	17		18		19		20
21		22		23		24	
	25		26		27		28
29		30		31		32	

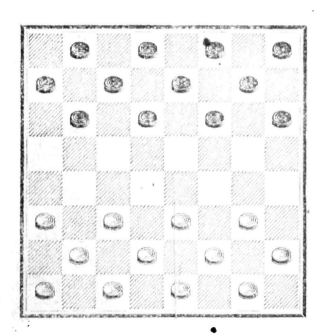

NAMES OF THE GAMES, OR OPENINGS,

AND HOW FORMED.

1st. The "Single Corner" is formed by the first two moves, thus ;

BLACK.	WHITE.
11 15	22 18

2nd. The "Old 14th" is formed by the first five moves.

BLACK.	WHITE.
11 15	23 19
8 11	22 17
4 8	

3rd. The "Cross" is formed by the first two moves.

BLACK.	WHITE.
11 15	23 18

4th. The "Laird and Lady" is formed by the first five moves.

BLACK.	WHITE.
11 15	23 19
8 11	22 17
9 13	

5th. The "Suter" is formed by the first five moves.

BLACK.	WHITE.
11 15	23 19
9 14	22 17
6 9	

6th. The "Dyke" is formed by the first three moves.

BLACK.	WHITE.
11 15	22 17
15 19	

NAMES OF THE GAMES.

7th.   The "Maid of the Mill" is formed by first three or five moves.

        11 15   22 17
        15 18
                  or
        11 15   22 17
         8 11   17 13
        15 18

8th.   The "Glasgow" is formed by the first five or seven moves.

        11 15   23 19
         8 11   22 17
        11 16
                  or
        11 15   23 19
         8 11   22 17
         9 14   25 22
        11 16

9th.   The "Fife" is formed by the first five moves.

        11 15   23 19
         9 14   22 17
         5 9

10th.   The "Ayrshire Lassie" is formed by the first four moves:

        11 15   24 20
         8 11   28 24

11th.   "Will o' the Wisp" is formed by the first three moves.

        11 15   23 19
         9 13

12th   The "Second Double Corner" is formed by the first two moves.

        11 15   24 19

13th.   "Defiance" is formed by the first four moves.

        11 15   23 19
         9 14   27 23

14th.   The "Bristol" is formed by the first move.

        11 16

15th.   The " Whilter " is formed by the first three or five moves.
        11 15   23 19
        7 11
                      or
        11 15   23 19
        9 14   22 17
        7 11

16th.   The " Double Corner " is formed by the first move.
        9 14

17th.   The " Irregular " is composed of a variety of openings not illustrated in the preceding.

The games formed by an odd number of moves refer to the first side, while those formed by an even number refer to the second. For example, if one says that he played the Ayrshire Lassie, Defiance, Cross, Single Corner or Second Double Corner against his opponent, we may at once understand that he played the second side of these games.

THE THEORY OF THE MOVE

AND ITS CHANGES,

PRACTICALLY EXPLAINED AND ILLUSTRATED

WITH DIAGRAMS.

THE MOVE.

To have the move, signifies, the occupying of that position on the Board, which, in playing piece against piece, backward or forward, without regard to the others, till only one square intervene between the pieces in each pair, will eventually cause the player who occupies that position to have the last play.

CALCULATION OF THE MOVE.

For convenience the squares of the Board are divided into two systems of four columns each:

The columns of one system being those reckoned downward from squares numbered (1, 2, 3, 4:) See diagram, page 11.

The column of the other system being those reckoned upward from the squares numbered (29, 30, 31, 32.)

The squares (1 9 17 25) (2 10 18 26) (3 11 19 27) (4 12 20 28) being the columns of one system;

The squares (29 21 13 5) (30 22 14 6) (31 23 15 7) (32 24 16 8) being the columns of the other system

The columns of each system being situated alternately between those of the other, it is evident that one system is the reverse of the other.

When the two players have an equal number of pieces, it is obvious that the total number of pieces must always be even.

Now as an even number can only be divided into two even or two odd numbers, it is clear that if the pieces be counted in each of the two systems separately, the numbers will in the two cases be both even or both odd.

In the course of the play each move will be out of one system into the other, and will therefore make one system count one more, and the other one less; so that if both systems were before odd, they will now be both even, and after another move they will again be both odd, and so on alternately according to the player whose turn it is to play.

To find whether you have the move when it is your turn to play, apply the following

RULE.

Add together all the pieces both Black and White in either system of squares, and if their sum is odd you have the move, but if even, your opponent has the move.

To illustrate take the following:

ILLUSTRATION No. 1.

You play White first and have the move, because either system contains an odd number of pieces. One contains one, the other three.

To have the move is often an advantage, though to have it in some cases may occasion the loss of the game.

Take the following:

ILLUSTRATION No. 2.

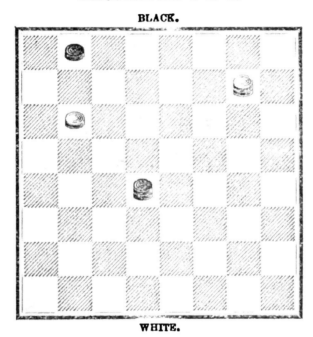

You play White first and have the move, but lose the game, by Black forcing your man on 9 into 5 (a confined position.) Then the Black King has the move of your King, and wins; though you have the move when all the pieces are taken into account.

An exchange usually changes the move; consequently, when you wish to obtain the move, make such an exchange as will change it.

(See Illustration next page.)

Take the following:

ILLUSTRATION No. 3.

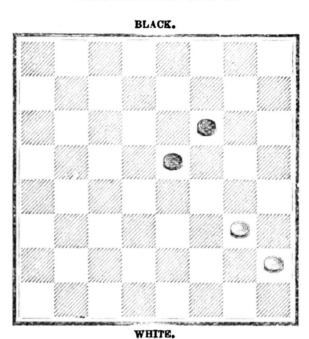

You play White first and have not the move. Play 24–19. Black takes 15 24, you take 28 19 and gain the move.

In every single exchange of one for one when only one of the capturing pieces remains on the Board, the move is changed.

To find what kind of exchanges do, or do not change the move, apply the following rules.

RULE 1st.

When the sum of the capturing pieces is even and in reverse systems and the captured pieces are odd on each side, the move is changed, but if the capturing pieces are in the same system, the move is not changed.

NOTE.—You must apply the rule at the squares the pieces capture, and are captured from.

ILLUSTRATION No. 4.
BLACK.

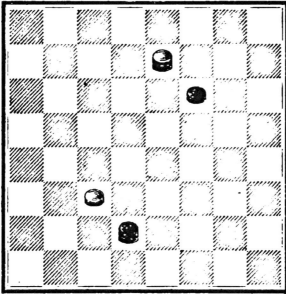

WHITE.

You play White first and have not the move. Take 7 16, Black takes 26 17, and you gain the move because the capturing piece on 7 is in reverse system to the capturing piece on 26. Take the following:

ILLUSTRATION No. 5.
BLACK.

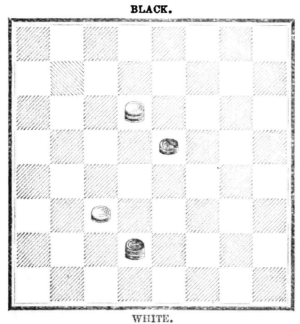

WHITE.

You play White first and have not the move. Take 10 19, and Black takes 26 17 and this exchange does not change the move, because the capturing piece on 10 is in the same system as the capturing piece on 26.

RULE 2nd.

When the sum of the capturing pieces is even and the captured pieces are even on each side, without regard to the systems the capturing pieces occupy, the move is not changed.

Take the following:

ILLUSTRATION No. 6.

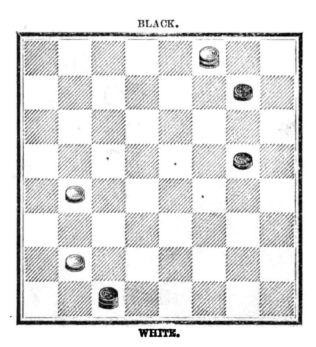

You play White first and have the move. Take 3 19, Black takes 30 14, and you retain the move.

Take the following:

ILLUSTRATION No. 7.

You play White first and you have not the move. Take 7 23, Black takes 30 14 and this exchange does not change the move.

RULE 3rd.

When the sum of the capturing pieces is odd and the captured pieces are even in each system, the move is changed, but if the captured pieces are odd the move is not changed. Take the following:

ILLUSTRATION No. 8.

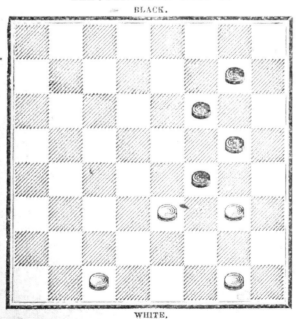

You play White first and have not the move. Take 24 15, Black takes 11 27, you take 32 23 and gain the move, because the sum of the capturing pieces on 24 11 and 32 is odd and the captured pieces on 24 and 23 of one system and 11 and 19 of the other system are even in each.

Take the following:

Illustration No. 9.

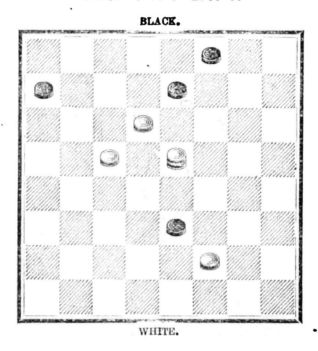

You play White first and have the move. Take 27 18, Black plays 5 9, you take 14 5, Black takes 7 23 and you retain the move, because the sum of capturing pieces on 27, 14, and 7 is odd and the pieces taken from squares 23 of one system and from 9 10 and 18 of the other system are odd in each system.

Illustration No. 10.

Take the following.

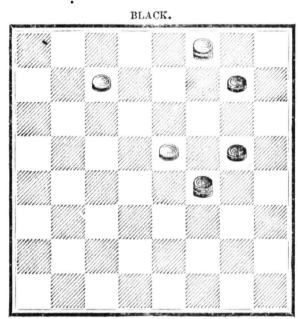

BLACK.

WHITE.

You play White first and have not the move. Take 3 12, Black takes 19 1, you take 12 19 and gain the move, because your King on 3 captures from that square and Black King captures from 19 and your King again captures from 12 making in all three capturing pieces; and the captured pieces being even in each system, the move is changed as shown in Illustration No. 8.

NEW NOTATIONS.

We give three different modes of numbering the Board, in each of which one system is composed of even numbers and the other of odd. As the old method answers every purpose we retained it to conform with all other works on the game.

	28		48		68		88
17		37		57		77	
	26		46		66		86
15		35		55		75	
	24		44		64		84
13		33		53		73	
	22		42		62		82
11		31		51		71	

New Notations.

PLAYING TABLES

FOR

DRAUGHT CLUBS.

TABLE I.—FOR TEN MEMBERS.

A B	C D	E F	G H	I J	1st Time.
A C	B D	E G	F J	H I	2d "
A D	B F	C E	G I	H J	3d "
A E	B G	C I	D J	F H	4th "
A F	B E	C H	D I	G J	5th "
A G	B J	C F	D H	E I	6th "
A H	B I	C G	D F	E J	7th "
A I	B H	C J	D E	F G	8th "
A J	B C	D G	E H	F I	9th "

The letters A, B, C, &c., are drawn by lot, and each member is distinguished during the course, by his own letter.

The first horizontal line of each table, shows the pairs who play together for the first time; the second line shows for the second time; and so on to the last.

TABLE II.—FOR TWENTY MEMBERS.

A B	C D	E F	G H	I J	K L	M N	O P	Q R	S T	1st Time
A C	B D	E G	F G	I K	J L	M O	N P	Q S	R T	2d "
A D	B C	E H	F H	I L	J K	M P	N O	Q T	R S	3d "
A E	B I	C L	D H	F P	G M	J T	K Q	N R	O S	4th "
A F	B P	C M	D G	E R	H S	I T	J O	K N	L Q	5th "
A G	B M	C P	D F	E S	H R	I Q	J N	K O	L T	6th "
A H	B L	C I	D E	F M	G P	J Q	K T	N S	O R	7th "
A I	B O	C N	D L	E Q	F R	G S	H T	J P	K M	8th "
A J	B R	C S	D K	E N	F Q	G T	H O	I P	L M	9th "
A K	B S	C R	D J	E O	F T	G Q	H N	I M	L P	10th "
A L	B N	C O	D I	E T	F S	G R	H Q	J M	K P	11th "
A M	B E	C H	D P	F J	G K	I S	L R	N T	O Q	12th "
A N	B T	C Q	D O	E P	F I	G L	H M	J S	K R	13th "
A O	B Q	C T	D N	E M	F L	G I	H P	J R	K S	14th "
A P	B H	C E	D M	F K	G J	I R	L S	N Q	O T	15th "
A Q	B K	C J	D T	E I	F N	G O	H L	M S	P R	16th "
A R	B F	C G	D S	E J	H K	I N	L O	M T	P Q	17th "
A S	B G	C F	D R	E K	H J	I O	L N	M Q	P T	18th "
A T	B J	C K	D Q	E L	F O	G N	H I	M R	P S	19th "

PREFIXING SIGNS

TO THE VARIATIONS.

The variations of the following games might have useful signs prefixed to them. Each of these signs to be placed immediately before the figure indicating the number of any variation terminating in a loss, and also to be repeated at the head of the column containing the play on said variation.

The sign + (plus) to be used when Black plays a losing move and the sign > to be used to denote that Black has lost before and to be prefixed only to variations arising at a subsequent stage after the losing move has been made. The sign for White to be different and to consist of the sign — (minus) to point out the losing move and the sign < to mark subsequent variations after the losing move has been made.

The other moves not marked with any of these signs lead to variations terminating in draws, which by the mere absence of these signs are rendered sufficiently apparent at the first glance.

It will also be found very convenient for reference, to mark at the head or foot of each variation the variation or variations from which it arises.

SINGLE CORNER.

GAME.	1	2	3	4	5
	11 15	12 16	11 16	25 22	18 14	12 16
	22 18	29 25	18 14	31) 11 16	9 18	28 24
	15 22	10 14	10 17	32)	23 14	10 15
	25 18	25 22	21 14	33 24 20	10 17	26 22
1	8 11	16 20	9 18	8 11	21 14	9 14
	29 25	24 19	23 14	27 24	11 15	18 9
2	4 8	6 10	16 20	34) 10 14	24 19	5 14
3 4	24 20	29 19 16	24 19	35)	15 24	22 17
5	10 15	8 12	4 8	24 19	28 19	14 18
6	25 22	27 24	27 23	7 10	8 11	23 14
7	12 16	20 27	8 11	36) 28 24	27 23	16 19
8	21 17	31 24	23 18	37)	6 10	30 26
9 10	8 12	12 19	11 15	3 7	25 21	19 28
11 12	17 13	24 6	16 11	38 30 25	10 17	26 23
13	7 10	1 10	7 23	9 13	21 14	8 12
14	27 24	28 24	26 19	18 9	1 6	25 22
	9 14	7 11	6 9	5 14	30 25	40 15 19
	18 9	24 19	30 26	22 18	6 10	23 16
	5 14	3 7	9 18	13 17	25 21	12 19
15 16	32 27	30 32 28	28 24	13 9	10 17	22 18
17 18		4 8	20 27	6 13	21 14	19 23
19 20	3 7	28 24	32 14	21 14	2 6	17 13
21	24 19	8 12	1 6	10 17	26 22	6 10
	15 24	24 20	26 23	26 22	6 10	27 24
	28 19	11 16	3 7	17 26	22 17	10 17
	14 17	20 11	25 21	31 22	11 16	21 14
	22 18	7 16	6 9	7 10	32 27	2 6
22	1 5	19 15	31 27	25 21	7 11	24 19
	26 22	10 19	9 18	39 10 14	14 7	6 10
	17 26	22 17	23 14	32 28	3 10	14 9
	31 22	19 24	2 6	1 5	27 24	23 26
23	10 14	17 10	27 23	22 18	16 20	31 22
	18 9	24 27	6 9	13 17	23 18	10 15
	5 14	23 19	23 18	18 9	20 27	19 10
24 25	27 24	16 23	7 11	5 14	31 24	7 23
26	14 17	26 19	21 17	23 18	11 16	22 18
	22 18	27 31	9 13	14 23		23 26
	17 22	19 15	19 15	21 14		18 14
	19 15		13 22	23 27		26 31
	16 19		15 8	19 15		
	15 8			11 18		
	19 28			20 11		
	18 14			27 32		
27	28 32			14 10		
28	23 18					
	32 27					
	8 3					
	6 9					
	3 10					
	27 23					
	14 5					
	DRAWN.	DRAWN.	DRAWN.	DRAWN.	DRAWN.	DRAWN.

Sinclair.   Anderson.   Jas. Ash.

SINGLE CORNER.

	6	7	8	9	10	11
	26 22	15 19	27 24	9 13	7 10	27 24
41 42	9 14	23 16	15 19	17 14	17 14	56 16 19
		12 19	24 15	8 12	10 17	23 16
	18 9	27 23	16 19	14 9	22 13	12 19
	5 14	8 12	23 16	5 14	15 22	57 58 20 16
	22 17	23 16	9 14	18 9	26 17	11 27
	7 10	12 19	18 9	6 10	52W 8 12	18 11
	28 24	31 27	11 25	27 24	27 24	7 16
	2 7	3 8	32 27	10 14	53W 3 7	31 15
43 44 45 46	32 28	27 23	5 14	23 19	24 19	59 9 13
		8 12	27 23	16 23	7 10	60 61 62 63 26 23
		23 16	6 10	26 10	30 25	
	15 19	12 19	28 24	14 17	10 14	16 20
	23 16	32 27	14 18	10 6	17 10	64 30 25
	12 19	9 14	23 14	17 26	6 24	65 66 2 7
	21 15	18 9	10 17	31 22	13 6	67 68 25 21
	10 19	5 14	21 14	1 10	1 10	5 9
	17 10	27 23	8 12	9 5	28 19	69 23 19
47	7 14	11 16	30 21	10 14	54✗ 10 14	7 11
48	25 22	20 11	12 28	5 1	55✗	15 8
	6 9	7 16		14 17	25 22	3 12
	30 26	22 18		1 5	2 6	19 15
	11 15	6 9		17 26	31 27	6 10
	22 17	18 15		30 23	6 10	15 6
	14 18	1 5		13 17	27 21	1 10
	17 13	23 18		5 9	5 9	32 27
	9 14	14 23		17 22	32 28	10 15
	20 16	28 24		9 13	9 13	28 24
	14 17			22 26	22 18	70 15 18
	21 14			13 17	14 17	22 15
	8 11			26 31	18 14	13 22
	16 7			32 27		15 11
	3 17			49 11 16		71 22 26
	13 9			20 11		11 7
	17 21			7 16		9 13
	27 23			17 22		7 2
	18 27			50 16 20		26 31
				23 18		2 7
				51 3 7		31 26
				18 11		7 11
				7 10		26 22
				14 7		11 8
				2 11		22 18
				22 18		24 19
				12 16		18 22
				16 23		8 11
				11 15		22 26
				24 19		11 15
				15 24		26 31
						27 23
						72 31 27
						15 18
	DRAWN.	B. WINS.	DRAWN.	DRAWN.	W. WINS.	DRAWN.

Drummond

SINGLE CORNER.

	12	13	14	15	16	17
	17 14	9 14	28 24	31 27	30 25	24 19
	16 19	18 9	9 14	1 5	14 17	15 24
	23 16	5 14	18 9	23 19	25 21	28 19
	12 19	23 19	5 14	16 23	3 7	82 ⎫
73	27 23	15 24	23 19	27 9	21 14	83 ⎬ 14 17
	9 13	28 19	16 23	5 14	10 17	84 ⎭ 32 28
	23 16	16 23	27 9	24 19	24 19	1 5
	6 10	27 9	1 5	15 24	15 24	85 22 18
	14 9	1 5	32 28	28 19	28 19	86 ⎫ 10 14
	5 23	26 23	5 14	11 15	7 10	87 ⎭
	26 19	5 14	26 23	32 28	32 27	18 9
	15 24	22 18	3 8	15 24	17 21	5 11
	28 19	79 14 17	23 19	28 19	22 18	88 28 21
74 ⎫		18 14	15 18	3 8	21 25	3 7
75 ⎬ 1 6		7 10	22 15	26 23	18 15	26 22
76 ⎭		14 7	11 18	14 17	11 18	17 26
	32 28	3 10	31 27	22 18	20 11	31 22
	6 9	31 26	18 22	17 22	25 30	14 17
	30 26	80 6 9	19 15		23 7	
	9 14	13 6	10 19			
	26 23	2 9	24 15			
77	2 6	23 19	81 2 7			
	16 12	11 15	15 10			Same as Game
	6 9	19 16	6 15			at 35th move.
	22 18	12 19	30 26			
	14 17	26 22	22 31			
	31 27		13 9			
	10 15					
	19 10					
	7 14					
	27 24					
	17 22					
	24 19					
	22 26					
	19 16					
78	26 31					
	16 7					
	3 10					
	12 8					
	31 27					
	8 3					
	DRAWN	DRAWN.	DRAWN.	B. WINS.	B. WINS.	DRAWN.
		Drummond.	Drummond.	Sturges.	Sturges.	

SINGLE CORNER.

18	19	20	21	22	23
23 19	2 7	14 17	30 25	10 14	5 9
16 23	24 19	23 18	100 ⎫	18 9	22 17
26 19	15 24	98 17 21	101 ⎬ 14 17	1 5	9 14
3 7	28 19	27 23	102 ⎭	19 15	18 9
31 27	89 14 17	99 6 9	25 21	11 18	11 15
14 18	90 13 9	13 6	103 10 14	23 14	20 11
30 25	6 13	2 9	24 19	16 19	109 7 16
11 16	22 18	24 19	15 24	20 16	110 27 24
20 11	91 10 14	15 24	28 19	108 17 21	16 20
7 23	18 9	28 19	104 7 10	26 22	17 14
25 21	7 10	1 5	27 24	6 10	20 27
18 25	27 24	22 17	105 10 15	31 26	14 7
27 11	92 17 22	9 13	19 10	10 17	15 24
25 30	26 17	18 14	6 15	9 6	23 18
11 8	13 22	13 22	24 19	2 9	
30 26	9 6	26 17	15 24	13 6	
8 3	10 14	11 15	22 18		
26 23	6 2	14 7	1 5		
3 8	93 ⎫ 3 7	15 24	18 9		
23 18	94 ⎭	20 11	5 14		
8 11	23 18	3 10	106 26 22		
10 14	95 14 23	11 7	17 26		
24 19	19 15	10 15	31 22		
18 23	11 18	7 2	2 7		
11 16	2 11	15 19	22 17		
14 17	23 27	23 16	7 10		
21 14	96 11 7	12 19	13 9		
6 10	27 32	2 7	24 27		
14 7	20 11	19 23	9 6		
2 20	32 28	7 11	27 31		
19 15	97 24 20	23 27	6 2		
1 6	18 23	11 15	10 15		
	7 10	27 32	17 10		
	23 27	17 13	31 27		
	31 24		10 7		
	28 19		27 18		
	10 14		7 3		
	19 23		107 15 19		
			3 8		
			18 15		
			2 7		
			19 24		
			8 3		
B Wins.	Drawn.	W. Wins.	Drawn	W. Wins.	Drawn
Sturges.	Martin.	Martin.	Jas. Ash.	Drummond.	

SINGLE CORNER.

24	25	26	27	28	29
30 25	22 18	7 10	12 16	8 3	28 24
10	6 10	22 18	20 11	7 11	116 8 12
22 18	18 9	6 9	7 16	113 } 23 18	32 28
14 17	11 15	13 6	23 18	114 }	1 6
13 9	20 11	2 9	28 32	32 27	19 15
17 22	7 16	30 25	14 10	115 3 8	10 19
25 21		14 17		11 15	24 15
22 26		25 21		18 11	12 16
9 6		17 22		22 26	22 17
2 9		21 17		30 23	6 10
18 15		9 13		27 9	15 6
11 18		17 14		11 7	16 19
20 2		10 17		2 11	17 10
31		19 15		8 15	7 14
		22 26		9 14	23 16
		15 8		20 16	14 32
		26 31			21 17
		20 11			9 13
		111 31 26			6 1
		24 19			13 22
		112 26 22			26 17
		18 15			32 27
		22 26			31 21
		15 10			20 27
		26 31			17 13
		19 15			27 31
		31 27			1 6
		23 18			2 9
		27 23			13 6
					31 27
					6 2
					27 23
					28 24
					23 27
					24 20
					4 8
					2 6
					27 23
					6 2
					23 19
					16 12
					8 11
DRAWN.	B. WINS.	DRAWN.	DRAWN.	DRAWN.	DRAWN.
Jas Ash		Drummond.	Drummond.		Sinclair.

LE CORNER.

80	81	82	83	84	85
32 27	10 14	12 16	24 19	9 13	10 15
9 13	117 24 19	24 19	16 20	24 19	127 21 19
18 9	11 16	16 20	122 19 16	5 9	15 24
5 14	–27 24	119 19 15	12 19	28 24	28 19
27 24	16 20	10 19	23 16	10 15	7 10
11 15	31 27	23 16	8 11	19 10	128
19 16	7 10	6 10	26 23	6 15	129 31 27
14 18	19 15	120 16 12	10 14	32 28	130
23 14	10 19	121 11 16	16 12	16 19	10 15
10 17	24 15	26 23	11 16	23 16	19 10
21 14	6 10	10 14	28 24	12 19	6 15
7 10	15 6	28 24	7 11	26 23	27 24
14 7	1 10	8 11	24 19	19 26	2 7
2 27	23 19	24 19	6 10	30 23	32 28
	14 23	7 10	30 25	123 1 5	16 19
	27 18	30 25		24 19	23 16
	8 11	2 7	Same as var.	15 24	12 19
	22 17	18 15	32 at 16th move.	28 19	26 23
	9 14	11 18		7 10	19 26
	18 9	22 6		124 31 27	30 23
	5 14	1 10		2 7	9 13
	17 13	25 22		19 16	131 18 14
	2 6	7 11		10 15	13 17
	26 22	22 18		16 12	22 13
	20 24	9 13		7 10	15 18
	118 22 17	18 9		125 27 24	23 19
	11 15	5 14		10 14	18 23
	30 25	27 24		23 19	19 16
	3 8	20 27		14 23	1 6
	25 22	31 24		19 10	14 10
	8 11	16 20		23 26	6 15
	22 18	19 16		126 10 6	21 17
	15 22	20 27		26 30	23 26
	19 15	15 7		24 19	17 14
	11 18			30 25	26 31
	28 19			19 15	13 9
				25 18	31 26
				15 8	9 6
				9 14	26 23
				6 1	6 2
				18 15	132 15 19
				20 16	24 8
				15 10	3 19
				16 11	2 11
				14 18	19 24
				11 7	
				10 15	
				7 2	
				15 11	
				8 4	
				18 23	
				1 6	
B. Wins.	Drawn.	Drawn.	Drawn.	Drawn.	Drawn

15-11 beats Black

1-6
11-4
2-7
6-22
5-9
22-18

SINGLE CORNER.

	36	37	38	39	40	41.
	32 27	19 15	32 28	2 6	6 10	15 19
	9 13	10 19	9 13	32 27	27 24	23 16
	18 9	32 27	18 9	6 9	1 5	12 19
	5 14	138 19 24	5 14	22 18	31 26	30 26
	22 18	28 19	139 22 18	1 5	12 16	9 14
	1 5	6 10	13 17	18 15	17 13	18 9
	18 9	27 24	18 9	11 18	10 17	5 14
	5 14	1 6	6 13	20 11	21 14	27 23
133	27 24	30 25	21 14	18 22	2 6	8 12
	3 7	3 7	10 17	24 20	22 17	23 16
	26 22	31 27	140 31 27	22 25	15 18	12 19
	14 17	9 13	17 22	23 18	24 19	32 27
	21 14	18 9	26 17	25 30	18 27	6 10
	10 26	5 14	13 22	142 27 24	32 23	27 23
	31 22	22 18	19 15	30 26	28 32	3 8
	7 10	13 17	11 18	143 11 8	19 12	23 16
134	22 18	18 9	23 14	26 22	32 27	8 12
135	13 17	6 13	1 6	18 15	23 18	31 27
	18 14	21 14	20 11	10 14	27 31	12 19
	2 7	10 17	7 16	15 11	26 23	27 23
	30 26	25 21	141 27 23	14 18	31 26	11 16
	17 21	17 22	16 19	19 15	23 19	20 11
	19 15	26 17	23 16	18 23	6 10	7 16
136	11 27	13 22	12 19	15 10	20 16	22 18
	20 2	19 15	24 15	22 18	11 20	1 5
	10 17	11 18	6 10	10 6	18 15	18 9
	2 9	20 11	15 6	23 27	26 23	5 14
	27 31	7 16	2 18		15 6	25 22
	26 23	23 14	27 24		23 16	10 15
	17 22	16 20			6 2	
137	9 14	14 10	See End Game No. 1.		16 11	
	31 27	22 26			2 6	
	14 17	21 17			11 15	
	27 18	26 31			6 2	
	17 26	17 13			7 11	
	12 16	31 26			2 7	
	26 31	10 6			3 10	
					14 7	
					15 10	
					7 3	
	DRAWN.	DRAWN.	B. WINS.	DRAWN.	DRAWN.	DRAWN.

Alonzo Brooks.   Jas. Ash

SINGLE CORNER.

42	43	44	45	46	47
6 10	30 26	31 26	23 19	15 18	6 15
27 24	12 16	146 15 19	14 18	24 19	25 22
10 14	144 32 28	24 15	27 23	10 15	7 10
24 19	8 12	10 19	18 27	19 10	27 23
15 24	*17 13	17 10	32 23	6 15	19 21
28 19	145 14 17	6 15	10 14	17 10	30 23
7 10	21 14	23 16	17 10	7 14	3 7
31 26	10 17	12 19	7 14	28 24	31 27
3 7	25 21	27 23	19 10	12 16	10 14
	6 10	8 12	6 15	30 26	22 17
	21 14	23 16		3 7	7 10
	10 17	12 19		26 22	17 13
	26 22	25 22		7 10	1 6
	17 26	1 5		22 17	27 24
	31 22	22 17		1 6	15 18
	16 19	3 8		17 13	23 19
	23 16	17 13		8 12	11 15
	12 19	15 18		31 26	19 16
	13 9				8 12
	7 10				16 11
	22 17				18 22
	19 23				24 19
	27 18				15 24
	15 22				28 19
	24 19				22 26
	22 26				11 7
	9 6				14 17
	26 30				21 14
	19 16				10 17
	11 15				19 15
	6 2				
	30 25				
	2 7				
	25 22				
	7 14				
	22 13				
	28 24				
	1 5				
	16 11				
	13 9				
DRAWN.	DRAWN.	DRAWN.	DRAWN.	W. WINS.	W. WINS.
Jas. Ash.	Anderson.	Anderson.	Anderson.	Anderson	Anderson.

SINGLE CORNER.

48	49	50	51	52	53
30 26	11 15	3 7	2 6	9 14	2 7
11 15	17 22	24 20	18 14	17 10	23 18
20 16	147 ⎱ 7 11	31 24	6 10	6 15	7 10
8 12	148 ⎰	28 19	14 7	27 24	30 26
16 11	22 17	7 11	3 10	8 12	151 10 14
12 16	149 31 26	22 18	22 18	31 26	17 10
25 22	23 18		19 16	2 7	6 22
14 18	15 22		18 15	24 19	13 6
22 17	27 23			15 24	1 10
18 23	26 19			28 19	26 17
27 18	24 8			1 6	152 10 15
15 24	22 26			26 22	31 26
17 14	17 22			6 10	5 9
22 25	26 31			22 18	17 13
25 22	8 4			10 14	9 14
25 30	150 31 27			18 9	13 9
22 17	22 18			5 14	14 17
30 25	3 7			19 15	9 6
11 7	4 8			11 27	17 21
3 10	12 16			20 2	6 2
14 7	20 11			27 31	21 25
25 22	7 16			2 6	2 6
17 13	18 15			14 18	25 29
22 18	16 20			6 10	6 9
7 2	15 18			18 23	29 25
1 5	27 32			10 15	9 14
2 9	8 11			12 16	3 7
5 14	32 27			13 9	32 27
13 9	11 15			16 20	25 30
	27 32			9 6	26 22
	18 23			3 8	153 30 26
	2 6			6 2	22 18
	23 18				15 22
	32 27				27 23
	18 14				
	27 23				
	15 18				
	23 19				
DRAWN.	DRAWN.	W. WINS.	W. WINS.	W. WINS.	W. WINS.
Anderson	Drummond.	Drummond.	Drummond.	Drummond.	Drummond

SINGLE CORNER

54	55	56	57	58	59
2 6	5 9	9 13	31 27	17 13	16 19
31 26	31 26	154 24 19	19 23	9 14	17 13
6 9	9 14	15 24	26 10	18 9	2 7
32 28	26 22	23 19	7 21	5 14	22 18
10 14	11 15	6 10	24 19	31 27	7 10
26 22	20 11	155 17 14	6 10	14 18	32 27
9 13	15 24	10 17	27 23	30 25	3 8
25 21	23 19	19 15	9 13	18 23	158 27 24
5 9	24 28	3 8	19 16	27 18	10 14
28 24	25 21	18 14	2 7	19 23	26 23
	2 6	11 25	28 24	26 10	19 26
	11 7	20 4	10 15	7 23	30 23
		156 17 22	18 14	24 19	14 17
		26 17	157 1 6	23 26	23 19
		13 22	16 12	22 18	17 21
		30 21	6 10	26 30	19 16
		1 6	12 8	25 21	8 12
		23 18		30 26	15 11
		7 11		19 15	12 19
		4 8		26 23	24 15
		11 16		15 8	
		8 11		3 12	
		16 19		18 15	
		18 15		6 9	
		12 16		13 6	
		11 20		1 19	
		22 26		21 17	
		31 22		12 16	
		6 10		20 11	
		14 7		19 24	
		2 25		28 19	
				23 7	
				17 14	
				2 6	
				32 27	
				7 11	
				27 23	
				11 16	
				23 18	
				16 11	
W. WINS.	W. WINS.	DRAWN	DRAWN.	B. WINS.	DRAWN
		Anderson.		Anderson.	Anderson.

SINGLE CORNER

60	61	62	63	64	65
30 25	15 11	28 24	32 27	15 11	23 19
16 19	6 10	16 20	6 10	6 10	2 7
32 27	28 24	159 30 25	15 6	166 32 27	28 24
5 9	16 20	20 27	1 10	1 6	20 27
27 23	24 19	32 23	27 23	28 24	32 23
2 7	20 24	2 7	2 7	6 9	7 10
23 16	19 16	160 ⎫	23 18	30 25	30 26
7 11	5 9	161 ⎬ 23 18	5 9	10 15	5 9
15 8	16 12	162 ⎭	26 23	23 18	23 18
3 19	24 28	6 9	7 11		3 8
17 14	11 8	163 ⎫ 25 21	30 26		19 16
9 18	9 14	164 ⎭	3 7		10 19
22 15	8 4	3 8	28 24		17 14
6 10	14 21	17 14	16 20		19 24
15 6	4 8	7 11	24 19		14 5
1 10	2 7	21 17	20 24		24 27
26 22		11 16	19 15		18 15
10 15		165 15 10	10 19		8 12
25 21		16 19	23 16		16 11
19 23		10 6	11 20		27 31
21 17		1 10	17 14		11 7
23 26		14 7	24 27		6 10
17 14		8 11	14 5		15 6
26 30		7 2	7 11		1 10
14 10		11 16	5 1		7 2
30 25		2 7	27 31		10 14
		16 20	18 14		2 7
		7 11	11 15		14 17
		19 24	1 6		7 10
		18 15	15 19		17 21
		24 28	6 10		10 15
			31 27		21 25
			10 15		15 19
			27 31		25 30
			15 24		26 23
			20 27		30 26
			14 10		22 18
			27 32		26 22
			10 6		18 15
			32 27		31 27
			6 1		23 18
			27 24		22 26
			1 6		18 14
			31 27		27 23
			6 1		19 16
			24 19		23 18
			1 6		
			27 23		
B. WINS.	B. WINS.	DRAWN.	B. WINS.	DRAWN.	B. WINS.
Wylie.	Wylie.	Wylie.	Wylie.	Jas. Ash.	Wylie.

SINGLE CORNER.

66	67	68	69	70	71
23 18	32 27	23 19	23 18	12 16	9 14
3 7	7 10	6 10	6 10	27 23	11 7
30 25	23 19	15 6	15 6	20 24	22 26
7 10	3 8	1 10	1 10	23 18	7 2
15 11	27 23	25 21	28 24	27 31	26 31
10 15	5 9	3 8	20 27	18 11	2 7
11 8	23 18	32 27	32 23	31 26	31 26
6 10	20 24	8 12	7 11	11 7	7 10
18 11	15 11	27 23	23 19	26 23	14 18
2 7	8 15	7 11	3 8	7 2	10 15
11 2	16 11	23 18	19 15	16 20	18 22
1 6	24 27	11 16	10 19	2 6	15 18
2 9	11 7	18 14	17 14	20 24	22 25
5 30	10 15	16 23	19 23	22 18	18 22
8 3	19 10	14 7	14 5	13 22	26 17
10 14	6 15	23 26	23 26	6 13	21 14
28 24	25 21	17 14	5 1	23 14	25 30
20 24	15 19	26 30	26 30	13 17	14 10
32 23	7 2	22 18	1 6		30 26
14 17	27 31	30 26	30 25		10 7
22 18	2 7	18 15	6 10		26 22
30 26	31 27	26 22	11 16		7 2
23 19	7 11	14 10	10 15		22 18
26 23	19 23	22 18	8 12		2 6
	11 15	15 11	21 17		18 15
	23 26	18 15	25 21		6 9
	15 18		17 14		12 16
	26 30		21 17		9 14
	17 14		15 11		
	27 23		17 26		
			11 20		
			26 22		
B. WINS.	B. WINS.	B. WINS.	B. WINS.	DRAWN.	DRAWN

SINGLE CORNER.

72	73	74	75	76	77
31 26	30 25	2 6	10 14	11 15	14 17
15 18	9 13	30 26	32 28	32 28	28 24
20 24	20 16	10 15	14 17	15 24	17 26
18 22	11 20	19 10	28 24	28 19	31 22
26 17	18 11	6 15	17 26	10 14	171 2 6
21 14	7 16	31 27	31 22	30 26	16 12
	22 18	170 1 6	11 15	14 17	6 9
	2 7	22 17	19 10	26 23	19 16
	25 21	13 31	7 14	17 26	9 14
	6 9	32 28	16 12	31 22	22 18
	27 24	31 24	14 17	1 6	14 17
	20 27	28 1	22 18	16 11	18 14
	31 15	11 15	17 22	7 16	17 22
	16 19	1 6	18 15	20 11	14 9
	32 27	15 19		6 10	22 26
	13 17	6 2		23 18	9 6
	27 24	7 11		2 6	26 31
	17 22			11 7	6 2
	26 17			6 9	31 26
	9 13			18 15	2 6
	24 20			10 14	26 28
	13 22			15 10	6 8
	167 20 16			14 17	7 10
	168 22 26			22 18	8 11
	15 11			17 22	
	169 7 10			7 2	
	14 7			22 26	
	3 10			2 6	
	21 17			26 31	
	5 9			18 14	
	11 8			9 18	
				10 7	
				3 10	
				6 22	
DRAWN.	DRAWN.	DRAWN.	DRAWN	DRAWN.	DRAWN.

Jas. Ash.

SINGLE CORNER

78	79	80	81	82	83
3 7	6 9	10 14	14 17	3 7	1 5
12 8	13 6	32 28	28 24	22 18	22 18
26 31	2 9	173 } 11 15	2 7	176 1 5	14 17
9 3	30 26	174 }	27 23	18 9	26 22
31 26	14 17	23 19	175 22 26	5 14	17 26
3 17	32 27	15 24	15 11	26 22	31 22
26 12	172 9 13	28 19	8 15	14 17	177 6 9
17 22	26 22	17 21	23 19	22 18	13 6
12 16	17 26	26 22	7 10	17 22	2 9
28 24	31 22	14 17	30 23	32 27	30 25
16 12		22 18	17 21		9 13
24 19		17 22	20 16		25 21
		18 14			5 9
		22 25			21 17
		14 9			11 15
		25 29			20 11
		9 5			15 24
		29 25			23 19
		5 1			24 28
		6 10			11 7
		1 6			
		2 9			
		13 6			
		25 22			
		6 2			
		22 18			
		2 7			
		10 14			
DRAWN.	W. WINS	DRAWN.	DRAWN.	W. WINS.	W. WINS.
	Drummond.	Drummond	Drummond.	Jas. Ash.	Jas. Ash

SINGLE CORNER.

84	85	86	87	88	89
32 27	28 24	5 9	3 7	26 22	10 15
178 10 14	3 7	19 15	26 22	17 26	19 10
179 22 18	22 18	10 19	17 26	31 22	6 15
1 5	5 9	18 14	31 22	14 17	22 18
18 9	180 26 22	9 27	10 14	22 18	15 22
5 14	17 26	31 8	18 9	6 10	26 10
19 15	31 22		5 14	18 14	7 14
11 18	10 14		22 18	17 22	13 9
20 11	19 15		14 17		182 14 17
12 16	16 19		19 15		23 18
27 24	15 8		16 19		16 19
18 27	19 28		15 8		9 6
24 20	181 30 25				1 10
27 32	7 10				18 15
31 27	25 21				11 18
32 23	28 32				27 23
26 12	22 17				19 26
17 22	32 27				31 6
11 8	8 3				3 8
14 18	27 31				6 2
8 4	18 15				8 11
18 23					2 6
4 8					11 15
22 26					6 10
30 25					15 19
26 30					10 14
25 22					17 21
30 25					14 18
22 17					19 24
25 21					18 15
17 14					24 28
21 17					15 19
14 9					28 32
17 14					
					See End Game No. 2.
DRAWN.	DRAWN.	W. WINS.	W. WINS.	B. WINS.	W. WINS.
Sturges.	Jas. Ash.	Jas. Ash.	Jas. Ash.	Jas. Ash.	Martin.

SINGLE CORNER.

90	91	92	93	94	95
27 24	10 15	10 14	14 18	14 17	16 23
10 15	19 10	9 5	23 14	31 27	18 9
19 10	7 14	185 17 21	16 23	22 26	186 23 27
6 15	18 9	26 22	24 19	19 15	24 19
23 19	184 17 22	14 17	3 7	11 18	27 32
16 23	26 17	31 26	19 15	23 14	19 15
26 10	13 22	3 7	11 18	16 19	11 18
7 14	27 24	22 18	2 11	24 15	2 11
24 19	3 7	17 22		26 31	32 28
17 26	24 19	26 17		27 24	11 7
30 23	7 10	13 22		31 27	18 23
14 17	9 6	19 15		15 11	9 6
23 18	11 15	16 19		17 22	1 10
183 17 22	20 11	15 8		14 10	
19 15	15 24	19 28		27 23	
3 8	6 2	8 3		11 8	
15 10	10 14	7 10		23 27	
22 25	2 7	3 7		8 4	
10 7	14 17			12 16	
25 30	7 10			20 11	
7 3	17 21			27 20	
30 25	10 14			2 7	
18 14	22 25			20 16	
25 22	14 18			11 8	
14 10	25 29			3 12	
22 18	18 22			10 6	
10 7	12 16			1 10	
11 15	11 7			7 14	
20 16	16 20				
12 19	7 2				
3 12	24 27				
19 24	31 24				
13 9	20 27				
1 5	23 18				
12 16					
DRAWN.	W. WINS.	W. WINS.	W. WINS.	W. WINS	W. WINS.
Martin.	Martin.	Martin.	Martin.	Martin.	Martin.

SINGLE CORNER.

96	97	98	99	100	101
11 15	24 19	1 5	2 7	16 19	6 9
16 19	28 24	18 14	23 19	23 16	13 6
30 26	19 15	3 7	16 23	12 19	2 9
19 28	24 19	13 9	26 19	25 21	24 19
26 17	15 10	6 13		1 5	15 24
18 22	19 15	27 23		27 23	28 19
31 24	10 6	17 21		14 18	1 5
28 32	15 8	23 19		23 16	25 21
17 14	30 26	16 23		18 25	9 13
187 22 26	1 10	26 19			22 18
15 10	7 23	10 26			13 17
32 28		19 3			
24 19		11 15			
28 24		31 22			
10 7		5 9			
26 31		3 8			
7 3		9 14			
31 26		24 19			
3 8		15 24			
		28 19			
		14 17			
		22 18			
		17 22			
		18 14			
		22 25			
		8 11			
		25 29			
		11 15			
		29 25			
		15 18			
DRAWN.	DRAWN.	W. WINS.	W. WINS.	DRAWN.	DRAWN.
Drummond.	Martin.	Martin.	Martin.	Jas. Ash.	Jas. Ash.

SINGLE CORNER.

102	103	104	105	106	107
14 18	1 5	1 5	1 5	13 9	16 19
23 14	21 14	188 27 24	22 18	2 7	2 6
10 17	10 17	6 10	6 9	9 6	19 24
13 9	24 19	189 13 9	13 6	7 10	6 10
6 13	15 24	11 15	2 9	6 2	15 19
25 21	23 19	20 11	26 22	10 15	10 15
1 5	17 21	7 16	17-26	2 6	18 22
21 14	22 18	22 13	31 22	24 28	
2 6	7 10	14 18	9 13	6 9	
27 23	18 15		18 9	15 18	
6 10	11 18		5 14	9 13	
23 18	20 11		22 18	18 27	
10 17	10 14			190 31 24	
18 14	19 15			28 32	
16 19	14 17			13 22	
	23 14			32 28	
	6 9			22 17	
				28 19	
				17 10	
				19 15	
Drawn.	Drawn.	Drawn.	W. Wins.	B. Wins.	Drawn.
Jas. Ash.	Jas. Ash.	Jas. Ash,	Jas. Ash.	Jas. Ash.	Jas. Ash

SINGLE CORNER.

108	109	110	111	112	113
6 10	15 31	17 14	31 27	17 21	23 19
9 6	23 18	15 31	24 20	18 14	32 27
2 18	7 16	14 7	17 22	21 25	193 3 8
27 23	18 14	2 11	7 11	14 9	
18 27	31 27	9 2	23 25	25 30	See End Game No. 3.
31 6	14 7	11 15	23 19	9 6	
12 19	2 11	2 7		30 25	
26 22	9 2	31 27		6 1	
		7 11		25 22	
				8 3	
				13 17	
				1 6	
				17 21	
				6 10	
				21 25	
				11 7	
				25 30	
				7 2	
				30 25	
				2 7	
				25 21	
				7 11	
				21 25	
				11 15	
				25 21	
				3 8	
				21 17	
				8 11	
				191 17 21	
				11 16	
				21 17	
				16 20	
				17 21	
				15 11	
				21 17	
				20 24	
				192 17 21	
				24 28	
				21 17	
				11 15	
				17 21	
				19 16	
W. Wins.	Drawn.	Drawn.	W. Wins.	W. Wins.	B. Wins.
Drummond.	Martin.		Martin.	Martin.	

SINGLE CORNER.

114	115	116	117	118	119
14 9	14 9	8 11	24 20	30 26	28 24
11 15	194 6 10	19 16	200 6 10	12 16	8 12
23 18	9 6	4 8	23 19	19 12	32 28
15 19	2 9	16 12	14 23	11 16	10 15
3 8	13 6	11 16	27 18	28 19	19 10
32 27	10 15	22 17	9 14	16 30	7 14
8 11	6 2	8 11	18 9	32 27	30 25
19 24	22 25	26 22	5 14	30 26	11 16
18 14	30 21	195 ⎫ 9 13	26 23	22 17	18 15
22 26		196 ⎬	11 15	26 22	201 14 18
30 23		197 ⎭	31 26	27 23	23 14
27 18		18 9	15 24	22 18	9 18
9 5		5 14	28 19	23 19	202 26 23
18 9		23 19	8 11	18 15	3 7
5 1		16 23	22 18	19 16	23 14
6 10		27 9	1 5	3 7	6 10
13 6		20 27	18 9	12 8	15 6
2 9		32 23	5 14	15 11	1 26
1 6		198 ⎱ 11 16	26 22	8 3	31 22
10 14		199 ⎰	11 15	11 20	7 10
6 13		9 5	32 28	3 8	21 17
		16 20	15 24	20 24	10 15
		30 26	28 19	8 12	17 14
		20 21	7 11	24 19	2 6
		17 14	22 18	12 8	14 10
		10 17	3 7	19 15	6 9
		21 14	18 9		10 6
		24 28	11 15		9 14
		14 9	21 17		6 2
		28 32	15 24		5 9
		22 17	17 13		2 7
		13 22	12 16		16 19
		26 17	20 11		
		32 28	7 16		
		17 13	9 6		
		28 24			
		9 6			
DRAWN.	DRAWN.	DRAWN.	DRAWN.	B. WINS.	DRAWN.
Anderson.	Anderson.	Sturges.			Drummond

SINGLE CORNER.

120	121	122	123		
22 17	10 14	28 24	7 10	19 16	20 16
9 14	26 23	7 11	24 19	10 14	11 20
18 9	7 10	30 25	15 24	16 7	18 11
5 14	28 24	11 16	28 19	3 10	10 14
203 26 23	2 7	18 15	9 14	20 16	22 18
8 12	205 30 26	9 14	18 9	2 7	13 17
31 26	9 13	22 18	11 15	212 31 26	18 15
12 19	18 9	3 7	19 16	14 17	17 22
23 16	5 14	18 9	15 19	21 14	15 10
11 15	22 18	5 14	31 26	10 17	22 26
204 30 25	206 1 5	26 22	19 24	18 15	10 6
1 5	18 9	14 18	9 5	17 21	26 31
26 22	5 14	23 14	24 27	23 18	6 1
5 9	26 22	16 23	23 18	21 25	31 24
17 13	14 17	27 18	27 31	26 23	1 6
15 19	21 14	20 27	18 14	25 30	9 13
13 6	10 26	32 23	10 17	23 19	6 9
2 9	31 22	10 26	21 14	30 25	14 18
22 17	207 11 15		210 13 17	15 11	23 14
9 13	208 23 18		22 13	7 10	24 19
25 22	7 11		31 22	18 15	9 6
10 15	32 23		16 11	25 16	19 15
17 10	13 17		22 17	15 6	11 8
7 14	22 13		14 9		15 18
16 11	15 22		17 14		6 9
14 18	24 19		20 16		20 24
22 17	11 16		14 18		8 4
13 22	19 15		16 12		24 27
11 7	16 19		18 15		4 8
3 10	13 9		11 8		27 31
27 24	22 25		15 11		8 11
20 27	9 6		8 4		31 26
32 7	25 30		1 6		11 16
	6 2		211 12 8		26 22
	30 25		3 12		16 19
	209 2 6		5 1		22 17
	25 22				
	15 10				
	19 23				
	27 18				
	22 15				
	10 7				
DRAWN.	DRAWN.	B. WINS.	DRAWN.	DRAWN.	B. WINS.
	Jas. Ash.	Anderson.			

SINGLE CORNER

126	127	128	129	130	131
22 18	32 27	30 25	32 28	32 27	24 19
26 30	7 10	9 13	9 13	9 13	15 24
24 19	215 30 25	219 31 27	222	30 25	28 19
30 26	9 14	220 3 7	223 30 25	10 15	5 9
213 10 6	18 9	32 28	224	19 10	21 17
26 22	6 13	10 14	10 15	6 15	7 10
214 18 14	216 } 21 17	18 9	19 10	18 14	19 16
9 18	217 }	5 14	6 15	3 7	3 7
19 15	5 9	19 15	31 27	21 17	23 19
18 23	218 25 21	11 18	3 7	1 6	1 5
15 8	9 14	20 11	27 24	25 21	16 12
22 18	24 19	7 16	16 19	6 10	9 14
6 1	15 24	22 15	23 16	23 18	13 9
18 15	28 19	6 10	12 19	2 6	5 21
20 16	3 7	15 6	18 14	27 23	22 18
15 18	27 24	1 10	2 6	6 9	21 25
8 4	11 15	28 24	22 18	31 27	12 8
23 27	20 11	2 7	15 31	15 19	25 30
4 8	7 16	24 20	24 8		8 3
27 32	24 20	221 16 19	31 26		30 26
8 11	15 24	23 16	28 24		19 16
32 27	20 11	12 19	26 31		13 17
11 8	12 16	20 16	24 19		3 8
27 24	11 8	14 17	31 27		26 22
8 11	16 20	21 14	25 22		8 6
24 20	23 19	10 17	6 10		22 15
	24 27	25 21	22 18		
	31 24	17 22	10 17		
	20 27	26 17	21 14		
	19 15	13 22			
	10 19				
	17 10				
	27 31				
	8 4				
	2 6				
	10 7				
	31 27				
	4 8				
	27 23				
	7 2				
	23 30				
	2 9				
	30 25				
	22 18				
	25 22				
	18 15				
	22 18				
	15 11				
	1 5				
	9 6				
	13 17				
B. Wins.	B Wins.	Drawn.	Drawn	B. Wins.	Drawn.
J. W. Howard	Drummond	Alonzo Brooks.		Anderson.	Anderson

SINGLE CORNER.

132	133	134	135	136	137
23 18	19 15	30 25	6 9	10 17	23 19
14 10	225 11 18	10 14	30 26	15 8	
7 14	20 11	25 21	9 14	7 11	
16 7	18 22	13 17	18 9	8 4	
3 10	26 17	22 13	13 17	21 25	See End Game No. 4.
2 6	13 22	6 9	9 5	4 8	
18 23	23 19	13 6	10 14	227 25 30	
24 19	22 25	2 9	5 1	8 15	
23 16	11 8		14 18	16 19	
20 11	25 29			23 16	
14 17	8 4			30 23	
11 7	29 25			15 19	
10 14	4 8			23 18	
6 10	25 22			19 15	
15 18	8 11				
7 2	22 18				
18 23	27 23				
2 6	18 27				
14 18	31 24				
10 15	14 18				
17 22	11 15				
6 10	19 23				
23 27	15 18				
15 19	23 27				
	18 23				
	226 27 32				
	21 17				
	6 9				
	17 13				
	9 14				
	30 26				
	2 6				
	13 9				
	6 13				
	19 16				
	12 19				
	24 6				
	14 17				
	26 22				
	17 26				
	23 30				
	32 27				
	30 26				
	13 17				
	6 2				
	27 31				
	26 23				
	17 21				
DRAWN.	DRAWN.	DRAWN.	DRAWN.	W. WINS.	B. WINS.

Drummond.   Anderson.   Alonzo Brooks. Alonzo Brooks. Alonzo Brooks.

SINGLE CORNER.

138	139	140	141	142	143
2 7	21 17	26 22	24 20	18 15	11 7
23 17	14 21	17 26	16 19	12 16	26 22
7 10	22 18	31 22	27 23	19 12	229 18 15
17 13	10 14	7 10	19 26	10 19	10 14
10 15	18 9	30 25	30 23	11 8	230 15 11
27 24	1 5	9 6	22 26	19 24	14 18
15 22	26 22	25 21	23 18	27 23	11 8
24 8	5 14	6 9	6 31	13 17	18 23
22 25	31 26	22 18	28 24	21 14	19 15
20 11	13 17	1 5	31 26	9 27	22 18
12 16	22 13		24 19		15 11
23 18	14 17		6 10		23 27
3 12			14 7		7 2
18 15			2 11		18 23
14 17			19 15		11 7
21 14			26 22		23 18
9 18					7 3
30 21					27 32
16 23					3 7
26 19					32 28
16 23					24 19
11 8					
6 9					
13 6					
1 19					
W. Wins.	B. Wins.	B. Wins.	B. Wins.	B. Wins.	B. Wins.

Sinclair.

SINGLE CORNER.

144	145	146	147	148	149
23 19	15 18	15 18	2 6	7 10	12 16
16 30	26 22	23 29	20 16	22 17	17 22
*20 16	3 8	10 15	12 26	23 1 2 6	2 6
11 20	22 15	19 10	24 20	23 19	23 18
31 26	10 26	6 15	31 24	15 18	31 26
30 23	31 22	17 10	28 1	19 16	22 31
27 2	16 19	7 14	26 31	12 19	15 22
20 27	24 15	26 23	1 6	24 15	
2 18	11 18	12 16	31 27		
27 31	22 15	30 26	22 18		
17 13	7 11	8 12	27 24		
8 11	*13 9	26 22	6 2		
25 22	6 13	1 6	7 11		
10 15	15 10	22 17	18 23		
18 14	11 15	6 10			
31 27	10 17	17 13			
32 23	15 18	3 7			
15 19	7 3	25 22			
23 7	13 17	18 25			
3 26	27 24	23 19			
	17 22	16 23			
	3 7	27 9			
	22 29	15 18			
	7 10	9 6			
	29 25	10 15			
	10 17	6 2			
	18 23	25 30			
	20 16	21 17			
	12 19	30 26			
	24 15	17 14			
		26 22			
		2 6			
		22 17			
		6 10			
		18 22			
		10 3			
		17 10			
		3 8			
		10 14			
		32 28			
		14 18			
		24 19			
		15 24			
		28 19			
DRAWN.	DRAWN.	W. WINS.	W. WINS.	DRAWN.	W. WINS.
J Neilson.	Anderson.	Anderson.	Drummond.	Drummond	Drummond.

SINGLE CORNER.

150	151	152	153	154	155
2 6	10 15	5 9	30 25	32 27	18 14
22 18	26 22	17 13	22 17	233 6 10	10 15
31 27	16 19	9 14	25 22	30 25	19 10
4 8	31 26	13 9	17 13	1 6	16 19
12 16	12 16	14 18	22 26	234 25 21	23 16
20 11	17 14	9 6	13 9	16 19	12 19
3 12	3 7	10 14	26 23	23 16	22 28
18 14	32 27	6 2	27 18	12 19	11 15
12 16	6 10	14 17	15 22	20 16	20 16
11 8	13 6	2 6	9 6	11 20	19 24
27 23	10 17	18 22		18 11	28 19
8 3	22 13	6 10		7 16	15 24
16 20	1 10	17 21		24 15	16 12
3 7	27 23	32 27		10 19	5 9
6 10	15 31	21 25		17 14	14 5
14 17	24 8	27 23		6 10	7 21
10 15	7 11	25 30		14 7	23 18
7 11	8 3	10 14		3 10	24 28
15 19	232 10 15			27 24	18 15
11 16	3 8			20 27	2 7
20 24				31 26	
17 22				2 9	
				26 23	
				9 14	
				22 18	
				16 19	
				23 16	
				14 23	
W. WINS.	W. WINS.	W. WINS.	W. WINS.	DRAWN.	B. WINS.
Drummond	Drummond.	Drummond	Drummond.	Sinclair.	

SINGLE CORNER.

156	157	158	159	160	161
25 29	15 18	18 14	24 19	17 14	23 19
4 8	22 8	10 17	2 7	6 9	7 10
1 6	3 28	26 22	26 23	22 18	25 21
32 27	23 18	17 26	6 10	13 17	5 9
17 21	1 6	30 16	15 6	25 21	26 23
8 3	18 15	8 12	1 10	9 13	3 8
6 10	13 17	16 11	19 16	14 9	
23 19	20 16	9 14	5 9	5 14	
10 17		27 24	30 25	18 9	
3 10		12 16	20 24	17 22	
29 25		11 7		26 17	
10 15		14 17		13 22	
25 22		15 11		23 18	
27 21				22 26	
5 9				18 14	
24 20				26 30	
9 14				15 10	
255 19 16				30 26	
12 19				9 6	
15 24				26 22	
22 18				6 2	
24 19				22 18	
2 7				2 11	
20 16				18 9	
7 10					
26 23					
18 27					
31 24					
14 18					
24 20					
17 22					
16 11					
13 17					
19 24					
18 23					
11 7					
22 26					
7 2					
26 31					
2 6					
10 14					
6 9					
14 18					
236 24 19					
31 26					
9 13					
17 22					
13 17					
22 25					
19 15					
18 22					
20 16					
Drawn	Drawn.	Drawn.	B. Wins.	B. Wins.	B. Wins.
E. Northrop.	A. Brown.	Drummond,	Wylie.	Wylie.	Wylie,

SINGLE CORNER.

162	163	164	165	166	167
25 21	26 23	17 14	26 23	23 19	15 11
7 10	7 10	7 10	8 12	5 9	7 16
15 11	15 6	15 6	15 10	19 16	20 11
10 15	1 10	1 17	16 20	10 15	22 26
17 14	25 21	25 21	10 6	32 27	21 17
13 17	3 7	9 14	1 10	15 18	26 31
22 13	23 19		14 7	22 15	11 7
15 18	7 11		20 24	13 22	3 10
23 19			7 2	16 12	14 7
18 23			24 27	9 14	31 26
21 17			23 19	11 8	18 15
23 30			27 31	14 18	26 22
11 7			2 6	8 4	17 13
3 10			31 26	2 7	
14 7				4 8	
30 25				1 6	
19 16				8 4	
6 10				7 11	
7 3				15 8	
25 31				18 23	
				27 18	
				6 10	
B. Wins.	B. Wins.	B. Wins.	B. Wins.	B. Wins.	Drawn.
Wylie,	Wylie.	Wylie.	Wylie.	Wylie.	

SINGLE CORNER.

168	169	170	171	172	173
19 23	26 30	1 5	10 14	7 10	6 9
15 11	11 2	27 23	22 18	18 15	13 6
7 10	30 26	5 9	14 17	10 19	2 9
14 7	14 10	32 28	16 12	23 7	23 19
3 10	26 22	9 14	7 10	3 10	17 21
11 7	18 15	23 19	18 14	20 16	26 22
23 27	22 18	15 24	2 7	12 19	9 13
18 14	15 11	28 19	19 16	26 23	28 24
	18 15	14 17	17 22	19 26	14 17
	10 7	22 18	14 9	31 6	22 18
	15 8	17 22	10 14		
	16 12	26 17	9 6		
	3 10	13 22	22 26		
	12 3	16 12	6 2		
	1 6	22 26	26 31		
	2 9	19 15	23 19		
	5 14	26 31	31 27		
	3 7	15 8	19 15		
	10 15	7 10			
	7 11	20 16			
	14 18	31 26			
	21 17	16 11			
	19 23	26 23			
	17 14	11 7			
	23 26				
	14 10				
	26 30				
	10 7				
	30 26				
	7 2				
	26 22				
	28 24				
Drawn.	W. Wins.	Drawn.	Drawn.	W. Wins.	W Wins

Drummond

SINGLE CORNER.

174	175	176	177	178	179
2 7	17 21	14 17	10 14	17 21	27 24
23 19	23 18	26 22	18 9	238 22 18	3 7
17 21	7 11	17 26	5 14	10 15	239 22 18
237 26 23	24 19	31 22	22 18	19 10	1 5
7 10	22 25	1 5	14 17	6 22	16 9
30 26	18 14	22 17	19 15	26 17	5 14
11 15	11 18	6 9	3 8	3 7	26 22
26 22	19 15	13 6	32 27	23 18	17 26
15 24	18 23	2 9	6 9	16 19	31 22
28 19	14 9	18 15	13 6	18 15	14 17
14 17	6 10	11 27	2 9	11 18	
21 18		20 2	15 10	27 23	Same as Game at 35th Move.
17 22		9 13		18 27	
18 15		32 23		31 15	
10 14		13 22		2 6	
15 11		2 6		15 11	
6 10		10 14		7 16	
11 8		6 10		20 11	
22 25		14 17		6 9	
8 3		23 18		13 6	
25 30				1 10	
3 7					
14 18					
23 14					
10 17					
DRAWN.	DRAWN.	W. WINS.	W. WINS.	DRAWN	DRAWN.
Drummond	Drummond.	Jas. Ash.	Jas. Ash.	Anderson.	

SINGLE CORNER

180	181	182	183	184	185
31 27	8 3	3 7	1 6	3 7	3 7
9 14	7 10	27 24	19 15	27 24	26 23
18 9	3 8	14 17	3 8	17 21	17 26
10 14	28 32	31 26	31 26	25 22	31 22
9 5	8 11	17 21	17 21		14 17
14 18	32 27	26 22	26 22		22 18
23 14	11 8	7 10	21 25		17 22
16 32	27 31	9 6	18 14		19 15
5 1	30 26	10 15			
6 10	31 27	6 2			
14 9	8 11				
10 15	10 15				
1 5					
17 21					
26 23					
12 16					
9 6					
2 9					
13 6					
32 28					
24 19					
DRAWN.	B. WINS.	W. WINS.	W. WINS.	W. WINS.	W. WINS.
Jas. Ash.	Jas. Ash.	Martin.	Martin.	Martin.	Martin.

SINGLE CORNER.

186	187	188	189	190	191
7 10	32 28	22 18	31 27	13 22	17 14
24 19	14 10	7 10	11 15	28 32	10 17
11 15	28 19	18 9	20 11	31 24	22 13
2 6	15 24	5 14	7 16	32 28	15 18
15 24	1 5	27 24	13 9		13 9
6 15	24 19	2 7	2 7		11 16
	5 9	31 27	22 13		240 9 13
	19 23	14 18	14 18	Same as Var.	18 14
	9 14			106, 16th Move.	26 22
	10 6				14 17
	14 17				22 26
	6 2				17 21
	17 21				26 22
	2 6				16 20
	21 25				13 9
	6 10				19 15
	25 30				9 14
	10 14				15 11
	22 25				'4 10
	14 17				
	25 29				
	17 21				
	29 25				
W. WINS.	W. WINS.	B. WINS.	DRAWN.	B. WINS.	W. WINS.
Martin.	Drummond.	Jas. Ash.	Jas. Ash.		Martin.

SINGLE CORNER.

192	193	194	195	196	197
17 14	3 7	27 23	10 15	2 6	1 6
10 17	22 26	18 14	17 10	12 8	30 25
22 13	7 16	12 16	7 14	3 12	24 11 15
24 20	2 7	30 25	22 17	24 19	18 11
13 9	30 23	22 29	15 22		14 18
11 15	27 9	3 8	17 10		22 15
9 14		29 25	11 15		10 28
15 18		8 15	23 19		11 8
14 10		16 19	16 23		
19 15		15 24	27 11		
		25 22	20 27		
			32 23		
			22 25		
			10 7		
			3 10		
			12 8		
			10 14		
			23 19		
			25 29		
			8 3		
			29 25		
			3 8		
			25 22		
			11 7		
			2 11		
			8 15		
W. Wins.	B Wins.	Drawn.	W Wins	W Wins.	W Wins
Martin.		Anderson.	Sturges.	Sturges.	Sturges.

SINGLE CORNER.

198	199	200	201	202	203
10 15	1 5	12 16	3 8	15 11	16 12
23 18	30 26	18 15	22 17	18 23	11 15
15 19	5 14	11 25	6 10	27 18	26 23
18 14	22 18	20 4	15 6	20 27	15 18
1 5	13 22	9 13	1 10	31 24	30 25
30 26	26 17	28 24	25 22	2 7	1 6
11 15		6 10	9 13	11 2	17 13
14 10		24 20	22 18	16 20	8 11
5 14		25 29	13 22	2 9	28 24
12 8		20 16	26 17	5 30	10 15
3 12		29 25	8 11	24 19	31 26
10 3		16 11	18 9	20 24	11 16
14 18		7 16	5 14	19 15	26 22
3 8		23 18	17 13	24 27	16 19
18 25		14 23	2 6	15 10	23 16
8 11		26 12	24 19	27 31	14 17
13 22			11 15	22 17	21 14
11 18			28 24	31 27	7 11
25 30			14 18	17 13	16 7
26 17			23 7	27 23	3 26
30 25			16 32	25 22	
17 14			7 2	30 25	
19 24			20 27	22 17	
14 9			31 24	25 22	
12 16			32 28	28 24	
			2 9	23 27	
			28 19	24 20	
				27 23	
				17 14	
				23 18	
DRAWN.	W. WINS.	DRAWN	DRAWN.	B. WINS.	DRAWN.
Sturges.			Drummond.	Drummond.	

SINGLE CORNER.

204	205	206	207	208	209
26 22	24 19	14 17	7 10	23 19	2 7
14 18	242 9 13	21 14	22 18	8 11	3 10
30 25	18 9	10 17	10 15	19 10	19 3
10 14	5 14	26 22	18 14	7 14	10 14
17 10	243 ⎫ 22 18	17 26	15 18	22 18	3 7
7 14	244 ⎭	31 22	14 10		25 22
16 11	1 5	7 10	18 22		7 10
1 6	18 9	23 19	10 7		22 17
22 17	· 5 14	11 16	3 10		
6 9	245 30 25	18 15	12 3		
17 10	246 ⎫	16 23			
	247 ⎬ 11 15	15 6			
	248 ⎭	1 10			
	25 22	27 18			
	15 24	20 27			
	22 18	32 23			
	14 17				
	21 14				
	10 17				
	32 28				
Drawn.	Drawn.	Drawn.	W. Wins.	Drawn.	B. Wins.
	Jas. Ash.	Jas. Ash.	Jas. Ash.	Jas. Ash.	Jas. Ash.

SINGLE CORNER.

210	211	212	213	214	215
31 27	5 1	16 12	18 14	19 15	24 19
*16 11	11 7	14 17	9 18	* 9 14	15 24
27 24	1 10	21 14	19 15	15 8	28 19
20 16	7 5	10 26	26 22	14 23	9 13
249 24 19	See End Game No. 5.	31 22	15 8	8 4	30 25
16 12		7 10	18 23	22 18	10 15
19 15		12 8	8 4	6 1	19 10
11 8		10 14	22 18	23 27	6 15
2 6			4 8	4 8	21 17
14 9			23 27	27 31	5 9
6 10			8 11	8 11	25 21
8 4			27 31	31 26	1 5
15 11			11 16	11 8	17 14
26 23			18 15	26 23	2 7
10 14			10 6	8 11	14 10
22 18			31 26	23 19	7 14
14 17			6 1	11 8	22 17
9 6			26 22	19 15	15 23
1 10			1 6	20 16	17 10
23 19			22 18	15 19	22 25
17 22			6 1	8 11	
5 1			13 17	19 24	
22 26				11 8	
4 8				24 20	
11 4				8 11	
1 6				13 17	
Drawn.	B. Wins.	B. Wins.	B Wins.	B. Wins.	B. Wins.

SINGLE CORNER.

216	217	218	219	220	221
24 19	23 18	23 18	21 17	10 14	7 11
15 24	10 14	1 5	6 9	18 9	25 22
28 19	18 9	25 21	251 25 21	5 14	10 15
2 6	5 14	9 14	9 14	19 15	27 24
27 24	26 23	18 9	18 9	11 18	14 18
5 9	3 7	5 14	5 14	20 11	23 14
250 31 27	24 19	26 23	32 28	3 7	16 19
3 8	15 24	3 7	3 7	22 15	14 10
21 17	28 19	24 19	28 24	7 16	19 28
9 14	13 17	15 24	252 11 15	15 11	10 7
25 21	22 13	28 19	20 11	6 10	28 32
6 9	14 18	11 15	7 16	11 8	7 3
	23 14	20 11	24 20	253 2 7	32 27
	16 32	27 16	15 24	8 3	3 8
		27 24	20 11	7 11	255 27 24
		16 20	12 16	3 7	8 3
			11 8	11 15	24 19
			24 28	7 11	3 8
			8 3	15 19	19 24
			28 32	11 20	26 23
			3 8	19 24	24 27
			32 28	26 22	23 19
			8 11	24 31	15 24
			16 20	23 19	8 15
			23 19	1 6	27 23
			28 24	20 16	15 10
			19 16	254 10 15	24 27
			24 19	19 1	10 14
			16 12	12 19	
			19 24	1 6	
			26 23	31 26	
			24 27	6 9	
			31 24	26 17	
			20 27	9 18	
			23 19	19 22	
			27 31	18 15	
			19 15		
			10 19		
			17 10		
B. WINS.	B. WINS.	B. WINS.	DRAWN.	W. WINS.	DRAWN.

Alonzo Brooks. Alonzo Brooks. Alonzo Brooks.

SINGLE CORNER. 67

222	223	224	225	226	227
21 17	31 27	28 24	10 19	27 31	11 15
5 9	10 14	5 9	27 24	30 25	20 11
256 30 25	18 9	30 25	11 15	6 9	6 10
1 5	5 14	10 15	20 11	24 20	24 19
257 19 15	27 24	19 10	6 10	2 7	15 24
10 19	1 5	6 15	23 16	25 22	28 19
18 14	22 18	21 17	12 19	9 14	25 30
9 27	13 17	3 7	31 27	22 17	11 7
31 8	18 9	17 14		3 8	10 14
2 7	5 14	1 5		17 13	8 11
20 2	30 25	25 21		8 11	17 21
12 16	14 18			13 9	26 22
2 9	21 14			11 15	21 25
5 30	18 27			9 6	22 18
	19 15			15 24	
	11 18			28 19	
	20 11			14 17	
	27 31			21 14	
	26 22			10 17	
	31 27			6 2	
	22 15				
	27 20				
	14 10				
	6 9				
	11 8				
	20 16				
	8 4				
	9 13				
	25 21				
	16 19				
	4 8				
	2 7				
B. WINS.	B. WINS.	J. WINS.	W. WINS.	W. WINS.	W. WINS.

SINGLE CORNER.

228	229	230	231	232	233
14 17	7 2	7 3	31 26	10 14	7 10
20 11	22 15	14 19	23 18	13 9	18 14
12 16	2 6	15 11	15 22	14 17	6 9
21 14	9 14	18 23	27 23	9 6	14 7
9 27	20 16	19 15	26 19	17 21	3 10
26 17	14 17	22 18	24 6	23 18	30 25
3 12	21 7	3 6	2 9	31 26	9 14
31 24	15 11	23 27	17 26	6 2	25 21
16 20		15 10	9 14	26 22	5 9
24 19		27 32		18 14	24 19
20 24		10 6		21 25	15 21
11 8		32 28		2 7	28 19
24 27		24 19		25 30	1 5
8 4		18 14		11 10	27 24
27 31		6 2			2 7
4 8		28 24			31 27
31 27		19 15			14 18
8 11		24 19			22 8
					13 31
					20 2
W. Wins.	B. Wins.	B. Wins.	W Wins	W. Wins.	W. Wins.

Sinclair.   Drummond

SINGLE CORNER.

234	235	236	237	238	239
24 19	20 16	9 14	26 22	27 24	30 25
15 24	14 18	18 22	7 10	6 9	6 9
28 19	16 11	14 18	22 17	13 6	13 6
10 15	18 23	23 27	14 18	2 9	1 10
19 1	11 8	18 25	17 14	22 17	22 13
2 6	2 6	27 32	10 17	9 13	14 18
1 10	8 3	24 19	19 15	17 14	23 14
7 30	6 9	32 27	17 22	10 17	16 30
22 17	3 7	19 16	15 8	31 27	25 21
13 22	9 14	27 23	18 23	3 8	10 17
26 17	7 10	16 19	8 3	19 15	21 14
30 25	21 25	23 16	22 26	11 18	30 25
18 15	30 21	20 11	3 7	23 14	14 9
11 18	23 30	31 27	26 31	8 11	25 22
20 11	10 6	11 7	7 2	26 23	9 6
18 22	22 18	27 23	6 10	17 22	2 9
23 18	15 22		2 7	23 18	13 6
	17 26		10 14	22 25	22 18
	31 22		7 10	27 23	6 2
	30 25		14 17	25 29	18 23
			10 15	24 19	2 6
			23 27	29 25	11 15
				14 9	6 2
				25 22	7 11
				19 15	2 6
				1 5	15 18
				15 8	6 10
				22 15	18 22
				20 11	10 14
				5 14	22 25
				8 4	14 17
				15 8	25 29
				4 11	17 14
				14 7	29 25
				11 15	14 10
				17 22	25 22
				23 19	10 14
				22 25	23 27
				15 18	14 10
				13 17	22 17
				18 15	31 26
				25 29	27 32
				19 16	26 23
				12 19	32 28
				15 24	23 19
				29 25	28 32
				24 19	
				25 22	
				19 15	
DRAWN.	B. WINS.	DRAWN.	DRAWN	DRAWN.	B WINS.
Sinclair.	E. Northrup.	E. Northrup.	Drummond.	Drummond.	Sturges

SINGLE CORNER.

240	241	242	243	244	245
26 31	9 13	11 16	23 18	19 16	23 18
18 22	18 9	18 15	14 23	14 17	14 23
31 27	5 14		27 18	21 14	27 18
22 17	23 19	9 13	10 15	10 26	10 15
27 18	16 23	15 6	19 10	31 22	19 10
17 14	27 9	1 10	7 23	11 15	7 2
18 15	20 27	31 26	31 27	23 18	31 27
14 5	32 23	8 11	11 16	15 19	23 26
15 24		22 18	27 18	18 15	30 23
16 20		13 17	16 19	19 24	11 15
24 28		18 9	18 15	27 23	
5 9		5 14	19 23	7 11	
		23 18	15 10	16 7	
		14 23	8 11	3 26	
		21 14	10 7	30 23	
		10 17	3 10	24 27	
		27 18	12 8	12 3	
		16 23	10 15	27 31	
		26 19	8 3	23 19	
		7 10	15 19	31 26	
		19 16	3 8		
			11 16		
			8 12		
			20 24		
			22 18		
			24 27		
			12 8		
			27 31		
			8 11		
			19 24		
W. WINS.	W. WINS.	DRAWN.	B. WINS.	B. WINS.	B. WINS.
Martin.	Sturges.	Jas. Ash.	Jas. Ash.	Jas. Ash.	Jas. Ash.

SINGLE CORNER.

246	247	248	249	250	251
11 16	14 17	13 17	3 7	21 17	19 15
25 22	21 14	32 28	11 8	10 15	10 19
14 17	10 17	11 16	7 10	19 10	18 14
21 14	25 21	25 22	14 7	6 15	9 27
10 26	17 22	17 26	2 20	25 21	31 8
31 22	19 15	31 22	26 23	3 7	2 7
13 17	11 18	8 11	24 27	23 18	20 2
22 13	23 14	22 18	22 18	1 5	1 6
7 10		14 17	20 24	26 23	2 9
23 18		21 14	8 3	7 10	5 30
16 23		10 17	24 28	31 26	
18 15		19 15	3 8	9 14	
10 17		17 22	28 32	18 9	
27 18		15 6	8 12	5 14	
8 11		22 26	32 28		
		18 14	23 19		
		26 30	28 24		
		23 18	18 15		
		30 26	27 23		
		18 15	12 16		
		7 11	23 26		
		15 10	16 12		
		26 31			
		8 4			
		31 24			
		28 19			
		16 23			
		4 8			
		11 16			
		8 11			
		23 26			
		14 9			
Drawn.	Drawn	Drawn.	Drawn.	B. Wins.	B. Wins.
Jas. Ash.	Jas. Ash	Jas. Ash.			Alonzo Brooks.

SINGLE CORNER.

252	253	254	255	256	257
1 6	16 19	31 26	15 18	19 15	17 14
22 18	23 16	32 27	8 15	10 19	10 17
13 22	12 19	26 17	18 25	31 27	25 21
26 17	8 3	16 20	20 16	6 10	3 7
11 15	10 15	6 9	12 19	27 24	21 14
18 11	3 8	27 23	15 31	10 15	6 10
14 18	1 6			17 14	31 27
23 14	8 12			1 5	10 17
16 23	14 18			14 10	19 15
24 19	27 23			9 14	17 21
7 16	18 27			18 9	15 8
20 11	32 16			5 14	21 25
				30 25	20 11
				14 18	7 16
				23 14	18 14
				19 23	9 18
				26 19	22 15
				16 23	25 30
					27 24
					16 20
					24 19
					13 17
					15 11
					5 9
					19 15
					9 14
					23 18
					14 23
					26 19
					30 26
					8 3
					26 23
					11 8
					23 16
					15 11
					16 7
					3 10
W. WINS.	W. WINS.	W. WINS.	W. WINS.	B. WINS.	B. WINS.

Alonzo Brooks. Alonzo. Brooks. Alonzo Brooks.

END GAME NO. 1.

See Single Corner, Var. 38.
BLACK.

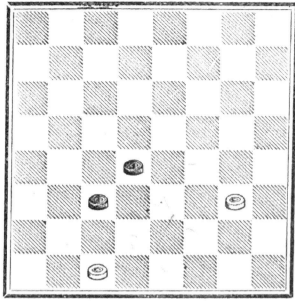

WHITE.

B. to play and Win.

	18 23	14 10	10 14	**1**	9 6	**2**
	24 19	1 5	22 25		18 15	
	23 27	6 1	5 1	30 25		9 5
	19 15	5 9	25 22	23 18		18 22
	27 32	1 5	1 6	1 6		17 14
	15 10	9 13	22 25	18 14		1 6
	32 27	10 14	6 10	6 1		5 1
	10 6	13 9	25 22	26 30		6 2
	27 23	14 18	10 15	25 21		1 5
	6 1	9 6	22 25	30 25		22 17
	22 26	18 15	15 18	1 5		14 9
1	1 6	30 25	25 21	25 22		17 14
	26 31	15 18	18 22	5 1	Same as Root	
	6 9	6 10		22 18	at 49th Move.	
	31 26	5 1		1 5		
	9 6	25 21		18 15		
	26 22	1 5		5 1		
	6 10	10 6		15 10		
	23 18	18 15		1 5		
	10 6	21 17		10 6		
	18 14	5 1		5 1		
	6 1	6 9		14 10		
	22 18	15 18		1 5		
	1 6	**2** 17 13		6 1		
	18 15	18 15		5 9		
	6 1	9 14		10 15		
	15 10	1 5		9 5		
	1 5	14 17		15 18		
	10 6	15 10		5 9		
	5 1	17 22	B. WINS.	1 5	B. WINS.	B. WINS.

END GAME NO. 2

See Single Corner, Var. 89.

BLACK

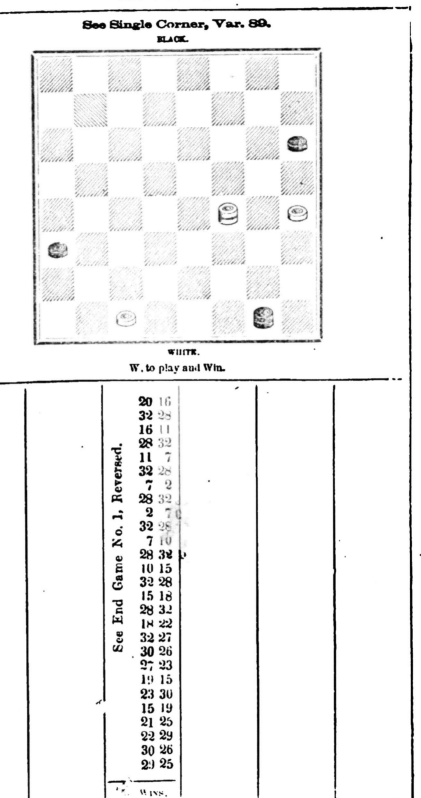

WHITE.

W. to play and Win.

20	16
32	28
16	11
28	32
11	7
32	28
7	2
28	32
2	7
32	28
7	10
28	32
10	15
32	28
15	18
28	32
18	22
32	27
30	26
27	23
19	15
23	30
15	19
21	25
22	29
30	26
29	25

See End Game No. 1, Reversed.

W. WINS.

END GAME NO. 3.

See Single Corner, Var. 113.

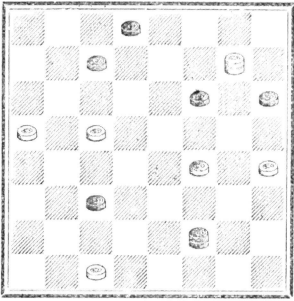

BLACK.

WHITE.

B. to play and Win.

2	7
8	15
7	10
14	7
6	9
13	6
22	26
30	22
27	
20	16
9	14
16	11
14	10
11	8
10	7
8	4
7	11

B. Wins.

OLD FOURTEENTH.

GAME.	1	2	3	4	5
	11 15	25 22	26 23	9 14	9 14	26 22
	23 19	27 { 9 13	9 13	36 } 25 22	26 23	15 24
	8 11	27 23	17 14	37	10 15	28 19
	22 17	28 } 6 9	10 17	38 14 18	19 10	7 11
	4 8	29	21 14	29 25	6 15	22 15
1 } 17 13		23 18	15 18	39 11 16	28 24	11 18
2		9 14	24 20	40 21 17	44 } 15 19	30 26
3	15 18	18 9	13 17	16 23	45	47 9 14
	24 20	5 14	31 26	26 19	24 15	26 22
4	11 15	26 23	17 21	7 11	5 9	48 10 15
5	28 24	30 } 1 6	25 22	31 26	13 6	19 10
6	8 11	31	18 25	41 5 9	1 26	6 15
7	26 23	32 } 30 25	29 22	17 14	46 31 15	22 17
8 } 9 14	33	6 10	10 17	11 18	2 7
9		15 18	23 18	19 10	25 22	17 10
10 } 31 26		22 15	10 17	6 15	18 25	7 14
11		11 27	22 13	13 6	29 22	49 31 26
12 }		32 23	21 25	2 9	8 11	15 19
13 } 6 9		13 22	30 21	22 6	22 18	32 28
14		25 9	11 16	1 10	14 23	3 7
15		6 13	20 4	42 25 21	27 18	25 22
	13 6	29 25	3 8	10 14	12 16	18 25
	2 9	34 13 17	4 11	26 23	21 17	29 22
16	26 22	21 14	7 30	43 18 22	16 19	7 11
17	1 6	10 17	27 24	23 19	18 14	27 23
18	32 28	19 16	30 26	15 18	7 10	11 15
19	3 8	12 26	18 15	19 15	14 7	23 16
20	30 26	31 13	2 7	22 25	3 10	12 19
	9 13	35 8 11	21 17	15 10	30 26	22 17
	19 16	24 19	26 23	25 29	2 6	14 18
	12 19	7 10	17 14	10 6	32 28	13 9
	23 16	25 22	1 6	29 25	10 15	5 14
21 } 13 17	3 8	24 20	6 1	26 22	17 10
22		23 18	23 26	25 22	6 9	19 24
	22 13	8 12	28 24	1 6	17 13	28 19
	8 12	28 24	26 22	22 17	9 14	15 24
23	24 19	11 16	15 11	24 19	13 9	10 7
	15 31	18 15	7 16	17 13		
	26 22		20 11	19 15		
	12 19		22 17	11 16		
	22 8			15 10		
	14 17			18 22		
	21 14			28 21		
	10 17			16 20		
	8 3			24 19		
	7 10		See Laird and Lady,	22 25		
24	25 21		var 3 at 2d move.	19 15		
	17 22			13 17		
25	20 16					
	10 14					
	16 11					
	31 26					
26	11 8					
DRAWN.	DRAWN.	DRAWN.	DRAWN.	DRAWN.	DRAWN.

OLD FOURTEENTH.

6	7	8	9	10	11
7 11	25 22	3 8	18 22	30 26	32 28
26 22	18 25	23 14	25 18	5 9	5 9
9 14	29 22	9 18	15 22	32 28	31 26
31 26	9 14	66⎱ 30 26	30 26	14 17	11 16
50⎱ 6 9	27 23	67⎰	69 11 15	23 5	20 11
51⎰	55⎱	5 9	26 17	11 16	7 16
13 6	56	26 22	15 18	20 11	26 22
2 9	57⎰ 6 9	9 14	23 14	7 30	3 7
26 23	58	22 17	9 18	21 7	22 17
52⎱ 3 7	59⎰	6 9	70 29 25	30 21	1 5
53⎰	13 6	13 6	7 11	27 23	30 26
32 28	2 9	2 9	17 14	3 10	7 11
54 1 6	60 22 17	17 13	10 17	21 19	26 22
30 26	61⎱ 15 18	1 6	21 14	15 24	
	62⎰	27 23	6 9	28 19	
Same as Game at 22ond Move.	63 32 28	15 27	13 6	21 17	
	18 27	32 23	1 17	31 26	
	19 16	15 18	25 21	10 15	
	12 19	31 27	17 22	19 10	
	24 8	11 15	19 15	6 15	
	3 12	68 21 17	3 8	29 25	
	31 24	11 30	15 10	12 16	
	9 13	23 5	11 15	25 21	
	26 22	15 18	21 17	17 14	
	7 11	5 1	22 26	26 22	
	64 30 25	7 11	31 22	15 18	
	5 9	1 5	18 25	22 15	
	26 23	10 14	17 13	14 9	
	1 5	5 9	25 30	13 6	
	24 19	6 10	10 6	1 26	
	11 15	27 23	2 9		
	65 28 24	18 27	13 6		
	15 18	9 18	30 25		
	22 6	27 32	27 23		
	13 22	13 9	5 9		
	6 2	10 14	6 2		
	14 17	18 23	9 14		
		32 28	2 6		
		23 27	15 18		
		30 26	6 9		
		9 6	18 27		
		14 18	32 23		
		20 16	14 17		
		11 20	9 14		
		27 31			
DRAWN.	DRAWN.	DRAWN.	DRAWN.	B WINS.	B. WINS.

78   OLD FOURTEENTH.

12	13	14	15	16	17
11 16	18 22	14 17	5 9	32 28	9 13
20 11	25 9	21 14	21 17	18 22	22 17
7 16	5 14	10 17	14 21	26 17	13 22
21 17	29 25	23 14	23 5	9 13	20 16
14 21	15 18	6 10	15 18	25 22	11 20
23 7	26 22	25 22	26 23	5 9	21 17
2 11	11 15	17 21		30 25	14 21
19 10	32 28	22 17		3 8	23 14
6 15	7 11	15 18		22 18	10 17
71 25 22	21 17	26 22		15 22	25 2
16 19	14 21	18 25		25 18	17 22
32 28	23 7	29 22		13 22	19 15
5 9	3 10	11 15		18 15	21 25
13 6	22 17			11 18	30 21
1 10	6 9			21 17	22 26
72 29 25	13 6			14 21	15 10
10 14	2 9			23 5	25 31
24 20	17 13			10 14	29 25
14 18	1 6			19 16	12 16
26 23	25 22			12 19	25 22
19 26	9 14			21 15	16 19
30 14	22 17			14 18	24 15
21 30				20 16	31 24
					15 11
					21 19
					11 7
					19 15
					22 17
					15 6
					2 9
					3 10
					17 14
					10 17
					21 14
					20 24
					9 13
					1 6
					13 17
					6 9
					14 10
					9 14
					17 22
DRAWN.	W. WINS.	W. WINS.	DRAWN.	DRAWN.	W. WINS.

E. Hull.

OLD FOURTEENTH.

18	19	20	21	22	23
22 17	9 13	22 17	8 12	14 17	25 22
73 ⎱ 9 13	78 22 17	9 13	24 19	21 14	12 19
74 ⎰	13 22	25 22	15 31	10 17	22 17
25 22	79 21 17	18 25	22 8	16 12	5 9
18 25	14 21	29 22	12 19	17 21	26 22
29 22	23 14	15 18	8 3	12 3	18 25
14 18	10 17	22 15	31 22	21 30	29 22
23 14	19 1	13 22	25 2	3 1	14 18
75 6 9	22 26			18 25	27 23
22 18	30 23			29 22	19 26
76 15 22	21 30			30 32	17 14
32 28	1 6			1 6	18 25
9 18	17 22			32 27	14 5
19 16	6 2			6 10	10 14
12 19	30 25				5 1
24 6	23 18				6 10
22 25	25 21				13 9
77 17 14	27 23				14 17
25 29	22 26				21 14
6 2	21 19				10 17
29 25	26 31				9 6
20 16	19 15				26 31
11 20	11 16				6 2
2 11	2 11				31 26
25 22	3 7				24 19
11 15	11 2				15 24
22 17	31 26				23 19
15 22	20 11				26 23
17 10	26 10				19 16
22 18	11 8				23 18
10 14	10 6				16 12
18 9					25 30
5 14					1 6
27 23					30 26
3 5					6 9
23 19					26 23
					12 8
					23 19
					9 13
Drawn.	Drawn.	B. Wins.	W. Wins	W. Wins.	Drawn.

Anderson.

OLD FOURTEENTH.

24	25	26	27	28	29
3 7	3 7	11 7	15 18	15 18	5 9
17 21	31 26	6 9	22 15	23 14	23 18
7 14	7 14	13 6	11 18	11 15	89 10 14
21 30	22 25	14 17	17 13	30 25	17 10
14 18	29 22	21 14	9 14	8 11	7 23
31 27	26 10	22 25	29 25	26 23	19 10
18 15	20 16	29 22	80 ⎫	6 9	6 15
27 24	10 7	26 1	81 ⎬ 10 15	23 18	26 10
15 18	21 17		82 ⎭	1 6	2 6
	6 10		19 10	31 27	30 26
	16 12		6 15	11 16	6 15
	7 11		26 23	18 11	24 19
			8 11	9 18	15 24
			83 ⎫ 30 26	22 15	28 19
			84 ⎭	13 22	11 16
			11 16	25 18	26 23
			24 20	16 23	3 7
			85 1 6	18 14	22 18
			20 11	10 19	1 5
			7 16	27 18	29 25
			26 22	7 16	7 10
			86 3 7	24 15	25 22
			22 17	6 9	8 11
			7 10	15 10	32 28
			23 19	16 19	15 20
			16 23	10 6	28 24
			28 24	9 13	23 27
			23 26	6 1	31 24
			31 22	12 16	9 14
			87 2 7	29 25	13 9
			24 19	16 20	5 14
			15 31	25 22	22 18
			22 15	3 7	11 16
			10 19	88 32 27	18 9
			17 3	19 23	16 20
			19 23	14 10	
			3 7	7 14	
			23 26	18 9	
				23 32	
				1 6	
				5 14	
				6 9	
Drawn.	B. Wins.	Drawn.	Drawn.	Drawn.	Drawn

OLD FOURTEENTH

30	31	32	33	34	35
2 6	1 5	32 27	23 18	8 11	2 6
24 20	30 25	15 18	14 23	25 22	25 22
15 24	5 9	22 15	17 14	11 15	8 11
28 19	32 27	13 22	10 26	24 20	24 19
90 } 10 15	2 6	30 26	19 1	15 24	94 6 10
91 }	22 18	11 18	12 16	28 19	13 9
19 10	93 15 22	26 17	31 22	7 11	10 15
6 15	25 18	18 22	23 27	22 18	19 10
17 10	13 22	19 15	32 23	3 7	7 14
7 14	24 20	10 26	16 19	31 26	9 6
31 27		17 1	23 16	11 16	11 15
92 1 6		2 6	11 27	20 11	
22 17		1 10	1 5	7 16	
13 22		7 14	27 31	18 15	
30 26		24 19	5 9	10 14	
22 31		8 11	31 27	26 22	
32 28		19 15	22 18	14 18	
31 24		11 18	8 11		
28 1		29 25	18 14		
11 15		22 29	11 16		
29 25		31 15	14 10		
3 7		29 25	7 14		
25 22		15 10	9 18		
7 11		25 22	16 19		
22 17		10 6	30 25		
15 18		22 18	19 23		
17 10		6 1	28 24		
18 27					
10 7					
27 32					
7 3		See End Game No. 8.			
32 28					
1 6					
11 15					
6 10					
15 19					
3 7					
28 32					
21 17					
32 27					
17 14					
27 23					
14 9					
23 18					
9 6					
18 23					
See End Game No. 7.					
W. WINS.	W. WINS.	DRAWN.	DRAWN.	DRAWN.	DRAWN.

Sturges.   Sinclair.

36	37	38	39	40	41
26 23	27 23	15 18	5 9	26 23	6 9
15 18	96 15 18	22 15	26 23	8 11	13 6
95 24 20	32 27	11 18	9 14	23 14	2 9
11 15	11 15	29 25	22 17	16 23	17 14
28 24	26 22		1 5	27 18	10 17
8 11	7 11		30 26	10 26	22 6
31 26	21 17		5 9	31 22	1 10
6 9	14 21		26 22	12 16	26 22
	23 7			32 27	5 9
	3 10			16 20	27 23
	27 23			30 26	18 27
	5 9			5 9	32 23
	31 26			21 17	9 13
	9 14			7 10	25 21
	24 20			25 21	3 7
Same as Game at 15th move.	15 24	Same as var. 27. at 6th move.		10 14	21 17
	28 19			17 10	
	11 15			2 7	
	19 16			26 23	
	12 19			7 14	
	23 16				
	8 11				
	16 7				
	2 11				
	97 26 23				
	11 16				
	20 11				
	15 18				
	22 15				
	10 26				
	30 23				
	21 30				
DRAWN.	DRAWN.	DRAWN.	W. WINS	B. WINS.	W. WINS.
	Sturges.			Sturges.	

OLD FOURTEENTH.

42	43	44	45	46	47
26 23	12 16	12 16	2 6	30 23	2 7
98 18 22	24 20	23 19	31 26	11 15	26 22
25 18	8 12	16 23	7 10	25 22	7 11
15 22	30 26	20 16	21 17	18 25	22 15
23 18	3 7	11 20	14 21	29 22	11 18
10 15	27 24	25 22	23 7	15 19	31 26
18 14	18 27	18 25	3 10	23 16	3 7
99 11 16	32 23	27 4	27 23	12 19	26 22
14 9	15 18		5 9	22 18	7 11
16 19	21 17		25 22	14 23	22 15
9 6	14 21		9 14	27 18	11 18
	23 14		22 17	19 23	25 22
	21 25		15 18	21 17	18 25
	26 23		24 19	8 11	29 22
	25 30		18 27	18 14	8 11
	23 18		32 23	2 6	100 27 24
	30 26		11 15	17 13	9 14
	18 15		26 22	7 10	32 28
			15 24	14 7	11 15
			22 18	3 10	22 17
			6 9	31 27	14 18
			13 6	10 15	17 14
			24 27	27 18	10 17
			18 9	15 22	19 10
			10 15	32 27	6 15
			6 2	22 26	
			27 31	27 24	
			29 25	26 31	
			31 26	24 19	
			2 7	31 27	
			26 19	19 16	
			7 11	11 15	
			1 5	16 11	
			11 4	27 23	
			5 14		
			17 10		
			15 18		
			4 8		
			19 23		
			10 7		
			23 27		
			8 11		
			18 23		
			7 2		
			23 26		
DRAWN.	W. WINS.	W. WINS.	DRAWN.	DRAWN.	DRAWN.

E. Northrop.   E. Northrop.

OLD FOURTEENTH.

48	49	50	51	52	53
3 7	13 9	5 9	2 7	1 6	9 13
22 15	8 11	26 23	26 23	21 17	20 16
7 11	31 26	1 5	14 17	14 21	11 20
31 26	12 16	32 28	23 14	23 7	22 17
11 18	32 28	2 7	17 26	3 10	13 22
26 22	16 19	30 26	30 23	27 23	21 17
2 7	27 24	12 16	10 17	9 13	14 21
22 15	18 23	19 12	21 14	32 27	23 7
7 11	26 22	14 17	15 18	6 9	3 10
101 25 22	23 26	21 14	32 28	20 16	25 4
11 25	22 17	10 17	6 10	11 20	
29 22	26 31	23 14	25 21	22 17	
8 11	17 10	9 18	10 17	13 22	
27 23	5 14	25 21	25 14	25 4	
11 15	25 22	18 25	17 22		
32 28	31 27	29 22	21 17		
15 24	22 17	15 19	22 26		
28 19	11 16	21 14	29 25		
10 15	20 11		26 30		
19 10	27 20		25 21		
6 15	11 7		30 26		
13 9	20 16		14 10		
15 19	7 2		7 14		
23 16	16 11		17 10		
12 19	2 6		11 15		
20 16	19 24		20 16		
14 18	25 19		15 18		
	15 24		19 15		
	6 2		12 19		
	21 27		10 7		
	10 7		3 10		
	3 10		15 6		
	29 25		1 10		
	14 18		24 6		
	2 6				
	10 15				
	6 10				
	18 22				
DRAWN.	B. WINS.	W. WINS.	W. WINS.	W. WINS.	W. WINS.

OLD FOURTEENTH.

54	55	56	57	58	59
9 13	11 16	5 9	3 8	14 18	14 17
22 17	20 11	32 28	22 17	23 14	21 14
13 22	7 16	103 ⎱ 11 16	109 6 9	10 17	10 17
21 17	24 20	104 ⎰	13 6	19 10	19 10
14 21	15 24	20 11	2 9	7 14	6 15
23 14	20 11	7 16	17 13	110 ⎱ 32 28	23 19
10 17	102 10 15	24 20	1 6	111 ⎰	7 10
19 3	22 18	15 24	31 27	3 7	114 31 27
22 26	15 22	28 19	14 18	31 27	3 7
30 23	26 10	3 7	23 14	6 10	27 23
21 30	6 15	20 11	9 18	112 27 23	17 21
23 19	32 28	7 16	27 23	1 6	32 28
30 26	15 18	22 17	18 27	22 18	1 6
19 16	28 19	105 16 20	32 23	10 15	19 16
12 19	18 27	19 16	5 9	18 9	12 19
3 12	31 24	12 19	26 22	5 14	23 16
11 15	3 7	23 16	9 14	113 24 19	10 14
12 16	11 8	106 ⎱ 20 24	21 17	15 24	22 17
	7 11	107 ⎰	14 21	28 19	14 18
	24 20	16 11	22 17	11 16	16 12
	5 9	24 28		20 11	11 16
	13 6	31 27		7 16	20 11
	1 10	1 5		19 15	7 16
		27 23		16 20	17 14
		28 32		15 11	16 20
		26 22		20 24	24 19
		32 28		23 19	15 24
		23 19		6 10	28 19
		14 18		19 16	18 22
		22 15		12 19	26 17
		28 24		11 7	6 9
		30 26			
		24 27			
		26 22			
		27 24			
		22 18			
		24 27			
		11 7			
		2 11			
		15 8			
		27 24			
		18 15			
		108 24 20			
		15 11			
		20 24			
		8 4			
W. WINS.	DRAWN.	W. WINS.	W. WINS.	DRAWN.	DRAWN.

A. McKerrow.　　　　　　　　　Anderson.　　Sinclair.

60	61	62	63	64	65
23 18	9 13	1 6	17 13	24 19	20 16
14 23	26 22	117 ⎫ 31 27	18 27	5 9	15 24
31 27	115 3 8	118 ⎭	119 13 6	30 26	28 19
9 13	23 18	9 13	14 18	14 18	10 15
27 18	14 23	26 22	32 14	121 22 8	17 10
12 16	31 27	14 18	10 17	13 31	15 24
19 12	116 15 18		21 14	8 3	23 19
13 17	22 6		1 17	31 27	
21 14	13 22		120 19 15	21 17	
10 17	27 18		11 18	9 13	
22 13	1 10		26 22	3 7	
15 31	18 14	Same as Var. 18	17 26	13 22	
	10 17	at 6th Move.	30 14	7 14	
	21 14		7 10		
			14 7		
			3 10		
			24 19		See End Game No. 9.
B. Wins.	W. Wins.	Drawn.	Drawn.	Drawn.	B. Wins.

OLD FOURTEENTH.

66	67	68	69	70	71
21 17	27 23	25 22	22 25	27 23	26 23
18 22	18 27	18 25	29 22	18 27	3 7
25 18	32 23	29 22	9 14	32 23	130 30 26
15 22	15 18	15 18	32 28	5 9	21 30
122 30 25	23 14	22 15	14 17	29 25	23 19
123 6 9	10 17	7 11	21 14	7 11	30 23
124 25 18	21 14		10 17	25 22	19 3
9 14	6 9		19 16	11 15	23 26
18 9	13 6		12 19	20 16	32 28
5 21	2 18		24 8	9 14	131 11 15
125 31 26	31 27		3 12	16 11	24 20
126 10 14	7 10		20 16	15 18	16 19
27 23	30 26		12 19	22 15	27 24
7 10	5 9		23 16	12 16	15 18
32 28	127 ⎫		7 11	19 12	24 15
1 6	128 ⎬ 26 22		16 7	10 28	5 9
19 16	129 ⎭		2 11	17 10	13 6
12 19	1 6		26 23	6 15	1 19
23 7	22 15		17 26	11 8	
2 11	11 18		31 22	28 32	
26 23	20 16			8 4	
11 15	9 14			32 28	
23 19	25 22			4 8	
14 17	18 25			2 7	
19 16	29 22			13 9	
8 12	6 9			28 24	
24 19	24 20			23 19	
15 24				15 18	
28 19				19 16	
10 14				24 20	
16 11				8 11	
6 10				18 22	
11 7				11 2	
14 18				20 11	
6 2					
10 14					
DRAWN.	B. WINS.	B. WINS.	W. WINS.	DRAWN.	DRAWN.

Sinclair. Sinclair.

OLD FOURTEENTH.

72	73	74	75	76	77
22 17	3 8	18 22	3 8	13 22	6 2
19 23	25 22	25 18	32 28	20 16	13 22
26 19	18 25	15 22	132 6 9	10 17	2 6
11 16	29 22	23 18	22 18	21 14	133 25 29
27 23	15 18	14 23	15 22	11 20	28 24
16 20	22 15	27 18	19 16	18 2	29 25
29 25	11 18	9 13	9 18	9 18	24 19
20 27	19 15	17 14	17 14	2 6	25 20
25 22	10 26	10 17	10 17	3 7	6 2
15 24	17 1	21 14	21 14	19 15	29 25
24 19	26 31	6 10	12 19	12 16	19 15
27 32	21 17	30 25	24 15	15 11	11 16
23 18	9 13	10 17	22 25	16 19	2 11
32 27	17 14	25 21	30 21	11 2	
18 15	13 17	22 26	18 22	19 28	
	1 6	21 14	15 10	27 24	
	17 21	26 30	5 9	20 27	
	6 10	19 15	10 3	32 14	
	7 11	30 26	9 18		
	30 26	15 8	2 12		
	31 22	26 22			
	14 9	32 28			
	5 14	22 15			
	10 26	24 19			
	21 25	15 24			
	27 23	28 19			
	18 27	7 10			
	32 23	14 7			
	11 15	3 10			
	26 22				
	25 30				
	23 19				
DRAWN.	W. WINS.	DRAWN.	W. WINS.	W. WINS.	DRAWN.

Sturges   E. Hull.   Anderson.

OLD FOURTEENTH.

78	79	80	81	82	83
30 26	20 16	5 9	7 11	14 17	23 19
6 9	11 20	26 23	26 23	21 14	141 } 7 10
19 16	21 17	1 5	11 15	10 17	142 }
12 19	14 21	30 26	21 17	134 24 20	30 26
23 16	23 14	7 11	14 21	17 21	2 6
14 17	19 17	19 15	23 7	26 23	143 26 23
21 11	25 2	10 19	3 10	6 10	5 9
10 17	17 22	24 15	25 22	23 14	24 20
25 21	2 9	3 7	8 11	10 17	15 24
18 25	5 14	26 22	22 17	27 23	23 19
29 22	19 16	7 10	5 9	8 11	144 } 18 22
15 19	12 19	22 17	27 23	31 26	145 }
	24 15	10 26	9 14	1 6	25 18
	14 18	31 15	24 20	32 27	10 15
	15 10	11 18	15 24	135 }	19 10
	3 8	17 1	23 19	136 } 7 10	6 22
	10 6		11 15		13 6
	8 12		32 28	137	1 10
	6 2		15 24	3 .	23 18
	12 16		28 19	27 24	
	30 26		6 9	139 11 15	
			13 6	25 22	
			2 9	3 7	
			17 13	20 16	
			1 6	7 11	
			20 16	16 7	
				2 11	
				24 20	
				15 24	
				28 19	
				11 15	
				140 23 18	
				15 24	
				18 14	
				10 15	
				14 10	
B. Wins.	Drawn.	W. Wins.	W. Wins.	Drawn	Drawn.

Sturges.

OLD FOURTEENTH.

84	85	86	87	88	89
24 20	7 11	2 7	12 16	22 17	9 14
11 16	28 24	22 17	24 20	13 22	18 9
20 11	146 2 6	7 10	147 16 19	21 17	15 18
7 16	24 19	23 19	20 16	22 26	22 15
30 26	15 24	16 23	19 23	17 13	13 22
2 6	26 22	25 22	16 11	26 31	26 17
27 24	11 15	18 25	23 26	1 6	6 22
18 27	20 11	27 2	11 8	2 9	15 6
32 23	24 28		26 30	13 6	2 9
16 19	11 8		8 4	7 11	
23 16	12 16		30 26	6 2	
12 19	22 17		32 28	19 23	
24 20	3 12		26 23	2 7	
6 10	17 10		28 24	11 16	
20 16			23 32	7 11	
19 24			24 19	31 26	
28 19				14 9	
15 24				5 14	
25 22				18 9	
10 15					
26 23					
24 27					
31 24					
15 18					
22 15					
5 9					
13 6					
1 25					
16 11					
DRAWN	W. WINS.	W. WINS.	DRAWN.	DRAWN.	W. WINS.

OLD FOURTEENTH.

90	91	92	93	94	95
11 15	6 9	3 7	13 22	7 10	30 26
30 26	30 26	23 18	24 20	22 18	14 17
15 24	11 15	14 23	15 24	3 8	21 14
22 18	32 28	27 18	28 19	28 24	10 17
13 22	15 24	15 19	12 16	8 12	23 14
18 2	28 19	21 17	19 12	24 20	17 21
	8 11	149 ⎫ 19 24	10 15		25 22
	19 16	150 ⎭	20 16		6 9
	12 19	17 14			13 6
	23 16	151 24 28			2 25
	148 11 15	29 25			29 22
	16 11	1 6			
	7 16	18 15			
	20 11	11 18			
	14 18	22 15			
	17 14	152 13 17			
	18 25	20 16			
	14 7	12 19			
	3 10	25 22			
	29 22	17 26			
	15 19	30 16			
	11 7	8 12			
	10 15	15 11			
	7 3	12 19			
	19 24	11 2			
	26 23				
W. WINS.	W. WINS.	W. WINS.	W. WINS.	W. WINS	B WINS.

Sturges.

OLD FOURTEENTH.

	96	97	98	99	100	101
	5 9	22 17	3 7	12 16	27 23	13 9
	32 27	15 19	23 14	30 26	9 14	6 13
	1 5	25 22	10 17	22 31	32 28	15 6
153	26 22	1 5	25 21	24 20	5 9	1 10
	14 18	26 23	17 22	31 24		27 24
	23 14	19 26	30 26	25 12		11 15
	9 18	30 23	22 31	15 18		25 22
	22 17	11 15	24 20	14 10		8 11
	11 16	20 16	31 24	11 15		29 25
	27 23	21 25	28 3	10 7		5 9
	18 27	16 11		3 10		
	17 14	14 21		12 3		
	16 23	22 17		15 19		
	31 26	25 30		3 7		
	10 17	11 7		10 15		
	26 1	30 26		7 11		
	17 22	7 3		19 23		
	25 18	26 19		20 16		
	2 6			23 26		
	1 10			16 12		
	7 23			26 30		
				12 8		
				30 26		
				8 3		
				26 22		
				3 7		
				15 19		
				11 15		
				19 23		
				7 10		
				23 26		
				10 14		
	DRAWN.	B. WINS.	W. WINS.	W. WINS.	DRAWN.	B WINS.
	Sturges.	Sturges.				

OLD FOURTEENTH.

102	103	104	105	106	107
24 28	3 8	1 5	14 18	1 5	2 7
23 19	31 27	22 17	23 5	26 23	31 27
3 7	15 18	154 12 16	16 23	2 7	1 5
11 8	22 15	19 12	26 19	16 12	30 25
7 11	11 18	14 18	10 14	20 24	14 18
8 3	21 17	23 14	19 10	12 8	17 14
11 15	14 21	9 18	6 24	24 28	10 17
3 8	23 5	17 14	31 26	8 3	21 14
15 24	10 14	10 17		28 32	6 10
8 11	27 23	21 14		3 8	13 6
5 9	21 25	6 10		32 28	10 17
22 17	30 21	12 8		23 19	26 23
	14 17	10 17		14 18	
	21 14	24 19		8 3	
	6 9	15 24		7 11	
	13 6	28 19		3 7	
	2 27	3 12			
	26 22	19 16			
		12 19			
		26 23			
		19 26			
		31 8			
		7 10			
		8 3			
		17 22			
		3 8			
		10 14			
		8 11			
		14 17			
		11 15			
		17 21			
		15 18			
		22 25			
		18 22			
		25 29			
		20 16			
		2 7			
		22 17			
		7 10			
		16 12			
		29 25			
		12 8			
		25 29			
		8 3			
		29 25			
		3 7			
W WINS.	W. WINS.	W. WINS	W. WINS.	W. WINS.	W. WINS.

J. G. M. Fisk

OLD FOURTEENTH.

108	109	110	111	112	113
24 27	15 18	31 27	24 19	13 9	23 19
15 11	32 28	11 15	3 7	10 15	158 6 10
27 23	18 27	155 27 23	31 27	22 13	19 16
19 16	20 16	15 18	11 16	14 18	12 19
23 19	11 20	22 15	20 11	157 26 23	26 22
16 12	19 16	6 9	7 23	5 14	17 26
19 16	12 19	13 6	27 9	30 26	30 16
11 7	24 15	1 28	5 14	12 16	14 17
16 11	10 19	30 25	156 22 18	21 17	
7 2	17 3	5 9	14 23	14 21	
11 4	8 12	25 22	21 14	23 14	
2 7	31 15	9 13	1 5	21 25	
9 14	6 9	22 18	26 19	26 22	
7 11	13 6	3 7	6 9	25 30	
	1 19	18 9	13 6	27 23	
	26 23	17 22	2 18	30 25	
	19 26			22 18	
	30 23			15 22	
	5 9			24 19	
	23 18			25 21	
	12 16			19 12	
	3 8			21 17	
	16 19			14 9	
	8 11			17 14	
	19 23			9 5	
	11 15			22 26	
	23 27			23 24	
	15 19			26 31	
	27 32			12 8	
	19 23			11 16	
	2 7			20 11	
	21 17			7 16	
	9 13			24 20	
	17 14			14 10	
	13 17			20 11	
	14 9			10 7	
	17 22				
	9 6				
	22 25				

| W. WINS. | W. WINS. | DRAWN | DRAWN. | B. WINS. | DRAWN. |
| | Sinclair. | Anderson. | Anderson. | | Anderson |

OLD FOURTEENTH.

114	115	116	117	118	119
32 27	14 18	5 9	26 22	32 28	32 23
17 21	23 14	27 18	12 19	9 13	1 6
27 23	1 6	1 5	19 12	159 23 18	31 27
5 9	32 28	30 26	14 18	15 22	14 18
13 6	3 8	9 14	23 14	19 15	23 14
2 9	14 9	18 9	9 25	11 18	9 13
22 17	5 14	5 14		20 16	30 25
9 14	30 26	26 23		12 19	5 9
26 22	14 18	15 18		24 15	21 17
3 8	17 14	22 6		10 19	9 14
31 26	18 25	13 22		17 1	26 22
21 25	26 23	6 2		160 5 9	14 30
30 21	10 17	7 10		26 17	22 8
1 6	19 3	32 28		13 22	
17 13	17 22	22 25		1 6	
15 18		23 18		9 13	
22 15		14 23		6 2	
11 27		19 16		7 11	
26 22				2 6	
27 32				18 23	
22 17				6 10	
32 28				11 16	
20 16				161 10 14	
28 32				23 26	
24 20				30 23	
32 27				19 26	
19 15				14 18	
12 19				26 30	
20 16				18 25	
27 23				13 17	
16 12				21 14	
23 18				30 21	
B. Wins.	W. Wins.	W. Wins.	B. Wins.	Drawn.	Drawn.

Sinclair.   Sinclair.

120	121	122	123	124	125
26 22	22 6	27 23	5 9	13 6	27 23
17 26	13 31	5 9	25 18	2 9	11 15
162 31 22	6 2	163 32 28	1 5	25 18	32 28
5 9	9 14	164 ⎫	27 23	9 13	15 18
30 25	2 7	165 ⎬ 11 15	9 14	32 28	23 14
7 10	31 27	166 ⎪	18 9	13 22	10 17
25 21	7 16	167 ⎭	5 21	19 16	31 26
9 13	27 23	23 18	172 23 18	12 19	2 6
22 18	19 15	7 11	173 6 9	24 6	19 15
13 17	12 19	168 30 26	13 6	1 10	7 11
21 7	20 16	169 9 14	2 9	27 24	13 9
3 10		18 9	31 27	10 14	6 13
		15 18	10 14	18 9	15 10
		170 19 16	174 ⎰ 27 23	5 14	17 22
		12 19		24 19	
		24 15	14 17	8 12	
		10 19	32 27	31 27	
		17 14	9 13	7 10	
		171 1 5	18 15	27 24	
		26 17	11 18	11 15	
			23 14	20 16	
				22 26	
				16 11	
				26 31	
				11 7	
				31 27	
				7 2	
				27 20	
				2 6	
				15 24	
				18 19	
				14 17	
B. Wins.	Drawn.	Drawn.	Drawn.	B. Wins.	B. Wins.

Alonzo. Brooks. J. Blanchard. Anderson.

OLD FOURTEENTH.

126	127	128	129	130	131
11 15	26 23	25 22	25 21	23 18	16 20
29 25	9 14	18 25	9 13	15 22	27 23
21 30	25 22	29 22	26 23	25 18	20 27
20 16	18 25	10 14	18 22	7 10	3 7
30 23	29 22	27 23	23 18	29 25	26 19
27 4	1 5	1 5	22 26	10 15	7 32
	22 18	22 18	18 14	25 22	
	5 9	14 17	10 17	16 19	
	20 16		21 14	24 20	
	11 20		26 30	19 24	
	18 15		14 10	27 23	
	9 13		30 26	24 27	
	15 6		10 7	23 19	
	8 11		13 17	15 24	
			7 2	32 23	
			17 21	5 9	
			2 7	13 6	
			1 6	1 10	
			7 16	23 19	
			6 10	24 27	
			27 23	22 17	
			10 14	27 32	
				18 14	
W. WINS.	B. WINS.	B. WINS.	B. WINS.	DRAWN.	W. WINS.
	Sinclair.	Sinclair.	Sinclair.		

132	133	134	135	136	137
15 18	11 15	26 22	6 10	11 16	19 15
22 15	28 24	17 26	19 16	20 11	11 18
175 13 22	25 29	31 15	12 19	7 16	23 7
21 17	6 2	7 11	23 16	19 15	176 3 10
11 18	7 11	30 26	11 15	3 8	27 23
19 15	2 6	11 18	27 23	23 18	10 15
10 19	18 23	26 22	7 11	16 19	20 16
24 15	27 18	5 9	16 7	25 22	12 19
	22 26	22 15	2 11	19 23	23 16
	30 23	9 14	25 22	26 19	15 18
	15 22	25 21	3 8	17 26	16 11
	6 10	14 18	28 24	30 23	6 9
	22 26	24 20	8 12	5 9	13 6
	23 19	18 22	23 19	28 24	2 9
		27 24		21 25	
		3 7		24 20	
		32 27		25 30	
		22 26		20 16	
		27 23		30 26	
		7 10		27 24	
		19 6		26 31	
				24 20	
W. Wins.	W. Wins.	Drawn	W. Wins	W. Wins.	Drawn.
E. Hu'l	A. Brown	Anderson	Anderson.	Anderson.	Anderson.

OLD FOURTEENTH. 99

138	139	140	141	142	143
19 16	20 16	19 16	14 17	2 6	24 20
12 19	15 18	12 19	19 10	19 10	15 24
23 7	23 7	23 16	7 14	6 15	28 19
2 11	2 27	10 14	30 26	30 26	11 15
25 22		16 11	3 8	12 16	13 9
177 5 9		14 18	24 20	24 20	6 13
27 23		11 7	2 6	1 6	26 22
10 15		18 25	27 23	178 26 22	15 24
28 24		7 3	18 27	11 17	22 6
3 8		25 29	32 23	21 14	1 10
23 19		3 7	11 15	6 10	32 28
15 18		15 18	20 16	31 26	3 7
22 15			12 19	10 17	28 19
11 18			23 16	13 9	179 14 17
19 15			8 12	5 14	
18 22			16 11	22 13	
26 23			15 19	14 17	
9 14			31 27	25 21	
23 19			14 18	16 19	
8 12			21 14	21 14	
20 16			6 9	18 23	
14 18			13 6	27 18	
16 11			1 17	15 31	
18 23			25 21		
11 7					
23 27					
7 2					
DRAWN.	B. WINS.	B WINS.	DRAWN.	DRAWN.	DRAWN.

Anderson.   J.D.Jarvie.   J.D Jarvie

OLD FOURTEENTH.

144	145	146	147	148	149
11 15	10 15	3 7	5 9	1 6	1 6
32 28	19 10	24 19	20 11	26 23	18 14
15 24	6 15	15 24	18 23	11 15	6 10
28 19	13 6	26 22	27 18	22 18	14 9
10 15	1 10	11 15	14 23	15 22	10 15
19 10	32 28	20 11	11 8	16 11	9 6
6 15	3 7	7 16	23 26	7 16	19 23
13 6	28 24	27 11	8 4	20 11	6 2
1 10	12 16	18 27	26 31		
31 26	31 26	32 23	4 8		
180 3 7	14 17		2 7		
26 22	21 14		8 3		
7 11	10 17		9 14		
23 19	23 14		3 8		
15 31	17 21		31 26		
22 6	27 23		8 12		
	21 30		26 23		
	23 19		12 26		
			23 26		
			32 27		
			26 30		
			27 23		
			30 26		
			16 19		
			15 24		
			22 18		
DRAWN.	W. WINS.	W. WINS.	W. WINS.	W. WINS.	W. WINS.

Anderson

OLD FOURTEENTH.

150	151	152	153	154	155
19 23	1 6	7 11	25 22	15 18	32 28
17 14	14 9	14 9	14 18	19 16	181 14 18
1 6	6 10	11 18	23 14	18 27	21 14
14 9	9 6	9 2	9 25	26 23	18 25
6 10	10 15	18 23	29 22	12 19	30 21
9 6	30 25	2 6	12 16	24 8	3 7
10 15	12 16	8 11	19 12	3 12	26 23
6 2	6 2	6 10	15 19	31 24	15 18
13 17	24 27		24 15	12 16	24 19
22 13	32 23		11 25	20 11	18 22
15 22	15 19		27 23	7 16	23 18
13 9	18 15		10 14	24 20	22 25
22 26	19 26		28 24	16 19	27 24
9 5	25 21		6 10	20 16	25 30
26 31	11 25		24 20	19 23	19 15
5 1	20 4		8 11	22 18	30 26
7 10			23 19		15 11
1 6			25 29		7 16
10 15			26 23		20 11
2 7			29 25		26 22
15 18			31 26		18 15
7 16			25 29		
12 19					
20 16					
8 12					
6 10					
18 22					
16 11					
12 16					
10 15					
16 20					
15 24					
20 27					
11 8					
31 26					
30 25					
W. WINS.	W. WINS.	W. WINS.	B WINS.	W. WINS.	DRAWN.

Anderson.

OLD FOURTEENTH

156	157	158	159	160	161
32 28	9 6	7 10	26 22	18 23	10 15
2 7	1 10	19 16	5 9	26 17	16 20
28 24	26 23	12 19	30 26	13 22	15 24
7 11	10 14	26 22	3 8	1 6	20 27
24 19	30 26	17 26	19 16	3 8	31 24
1 5	2 6	30 7	12 19	21 17	23 27
22 18	21 17	2 11	23 16	7 11	21 17
14 23	14 21	24 19	15 19	6 10	27 32
21 14	23 14	15 24	24 15	11 16	17 14
23 27	6 10	28 19	11 25	10 15	32 27
26 22	13 9		16 12	16 20	
27 31	10 17		13 22	15 24	
22 18	9 6		12 3	20 27	
31 27	21 25		9 13	31 24	
19 15	27 23		26 17	23 27	
11 16	25 30		13 22	24 19	
15 11	6 2		182 20 16	27 32	
27 24	15 18		6 9	19 15	
11 8	23 14		3 8	32 27	
24 19	30 23		10 15	15 10	
8 3	2 6		28 24	22 26	
16 20	17 21		7 10	30 23	
30 25			8 3	27 18	
			25 29	10 6	
			3 7		
			9 13		
			7 11		
			15 18		
			24 19		
			29 25		
DRAWN.	B. WINS.	W. WINS.	DRAWN.	DRAWN.	B. WINS.
Anderson.	Anderson	Anderson	John M'Lean		John M'Lean

OLD FOURTEENTH.

162	163	164	165	166	167
30 23	30 25	9 14	1 5	22 26	22 25
5 9	22 26	30 26	30 25	31 22	29 22
23 18	31 22	14 21	183 22 26	9 14	1 5
7 10	9 14	26 17	31 22	29 25	22 18
31 26	25 21	6 9	9 14	14 21	9 14
9 13	11 15	13 6	25 21	22 17	18 9
26 23	22 18	2 9	11 15	6 9	5 21
13 17	15 22	17 13	184 23 18	13 6	23 18
18 14	19 15	1 6	14 23	2 9	6 9
17 21	10 26	31 26	17 14	23 18	13 6
14 7	17 3	11 15	10 26	9 13	2 9
3 10	26 31	19 16	19 1	25 22	19 16
	32 28	12 19		1 6	12 19
	2 7	23 16		18 14	24 6
	3 10	8 12			
	6 15	16 11			
	21 17	7 16			
	31 26	20 11			
	13 9	12 16			
	8 11	11 7			
	9 5	15 19			
	12 16	24 15			
	17 13	10 19			
	16 19	7 2			
	13 9	16 20			
	26 31	2 7			
	9 6	20 24			
	1 10	26 23			
	5 1	19 26			
	31 27	28 19			
	1 6	26 31			
	11 16	19 15			
B. WINS.	B. WINS.	W WINS.	DRAWN	W. WINS.	W. WINS.

OLD FOURTEENTH.

168	169	170	171	172	173
30 25	2 7	19 15	11 15	32 28	31 26
9 14	26 23	10 19	26 17	11 15	10 14
18 9	1 5	24 15	1 5	31 26	32 28
1 5	17 14	22 25	14 10	15 18	14 17
25 18	10 17	29 22	5 21	23 14	23 18
15 22	19 1	18 25	10 1	10 17	6 9
	9 14	26 22	21 25	26 23	13 6
	18 9	11 18	29 22	17 22	2 9
	5 14	22 15	18 25	23 18	19 16
	13 9	25 30	1 6	22 26	12 19
		185 17 14	2 9	18 14	24 15
		30 25	13 6	7 10	9 13
		14 10	19 23	4 7	26 23
		25 22	6 2	2 11	21 25
		10 7	15 18		29 22
		2 18	2 7		17 26
		9 2	18 22		15 10
		22 17	7 10		7 14
		28 24	25 29		18 9
					26 31
					23 18
B. WINS.	W. WINS.	DRAWN.	DRAWN.	B. WINS.	DRAWN.

Alonzo Brooks. Alonzo Brooks. Alonzo Brooks.

OLD FOURTEENTH.

174	175	176	177	178	179
19 15	11 18	2 11	3 8	26 23	7 11
14 23	19 15	25 22	27 23	16 19	
27 18	13 22	11 15	10 15	23 16	
12 16	21 17	27 23	23 19	14 17	
32 28	10 19	3 7	15 24	21 14	
16 19	24 15	23 19	28 19	18 23	
13 14	22 26	15 24	6 10	27 18	
9 18	30 23	28 19	22 18	15 29	
15 10	18 22	6 10	10 14	31 26	
7 14	17 13	20 16	18 9	29 25	
24 15	22 26	10 14	5 14	32 27	
18 22	23 19	13 9	13 9	25 21	See End Game
15 10	26 31	14 18	14 18	27 23	No. 10
11 15	27 24	22 15	9 6	21 17	
		5 14	18 22	23 18	
		15 10	26 23	17 10	
			22 26	28 24	
			23 18	10 15	
			26 31	26 22	
			19 16	5 9	
				16 12	
				7 10	
B. Wins.	W. Wins.	W. Wins.	W. Wins.	B. Wins.	Drawn.
	E. Hull.	Anderson.	Anderson.		

OLD FOURTEENTH.

180	181	182	183	184	185
15 19	3 7	28 24	9 14	29 25	28 24
23 16	27 23	6 9	25 9	5 9	30 25
12 19	14 18	24 19	5 21	23 18	24 19
20 16	23 14	25 30	23 18	14 23	25 21
10 15	6 9	19 15	6 9	17 14	17 14
16 12	13 6	10 19	13 6	9 18	21 17
3 7	2 25	3 26	2 9	22 17	14 10
26 22	21 14	30 23	19 16	7 11	8 11
7 11	1 6	21 17	12 19	17 14	15 8
12 8	30 21	9 13	24 6	10 17	6 24
11 16	6 9	17 14		21 14	8 3
8 3	21 17	23 18		18 22	17 14
19 23	9 18			19 1	9 5
27 24	17 14			22 29	14 10
16 20	7 11				3 8
3 7	14 10				24 28
20 27	5 9				8 11
7 10	10 7				12 16
23 26	9 13				11 8
19 19	7 3				10 7
18 23	13 17				20 11
19 24	3 8				7 16
27 31	12 16				
22 18	8 12				
	16 19				
	12 16				
W. WINS.	W. WINS.	Drawn.	W. WINS.	DRAWN.	B. WINS.

Anderson.   Alonzo Brooks.

END GAME NO. 4. By Alonzo Brooks.

See Single Corner, Var. 137.

BLACK.

WHITE

B. to play and Win.

		1		2
31 27	3 7		1 6	
24 20	18 14	7 10	26 30	11 7
27 24	7 11	15 6	6 1	15 10
19 15	22 18	2 9		7 11
24 19	2 28 24	23 18		14 9
15 10		9 6		8 4
22 26		18 15		9 6
10 7		6 1		28 24
26 31		25 30		18 23
7 2		1 6		11 8
31 27		30 26		10 15
2 7		6 1		8 11
27 23		26 23		15 8
9 6		1 6		4 11
19 15		23 18		6 10
7 10		6 1		11 8
15 11		15 11		
6 2		1 6		
21 25		18 15		
10 7		6 1		
11 15		12 16		
1 7 3		1 6		
25 30		16 19		
2 7		6 1		
30 26		19 23		
3 8		1 6		
23 18		15 19		
7 3		6 1		
26 22	B. WINS.	23 26	B. WINS.	B. WINS.

CROSS

GAME.	1	2	3	4	5
	11 15	27 23	18 14	4 8	6 10	27 20
	23 18	14 4 8	9 18	30 26	21 19	10 15
	8 11	15 23 19	24 19	15 19	15 24	28 24
1	26 23	16 9 14	15 24	24 15	27 20	6 10
2		17	22 8	10 19	12 16	22 17
3	10 14	18 9	4 11	23 16	28 24	15 22
	30 26	5 14	28 19	12 19	4 8	25 18
4	7 10	18 22 17	11 15	22 17	22 17	9 13
	24 19	19 15 18	27 24	A 9 13	8 12	18 9
	15 24	26 22	5 9	17 14	32 28	13 22
5	28 19	20 11 15	21 17		10 15	26 17
6	12 16	21	7 11	See Dyke	17 10	5 14
	19 12	17 13	25 21	Var.4 at 2nd Move.	7 14	32 28
	11 16	7 11	9 14		26 22	4 8
	18 15	22 24 17	29 25		2 6	24 19
	10 19	23 2 7	15 18		24 19	11 15
7	22 17	24	17 13		5 24	31 26
	6 10	25 32 27	11 16		28 19	15 24
8	17 13	26 1 5	31 27		6 10	28 19
9		27 30 26	16 23		31 27	8 11
	10 15	28 5 9	26 19		9 13	19 16
	13 6	29 26 22	10 15		18 9	12 19
10	1 10	30 11 16	19 10	A	5 14	23 7
	32 28	31	6 15	9 14	27 24	2 11
	4 8	27 23	30 26	18 9	1 5	29 25
11	25 22	18 27	12 16	6 22	22 17	3 8
	5 9	32 22 18	36 24 20	25 18	13 22	25 22
	27 24	33 15 22	3 7	2 6	25 9	11 15
	16 20	25 18	20 11	27 24	5 14	26 23
	23 16	14 23	7 16	7 10	29 25	8 12
	20 27	24 20	26 22	24 15	14 18	17 13
	31 24	8 11	2 6	10 19	23 7	
	2 7	31 24	22 17	32 27	3 10	
12	26 23	23 26	15 19	3 7	25 22	
13	9 13	19 15	17 10	27 24	16 23	
	16 11	10 19	6 15	7 10	22 18	
	7 16	24 8	13 9	24 15	10 15	
	24 19	16 19	16 20	10 19	18 14	
	15 24	8 4	9 5	18 14		
	28 19	26 30		11 16		
	13 17	4 8		21 17		
	22 13	19 23		8 12		
	8 11	29 25		31 27		
	29 25	23 27		6 9		
	11 15	25 22		14 10		
	25 22	30 25				
	15 21	22 18				
	22 18	34 27 32				
	16 19	35 17 14				
		25 22				
		14 5				
		22 15				
		21 17				
DRAWN.	DRAWN.	DRAWN	DRAWN.	DRAWN.	DRAWN.

Hay. Anderson.

CROSS. 109

6	7	8	9	10	11
	11 16	32 28	32 28	25 22	2 9	27 24
	22 17	9 13	4 8	9 13	25 22	16 20
	4 8	41 22 18	27 24	32 28	14 18	23 16
37	26 22	6 9	2 6	4 8	23 14	20 27
	16 20	18 15	24 15	27 24	9 25	31 24
	17 13	4 8	10 19	2 6	29 22	14 17
	8 11	25 22	17 10	24 15	5 9	24 7
	22 17	42 14 17	6 15	10 19	21 17	2 27
	12 16	21 14	21 17	17 10	1 6	26 22
	19 12	9 25	9 13	6 15	27 23	8 11
	10 15	29 22	17 14	23 18	4 8	22 17
	17 10	2 7	13 17	8 11	23 18	27 31
	15 22	43 22 18	25 21	18 14	8 11	17 14
	25 18	1 6	1 6	16 20	17 14	31 26
	6 22	27 24	29 25	31 27	9 13	14 10
	13 6	5 9	6 9	11 16	32 27	15 19
	1 10	24 20	31 27	27 23	16 20	10 6
	21 17	8 11	9 18	13 17	27 23	11 16
	5 9	15 8	23 14	22 13	19 24	6 1
38	23 18	7 10	15 18	15 18	23 19	16 20
	9 13	20 11	14 10	26 22	6 10	1 6
	18 14	10 14	19 23	18 25	14 7	19 23
	2 7	23 16	26 19	29 22	3 10	6 10
39	14 9	14 30	16 32	19 26	19 16	23 27
	10 14	11 7	21 14	22 17		10 14
	17 10			26 30		27 31
	7 14			14 9		14 17
	9 6			5 14		5 9
	14 17			17 10		17 13
	6 2					26 30
	22 26					13 6
	31 22					30 21
	17 26					6 10
	2 6					31 26
	11 16					10 15
40	27 24					26 23
	20 27					15 10
	32 23					23 19
	26 30					10 14
						20 24
						14 10
						24 27
						10 14
						27 31
						11 10
						31 26
						10 6
						26 23
						6 1
						23 18
	DRAWN.	DRAWN.	DRAWN.	B. WINS.	W. WINS.	B. WINS.
	Drummond	Anderson.	Anderson.	Anderson.	Anderson.	Anderson

CROSS.

12	13	14	15	16	17
24 20	8 11	11 16	24 20	9 13	10 14
15 19	24 19	18 11	49 ⎫ 12 16	26 23	19 10
22 17	11 20	16 20	A ⎭	6 9	14 23
9 13	29 25	24 19	28 24	30 26	26 19
26 22	15 24	7 16	8 12	A 10 14	7 14
8 11	28 19	44 22 18	50 22 17	19 10	51 ⎫ 24 20
29 25	20 24	4 8	15 22	2 6	52 ⎭
19 23	22 18	25 22	25 18	24 19	53 ⎫ 11 15
22 18	7 11	8 11	9 14	6 24	54 ⎭
13 29	25 22	29 25	18 9	28 19	19 10
18 9	24 27	10 14	6 22	11 16	6 15
29 25	22 17	19 15	26 17	22 17	21 17
21 17	9 13	3 8	10 15	13 22	14 21
25 22	18 9	45 31 27	32 28	26 10	30 26
17 13	13 22	2 7	16 19	7 14	21 30
10 15	9 6	22 17	23 16	25 22	31 27
9 5	11 15	7 10	12 19	9 13	30 23
22 18	23 18	46 ⎫ 17 13	30 26	18 9	27 4
13 9	15 24	47 ⎭	5 9	5 14	9 14
23 27	6 1	10 19	31 27	29 25	4 8
9 6	27 31	48 26 22	3 8	1 5	5 9
27 31	2 6	19 26	29 25	22 18	29 25
6 2	31 27	30 23	8 12	5 9	9 13
15 19	6 15	11 15	25 22	18 15	25 21
5 1	27 23	19 4	11 16		1 5
18 15	18 14	14 17	20 11		32 27
1 6	23 18	21 17	7 16		2 6
31 27	15 19	9 18	17 13		27 23
6 1	18 9	23 14	1 6		6 9
19 23	19 28	6 9	24 20		22 18
1 6			9 14	A	12 16
23 26			20 11	9 14	20 11
6 1			14 18	18 9	3 12
26 31			22 17	5 14	11 7
1 5			18 23	32 27	12 16
31 26				1 5	7 2
5 1				19 16	16 19
26 23			A	12 19	23 16
1 6			15 19	23 16	14 23
23 18			23 16	11 20	2 6
6 1			12 19	22 17	23 27
27 23			18 15	13 22	16 11
1 6			11 18	25 4	27 32
23 19			22 15	5 9	11 7
6 1			7 11	29 25	32 27
			32 27		7 2
			11 18		9 14
			26 23		6 9
			19 26		14 18
			30 7		9 14
			2 11		27 23
					2 6
					18 22
B. WINS.	DRAWN.	DRAWN.	DRAWN.	W. WINS	DRAWN.

Anderson.   Anderson.   Anderson.   E. Northrop.

18	19	20	21	22	23
6 9	14 18	18 23	11 16	13 9	3 7
55 ⎱ 26 23	17 14	61 22 18	22 15	6 13	31 27
56 ⎰	10 17	11 16	16 23	24 20	1 5
57 ⎱	21 14	18 9	31 27	15 21	25 22
58 ⎰ 15 18	7 10	6 22	10 19	22 6	18 25
59 ⎰	14 7	25 18	17 10	1 10	29 22
17 13	3 10	16 20	7 14	28 19	5 9
18 27	26 22	62 19 16	27 9	63 14 18	27 23
13 6	1 5	20 27	6 13	31 26	15 18
2 9	31 27	31 24	24 15	64 3 7	22 15
32 23		12 19	2 7	26 22	11 27
11 15		24 6	28 24	2 6	32 23
25 22		2 9	1 6	22 15	65 7 11
9 13		28 24	30 26	11 15	30 26
60 30 25		7 11	12 16	32 27	11 15
14 17		24 19	24 20	8 11	19 16
21 14		8 12	16 19	30 26	12 19
10 26		21 17	15 11	11 15	23 16
31 22		9 13	8 15	19 16	A 15 18
8 11		17 14	26 23	12 19	24 19
19 10		13 17	19 26	26 23	18 22
7 14		29 25	21 17	19 26	16 12
25 21		17 22	13 22	27 23	22 31
11 16		19 15	25 2	18 27	12 3
24 19		22 29		21 17	31 26
1 5		15 8		13 22	19 15
29 25		12 16		25 2	
3 7		8 4		6 9	
22 18		16 20		2 6	
13 17		14 10			
18 9		20 24			A
5 14		18 15			8 11
19 15		24 27			16 7
16 19		15 11			2 11
23 16		27 31			24 19
12 19		11 7			15 24
15 10		31 26			28 19
7 10		7 2			11 15
10 6		26 22			19 16
11 15		2 7			15 19
6 2		22 18			16 12
15 18		7 2			19 24
2 6		18 14			26 23
		2 7			
		14 9			
		7 2			
		9 14			
DRAWN.	DRAWN.	DRAWN.	W. WINS.	DRAWN.	W. WINS.

24	25	26	27	28	29
18 23	31 27	11 16	24 20	11 16	26 23
13 9	1 5	27 23	15 24	27 23	18 22
6 22	30 26	18 27	28 19	18 27	25 18
25 9	67 11 16	13 9	11 15	26 22	15 22
15 18	27 23	16 23	27 23	16 23	19 15
31 27	18 27	9 2	A 18 27	22 18	11 18
66 1 5	32 23	7 11	31 24	15 22	21 19
29 25	14 18	24 20	7 11	25 2	12 16
5 14	23 14	27 32	30 26	8 11	19 12
25 22	16 30	31 27	15 18	24 20	8 11
18 25	13 9	1 5	19 15	27 32	28 24
27 9	6 22	27 9	10 28	17 14	11 15
10 14	25 2	5 14	17 1	10 17	
	10 17	2 6	11 15	21 14	
	21 14	14 18		7 10	
		25 22		14 7	
		18 25		3 10	
		29 22		2 6	
		32 27		10 14	
		30 25		6 10	
		27 23		14 17	
		17 13	A	10 14	
		3 7	15 24	17 21	
		13 9	23 19	13 9	
		12 16	24 28		
		9 5	19 15		
		8 12	10 19		
		5 1	17 1		
		16 19	28 32		
		1 5	1 6		
		23 18	32 28		
		5 9	30 26		
		18 23	28 24		
		22 17	6 2		
		23 26	8 11		
		25 22	26 22		
		26 23	18 23		
			20 16		
			11 20		
			2 11		
			23 27		
			22 17		
			27 32		
			13 9		
DRAWN.	DRAWN.	W WINS.	DRAWN.	W. WINS.	B. WINS.

Anderson.

CROSS.

30	31	32	33	34	35
18 23	12 16	24 20	14 23	25 22	18 15
27 18	19 12	16 23	24 20	17 14	25 22
14 23	11 16	31 24	15 24	22 15	15 10
22 18	68 24 20	8 11	20 2	14 5	6 15
15 22	69 7 11	22 18	27 32	27 32	13 6
25 18	70 31 26	15 22	28 19	21 17	22 13
23 26	18 23	25 18	32 28	15 18	6 2
31 22	27 18	23 26	25 22	20 16	7 10
11 16	14 30	18 15	8 11	12 19	8 11
19 15	22 18	11 18	2 7	5 1	15 18
10 19	15 22	20 16	9 14	3 12	2 6
24 15	25 18	12 19	7 16	1 3	10 14
7 10	30 25	24 15	28 24	18 15	11 7
29 25	29 22	10 19	19 15	17 14	3 10
10 19	16 19	17 1	12 19	32 27	6 22
17 14	20 16	9 14	22 18	13 9	32 27
	11 20	1 6		15 18	28 24
	18 15	18 23		14 10	27 31
	19 23	A 6 9			24 19
	22 18	14 18			31 27
	10 19	9 14			19 15
	17 14	7 10			27 24
	8 11				15 10
	14 9				24 19
	6 10				10 6
	5 1				19 15
	10 15	A			6 1
	18 14	6 10			14 18
	11 16	23 26			71 22 26
	14 10	10 17			18 22
		26 31			26 17
		17 26			13 22
		31 22			1 6
		13 9			12 16
		7 10			20 11
		9 5			15 8
		10 14			
		5 1			
		14 18			
		1 5			
		18 23			
		5 9			
		23 26			
		9 13			
		26 30			
		21 17			
		30 26			See End Game No. 1.
W. WINS.	DRAWN.	B. WINS.	W. WINS.	DRAWN.	B. WINS.
	Sturges.	Sturges.			

36	37	38	39	40	41
26 23	25 21	17 13	27 23	27 23	22 17
16 20	9 13	2 6	20 24	26 30	13 22
A 13 9	18 9	23 18	A B 23 18	23 18	25 9
1 5	5 11	10 14	24 28	30 26	5 14
23 19	A 19 15	27 23	—	18 15	29 25
2 7	10 19	20 21	A	13 17	4 8
19 10	17 10	32 28	32 28	15 10	25 22
18 22	6 15	21 27	24 27	17 21	2 7
25 18	23 18	31 24	31 24	32 27	23 18
11 23	8 11	22 26	22 26		6 9
27 18	32 28	24 19	—		27 24
7 23	16 20	26 31	B		1 6
—	18 11	28 24	14 9		24 15
A	11 16	31 26	21 27		16 19
23 19	27 23	24 20	31 24		23 16
2 6	3 7	26 22	22 26		14 30
19 10	23 18	19 16			31 27
6 15	1 5	22 15			30 26
13 9	18 11	16 7			27 24
3 8	19 24	3 10			26 23
9 5	—	29 25			24 20
8 12	A	14 17			23 18
32 28	32 28	25 21			16 11
12 16	8 11	A 17 22			7 16
	27 21	12 8			20 4
	16 20	15 11			18 11
	19 16	8 3			
	20 27	10 15			
	16 7	23 18			
	2 11	22 26			
	31 27	20 16			
	24 19	—			
	1 5	A			
	29 25	9 14			
	3 8	12 8			
	28 24	15 11			
	11 15	23 18			
		14 23			
		21 7			
		11 2			
		8 3			
B. Wins.	B. Wins.	Drawn.	B. Wins.	Drawn	B. Wins
	Drummond.		Drummond.		Anderson.

CROSS. 115

42	43	44	45	46	47
14 18	27 21	31 27	22 17	26 22	25 22
23 14	8 11	3 8	20 24	10 26	10 19
9 25	15 8	28 24	28 19	30 23	17 10
29 22	7 11	9 13	16 20	6 10	6 15
1 6	24 15	22 18	17 10	74 17 13	21 17
27 23	11 25	6 9	9 14	75 1 6	9 13
2 7	8 4	18 15	18 9	76 22 17	30 25
22 18	25 30	72 9 14	11 27	10 15	1 6
5 9	28 24	15 6	31 24	17 1	25 21
31 27	16 20	1 10	20 27	15 29	6 10
7 11	24 19	26 22	32 23	13 6	18 14
27 24	5 9	2 7	6 24		15 18
16 20	19 15	22 17			14 7
23 7	9 14	13 22			18 25
20 27	15 10	25 9			17 14
7 2	14 18	5 14			
27 31	23 14	29 25			
26 22	30 23	14 17			
	14 9	21 14			
	20 24	10 17			
	9 6	25 21			
	24 28	17 22			
	6 2	21 17			
	28 32	7 10			
	4 8	73 23 18			
	32 28	16 23			
	8 11	18 14			
	13 17	10 15			
		27 11			
		20 27			
		32 23			
		8 15			
		23 18			
W. Wins.	B. Wins.	Drawn.	B. Wins.	Drawn.	B. Wins.

Anderson. Anderson. Sturges. A M'Kerrow.

CROSS.

48	49	50	51	52	53
25 22	9 14	32 28	19 15	22 17	6 10
6 10	18 9	9 13	11 18	14 18	30 26
13 6	5 14	78 ⎫	22 15	84 31 27	11 15
10 15	22 18	79 ⎬ 22 17	82 12 16	18 22	26 23
18 9	15 22	80 ⎭	24 20	25 18	15 24
1 10	25 9	15 22	16 19	9 14	28 19
28 24	6 13	25 18	20 16	17 10	8 11
19 28	30 25	13 22	2 7	6 22	22 18
9 6	10 15	26 17	30 26	27 23	9 13
15 19	77 23 18	10 14	14 18	5 9	18 9
23 18	15 22	18 9	32 27	23 18	5 14
10 14	25 18	6 22	9 14	11 16	25 22
18 9	7 10	81 30 25	26 22	19 15	11 15
5 14	29 25	7 10	19 23	16 20	29 25
27 23	10 15	25 18	27 24	24 19	15 24
20 24	25 22	10 15	23 26	9 13	22 18
22 17	2 7	18 14	24 20	18 14	1 5
24 27	21 17	15 18	8 11	1 5	18 9
17 10	12 16	31 27	15 8	32 27	5 14
27 31	17 14	18 22	3 19	3 7	
26 22	8 12		22 15	15 10	
19 26	32 27		26 30	7 11	
30 23	1 5		83 25 22	27 23	
11 15	27 24		6 10	11 16	
23 18	7 10		15 6	19 15	
8 11	14 7		1 10	22 26	
	3 10		22 17	30 25	
	26 23		14 18	26 30	
	13 17		17 14		
	22 13		10 17		
	15 22		21 14		
	23 18		7 11		
	22 25		14 10		
	18 15		11 15		
			10 7		
			30 25		
DRAWN.	DRAWN.	. WINS.	DRAWN.	B. WINS.	DRAWN
Alox 20 Brooks.		E. Northrup.		Jas. Ash.	

54	55	56	57	58	59
14 18	25 22	17 13	1 5	2 6	9 13
22 15	9 13	11 16	30 26	32 27	30 26
11 18	26 23	13 6	57 14 18	15 18	13 22
32 27		16 23	23 14	17 13	25 9
9 14		26 19	9 18	1 5	1 5
30 26		2 9	25 22	24 20	29 25
5 9		30 26	18 25	14 17	5 14
25 22		9 13	29 22	21 14	25 22
18 25		86 32 27	5 9	10 17	2 6
29 22		8 11	26 23	23 14	24 20
6 10	See Old Fourteenth	27 23	9 14	9 18	15 21
27 23	Var 1 9th Move.	1 5	24 20	25 22	28 19
85 1 5		25 22	15 24	18 25	11 15
22 17		14 17	28 19	30 14	20 16
9 13		21 14	11 15	6 10	15 24
18 15		10 17	32 28	14 9	22 18
10 19		19 10	15 24	5 14	
23 16		7 14	28 19	27 24	
12 19		24 19	8 11	11 15	
17 10		3 7	22 18	13 9	
8 11		28 24	3 8	14 18	
21 17		7 10	18 9	9 5	
		24 20	11 15	18 23	
		11 15	17 13	5 1	
		19 16	15 24	23 27	
		12 19	9 6	1 6	
		23 16	2 9	27 32	
		14 18	13 6		
		16 12	7 11		
		18 25	23 19		
		29 22	24 28		
		10 14	6 2		
		26 23	28 32		
		17 26	2 7		
		31 22	88 10 14		
			7 16		
			32 28		
			31 26		
			28 32		
			26 22		
			32 27		
			19 15		
			12 19		
			22 17		
			14 18		
			20 16		
Drawn.	Drawn.	Drawn.	Drawn.	W. Wins.	W. Wins.
Anderson.		Anderson.		Anderson.	Anderson

60	61	62	63	64	65
30 26	19 15	31 27	11 15	18 23	8 11
8 11	11 18	10 14	31 26	26 22	30 26
29 25	22 15	18 9	15 24	23 27	11 15
1 5	10 19	1 5	26 22	32 23	19 16
24 20	24 15	27 18	89 14 17	11 15	12 19
15 24	14 18	5 23	21 7	19 16	23 16
28 19	31 27	19 16	3 10	12 26	15 18
11 15	7 10	20 27	22 17	30 23	16 12
19 16	17 14		13 22	8 11	18 22
12 19	10 17		25 18	23 18	26 23
23 16	21 14		8 11	15 19	22 26
14 17	6 10		29 25	18 15	23 19
21 14	14 7		2 6	11 19	7 11
10 17	3 19		25 22	22 6	12 8
25 21	27 24		6 9	2 9	26 31
15 19	12 16		22 17	21 17	8 3
21 14	24 15		24 28		31 27
7 11	16 19		17 13		24 20
	25 22		10 15		27 23
	18 25		13 6		3 8
	29 22		15 22		
DRAWN.	DRAWN	B. WINS.	DRAWN.	DRAWN.	W. WINS

Anderson

CROSS.

66	67	68	69	70	71.
10 14	5 9	27 23	8 11	27 24	22 25
29 25	90 ⎫ 26 23	18 27	27 23	16 19	15 10
11 16	91 ⎭	93 24 19	18 27	31 27	1 5
24 20	18 22	15 24	31 24	19 23	10 14
8 11	25 18	28 19	16 19	20 16	5 1
9 5	15 22	16 23	22 18	11 20	13 17
3 8	92 23 18	31 24	14 23	24 19	1 5
28 24	14 23	14 18	25 22	23 32	17 22
2 7	27 18	22 15	23 27	19 16	25 29
19 15	11 16	10 28	22 18	32 27	18 23
23 26	19 15	25 22	15 22	94 28 24	5 1
30 23	10 19		24 8	18 23	23 27
16 19	24 15		7 11	16 11	1 5
23 16	7 10		8 4	27 31	27 32
12 28	17 14		27 32	11 4	5 1
15 10	10 19		28 24	20 27	32 27
18 22	4 5			23 18	1 5
25 9				15 22	27 23
7 14				25 18	5 1
27 24				23 26	23 18
				18 15	18 15
					5 1
					15 10
					1 5
					10 6
					5 1
					14 10
					1 5
					6 1
					5 9
					10 15
					9 14
					15 11
					14 9
					1 5
					9 13
					11 7
W. WINS.	DRAWN.	DRAWN.	W. WINS.	DRAWN.	W. WINS.

Sturges. C. H. Irving.

72	73	74	75	76	77
2 6	17 13	28 24	10 15	28 24	20 16
26 22	22 26	9 13	13 6	10 15	12 19
8 11	13 9	18 9	1 10	22 17	23 16
15 8	26 31	5 14	18 9	15 29	11 20
4 11	9 6	23 19	5 14	17 1	21 17
22 18	31 26	16 23	28 24	11 15	13 22
10 15	23 18	27 9		13 6	25 4
19 10	16 23	20 27		16 19	20 24
6 22	6 2	32 23		23 16	23 19
25 18	8 11	10 15		12 28	3 8
1 6	2 6	23 18		6 2	4 11
24 19	26 22	12 16		8 12	7 30
6 10	6 8	9 6		2 7	32 27
18 15	4 11	1 10		15 19	2 7
	18 14	19 14			27 23
	11 16	15 18			7 11
	27 18	14 7			23 19
	20 27	16 20			1 6
	32 23				31 27
	22 15				30 26
	14 9				29 25
	15 10				6 10
	30 25				25 21
	10 14				10 14
	9 5				
	16 19				
	23 16				
	12 19				
	Same as End Game No. 1.				
W. WINS.	B. WINS.	B. WINS.	W. WINS.	B. WINS.	B. WINS.

E. Northrop.

CROSS.

78	79	80	81	82	83
21 17	18 14	24 19	30 26	14 18	20 16
6 9	10 17	15 24	3 8	25 31 27	14 17
25 21	21 14	28 19	26 17	9 14	21 14
9 14	13 17	5 9	16 19	24 19	30 21
18 9	22 13	19 15	23 16	5 9	15 11
5 14	6 9	10 19	12 19	28 24	21 17
30 25	13 6	18 14	24 15	18 23	11 2
16 19	2 27	9 27	11 18	27 18	17 10
23 16	25 22	31 8	28 24	14 23	2 9
12 19	27 32	16 19	18 22	25 22	5 14
31 27	31 27	26 23	24 19	2 7	31 27
3 8	32 23	19 26	8 12	22 18	10 15
27 23	26 10	30 23	19 15	7 10	29 25
8 12	7 14	12 16	7 10	24 20	1 5
23 16	30 26	20 11	15 6	3 7	16 12
12 19	3 7	7 16	1 10	29 25	15 11
26 23	26 23	8 4	17 13	7 11	27 24
19 26	7 10	16 20	5 9	25 22	11 15
24 19	29 25		13 6	9 13	24 20
15 24	5 9		2 9	21 17	15 11
28 19	25 21		31 27	6 9	25 21
11 15	9 13		9 14	15 6	5 9
19 16	24 19		27 23	1 10	
7 11	1 5		10 15	19 15	
16 7	28 24			10 19	
2 11	5 9			17 14	
22 18	22 18			12 16	
13 22	13 17			14 5	
18 9				23 26	
10 14				30 23	
25 18				19 26	
15 22				18 15	
9 5				11 25	
26 30				20 4	
B. WINS.	B WINS.	B WINS.	B. WINS.	DRAWN.	B. WINS.

E. Northrop

84	85	86	87	88	89
17 14	2 7	26 22	15 18	11 15	13 17
2 7	22 18	14 17	32 27	7 14	22 13
32 27	8 11	21 14	9 13	15 24	2 6
11 16	26 22	10 26	26 22	14 18	32 27
19 15	1 5	31 22	2 6	32 28	24 31
16 20	28 24	8 11	22 15	18 23	30 26
30 26	96 3 8	19 10	11 18	28 32	31 22
7 11	31 27	7 14	24 20	23 19	25 2
26 23	9 13	25 21	13 22		
11 16	18 9	12 16	27 24		
24 19	5 14	32 27			
3 7	22 18	11 15			
A 28 24	14 17	27 23			
7 10	21 14	16 20			
14 7	10 17	24 19			
6 10	18 14	15 24			
15 6	17 22	28 19			
1 10	23 18	20 24			
23 14	22 26	22 18			
16 32	19 15	1 5			
7 2	26 31	18 9			
10 17	15 10	5 14			
	31 26	29 25			
	10 3	24 27			
	26 22	25 22			
	27 23	27 31			
	22 15	22 18			
———	23 19	31 27			
A	15 18	18 9			
21 17	14 10	27 18			
6 10	13 17	9 5			
15 6	10 6	18 23			
1 10	17 22	19 16			
31 26	6 2	23 19			
7 11	22 26	16 12			
14 7	3 7	19 15			
9 13	26 31				
23 14	7 16	See end Game No. 1.			
15 31					
B. Wins.	Drawn	W. Wins.	W. Wins.	W. Wins.	W. Wins.
Jas. Ash		Anderson.	Anderson.	Anderson.	

CROSS.

90	91	92	93	94	95
27 23	25 22	24 20	24 20	16 11	21 17
18 27	18 25	22 26	7 11	27 23	12 16
32 23	29 22	97 20 16	31 24	11 4	31 27
12 16	12 16	11 20	16 19	28 19	16 19
19 12	19 12	19 15	22 18	4 8	27 23
15 18	15 19	10 19	14 23	19 16	19 26
23 19	24 15	23 16	25 22	8 4	30 14
18 22	11 25	12 19	23 26	16 11	9 18
25 18	26 23	17 1	22 18		32 27
14 30	8 11	19 24	15 22		5 9
	23 18	13 6	24 15		25 22
	14 23	21 31	10 19		18 25
	27 18	6 2			29 22
	10 15	7 11			3 7
	17 14	1 6			27 23
		26 30			8 12
		6 10			23 18
		30 26			9 13
		29 25			24 20
		11 15			7 10
		10 19			15 11
		26 23			2 7
		19 26			11 2
		31 29			1 5
		32 27			2 9
		29 25			5 23
		27 23			28 24
		25 22			23 26
		2 6			24 19
					26 30
					20 16
					30 25
B Wins.	Drawn.	Drawn.	B. Wins.	B. Wins.	B. Wins.
Sturges.		S. Brooks.	Sturges.	C. H. Irving.	C. H. Irving.

124 CROSS.

96	97	98	99	100
9 13	23 18	19 23	23 26	10 15
18 9	14 23	1 6	6 2	7 16
5 14	27 18	99 31 26	7 10	15 22
22 18	26 31	6 2	32 27	16 19
14 17	17 14	7 10	31 24	8 11
21 14	10 17	2 7	28 19	13 9
10 17	21 5	100 26 22	26 31	12 16
19 15	6 10	7 14	2 6	19 12
3 8	19 15	22 15	31 27	23 27
24 19	10 19	28 24	6 15	32 23
17 22	5 1		27 24	26 19
15 10	98 31 26		13 9	9 6
7 14	1 6		3 7	22 26
18 9	26 23		9 6	6 1
22 25	18 14		7 10	26 30
31 26	23 26		6 2	1 6
25 30	6 9		10 14	30 26
9 6	7 10		18 9	6 10
13 17	14 7		11 18	26 23
6 2	3 10		19 15	28 24
17 21	32 27			19 28
	19 14			12 16
	28 19			
	11 15			
	27 24			
	8 11			
	9 14			
	10 17			
	19 10			
	11 15			
	10 6			
	26 23			
	6 1			
	23 19			
	1 6			
	19 28			
	29 25			
	15 19			
W. WINS.	DRAWN.	DRAWN.	W. WINS.	W WINS.
Anderson.	S. Brooks.	S. Brooks.	S. Brooks.	S. Brooks

END GAME NO. 5.

See Single Corner, Var. 211.

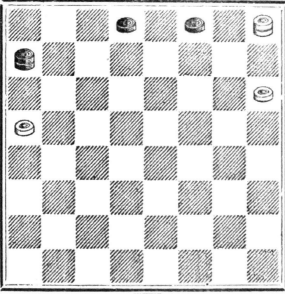

W. to play and B. to Win.

4 8	27 23	23 19
2 6	32 28	14 10
8 11	23 18	19 23
5 9	28 24	10 15
11 15	18 14	23 27
9 14	24 19	15 19
15 11	6 10	27 32
14 18	19 23	19 24
11 16	10 15	32 28
18 15	23 27	11 16
16 20	15 19	28 19
15 11	27 32	16 23
20 24	19 24	12 8
3 7	32 28	23 18
24 19	24 27	8 3
7 10	28 32	18 14
19 23	27 31	3 7
10 15	32 28	6 1
23 27	31 27	7 11
15 19	28 32	14 9
27 32	27 23	
19 24	32 28	
32 28	23 18	
24 27	28 24	
28 32	18 15	
27 31	24 27	
32 28	15 10	
31 27	27 23	
28 32	10 6	
	B. Wins.	

LAIRD AND LADY

126

GAME.	1	2	3	4	5
	11 15	6 10	19 15	4 8	6 10	6 9
	23 19	25 21	4 8	24 20	25 21	19 15
	8 11	10 17	24 24 19	34 13 17	10 17	4 8
	22 17	21 14	25	35	23 14	23 19
	9 13	15 18	26 6 9	31 26	11 16	2 6
	17 14	29 25	27	36 17 21	38 27 23	15 10
	10 17	21 2 6	28 24	25 22	39 1 6	6 15
	21 14	22 24 20	13 17	18 25	24 20	19 10
1	15 18	4 8	28 15 10	29 22	6 9	11 15
2	26 23	27 23	29 17 21	6 10	20 11	21 19
3		18 27	30 24 20	23 18	9 27	15 24
4	13 17	32 23	11 15	10 17	32 23	28 19
5		6 10	27 24	22 13	7 16	7 11
6	19 15	25 21	31 18 23	21 25	21 14	40 30 26
7	4 8	10 17	32	30 21	3 7	11 15
8 9	23 19	21 14	33 31 27	37 11 16	28 24	32 28
10 11	6 9	1 6	9 18	20 4	16 20	15 24
	24 20	30 25	25 22	3 8	30 26	A 28 19
12	1 6	23 13 17	7 14	4 11	20 27	8 11
13		25 21	19 10	7 30	31 24	19 15
	28 24	6 10	18 25	27 24	13 17	13 17
14	9 13	23 18	27 9	30 26	21 20	15 8
15 16	15 10	10 15	5 14	18 15	2 6	17 21
	6 15	19 10	29 22	2 7	19 15	26 22
	19 10	5 9	8 11	21 17	7 11	21 30
	11 15	14 5	26 23	26 23	15 8	22 15
17	31 26	7 30	11 15	17 14	4 11	9 18
18	8 11	21 14	32 28	1 6	23 18	15 11
	25 22	12 16	2 6	24 20	17 21	
	18 25	5 1	22 17	23 26	26 23	
	29 22	16 19	6 9	28 24	12 16	
19	11 16	1 6	17 13	26 22	14 9	
	20 11	30 25	15 18	15 11	6 13	
	7 16	6 10	13 6	7 16	18 14	
20	26 23	19 23	18 27	20 11	13 17	
	17 26	14 9	6 2	22 17	14 10	A
	23 19	25 22	27 32		17 22	27 20
	16 23	9 6	10 6		23 18	8 11
	27 11	23 26	1 10		22 26	31 27
	13 17	6 2	20 16		10 7	11 15
	30 23	26 30	12 19			26 22
	17 22	2 6	24 6			15 19
	23 19	30 26				22 15
	22 26	31 27				9 18
	11 8	22 17				25 22
	26 31					18 25
	8 4					29 25
	31 26					5 9
	4 8					
	26 22					
	8 11					
	22 18					
	32 28					
	DRAWN.	DRAWN.	DRAWN.	DRAWN.	DRAWN.	DRAWN.

Anderson.   Anderson.   Jas. Ash

LAIRD AND LADY.

6	7	8	9	10	11
24 20	11 16	24 19	31 26	11 16	17 21
A 17 21	44 21 20	47 6 9	6 9	24 20	56 24 20
41 19 15	16 19	48 28 24	24 20	16 23	7 10
4 8	23 16	49 2 6	2 6	15 10	14 7
42 23 19	12 19	50 } 15 10	53 25 22	6 15	3 10
7 10	15 11	51 }	18 25	25 22	57 31 26
	7 16	6 15	29 13	18 25	2 7
	20 11	19 10	9 18	27 4	26 22
Same as 11 at	45 17 22	52 17 21	23 14	17 22	10 14
3d move.	46 27 24	31 26	11 18	30 21	58 19 16
	19 23	11 15	54 28 24	1 6	12 19
	24 19	23 19	6 10	4 8	20 16
	23 26	7 11	26 23	6 9	11 20
	30 23	10 6	10 17	14 10	27 24
	18 27	1 17	23 14	7 14	20 27
	32 23	19 10	1 6	8 11	32 16
————	3 8	9 13	55 27 23	14 17	59 } 14 17
A	25 18	25 22	17 21	21 14	60 }
6 10	8 22	18 25	23 18	9 18	22 13
25 21	28 24	29 22	6 10	11 15	61 } 6 9
11 15	2 7	11 16	13 9	3 7	62 }
28 24	19 16	27 23	10 17	15 19	13 6
4 8	6 10	5 9	9 6	7 10	1 19
30 25	16 11	10 6	17 22	32 27	16 12
8 11	10 17	9 14	6 2	2 6	8 11
20 16	11 2	6 1	7 11	19 23	12 8
11 20	1 6	16 20	2 6	10 14	7 10
31 26	2 9	32 27	22 25	23 26	8 3
2 6	5 14	8 11	6 10	6 10	63 }
32 28	24 20	1 6	25 29	26 17	64 } 5 9
12 16	17 21	11 15	10 14	14 21	65 }
19 12	20 9	6 10	29 25	20 16	66 }
6 9	21 25	3 8	14 17		67 } 25 22
43 23 19	16 11	10 19			68 }
9 13	25 30	8 11			18 25
19 16	23 19	22 18			29 22
17 22	22 26	11 16			69 11 15
26 17	31 22	18 9			3 7
13 22	30 26	17 22			9 14
27 23		26 17			22 17
20 27		13 22			19 24
16 11		9 6			23 19
		22 25			15 24
		6 2			17 13
					24 27
					13 9
					27 32
					9 6
					32 27
					6 2
					27 23
					2 6
DRAWN	DRAWN.	DRAWN.	DRAWN.	W. WINS.	DRAWN.

Wm. Ross.   Anderson.   Jas. Ash.   Anderson.

12	13	14	15	16	17
2 6	9 13	18 22	25 21	14 10	25 22
28 24	28 24	25 18	17 22	7 14	18 25
70 9 13	A ⎱ 1 6	7 10	78 14 10	20 16	29 22
15 10	73 ⎰	14 7	7 14	11 20	17 26
6 15	15 10	3 10	20 16	15 11	31 22
19 10		74 ⎱	11 20	8 15	A 8 11
71 12 16		75 ⎰ 29 25	15 11	19 1	27 23
31 26	Same as game at	76 ⎱	8 15	12 16	11 16
72 17 21	20th move.	77 ⎰	19 1	25 21	20 11
26 23		17 22	12 16		7 16
15 17		25 21	30 25		23 18
21 19		9 14			16 19
17 22		18 9			18 11
19 12		11 18			19 23
22 26		32 28			22 18
25 23		5 14	Same as 16 at		12 16
18 25		30 26	11th move.		30 26
29 22		6 9			16 19
26 31		26 17			18 15
32 23	A	9 13			19 24
31 24	2 6	19 15			26 22
28 19	15 10	13 22			24 27
11 15	6 15	15 6			32 23
19 16	19 10	2 9			28 32
8 11	12 16	20 16			22 18
30 26		12 19			32 27
21 25		24 15			23 19
12 8					27 23
3 19	Same as 12 at				19 16
19 3	7th move.				23 19
19 21					16 12
3 7					2 6
25 30					
7 16					A
30 25					15 18
22 17					22 15
15 18					
16 19					
18 27					See End Game
19 23					No. 11.
27 31					
26 23					
25 22					
17 13					
22 18					
Drawn.	Drawn.	Drawn.	Drawn.	B Wins.	Drawn.

LAIRD AND LADY.

18	19	20	21	22	23
	7 11	17 21	24 20	1 6	19 15	6 10
	26 23	27 23	16 19	19 15	4 8	25 21
	17 21	11 16	27 23	4 8	24 19	10 17
	25 22	20 11	19 24	26 22	13 17	21 14
	18 25	7 16	10 7	12 16	28 24	13 17
	29 22	23 19	3 10	24 20	80 11 16	26 22
	12 16	16 23	14 7	16 19	81 15 10	17 26
79	23 18	26 19	2 11	31 26	16 23	31 22
	16 19	3 8	23 19	A 6 9	26 19	7 10
	20 16	10 7	21 27	15 10	6 15	14 7
	19 24	2 11	19 10	11 15	19 10	3 10
	16 7	19 10	27 31	27 23	17 22	22 17
	2 11	12 16	10 6	18 27	25 21	11 15
	10 6	24 20	11 15	32 16	22 25	17 13
	15 19	16 19	6 1	9 18	21 17	15 24
	6 2	32 28	15 18	10 6	5 9	28 19
	11 16		22 15	2 9	30 21	8 11
	14 10		31 22	16 11	9 13	23 18
	19 23		15 10	7 16	24 19	10 14
	18 14		22 18	20 4	13 22	18 9
	23 26		10 7	9 14	21 17	
	30 23		17 22	28 24	22 25	
	21 25		7 2	14 17	19 16	
	22 18		13 17	25 21	12 19	
	25 30		1 6	18 25		
	14 9		17 21	21 14		
	5 14		2 7	25 29		
	18 9		22 25			
	13 17					
	2 6			A		
	17 22			7 10		
	10 7			14 7		
	3 10			3 10		
	6 15			27 23		
				18 27		
				32 7		
				2 18		
				22 15		
				10 19		
				20 16		
				8 12		
				25 22		
				6 9		
				16 11		
DRAWN.	W. WINS.	DRAWN.	W. WINS.	DRAWN.	W. WINS
Anderson.	Anderson.	Anderson.	Anderson.	Anderson.	Anderson.

24	25	26	27	28	29
26 23	6 10	11 16	13 17	24 20	9 13
7 10	15 6	26 22	28 24	9 13	19 15
14 7	1 17	16 23	11 16	91 ⎫	105 ⎫
3 26	84 25 22	15 10	26 23	92 ⎬ 32 28	106 ⎬ 17 21
30 14	18 25	6 15	85 16 20	93 ⎪	107 ⎪
2 7	30 14	25 21	86 15 10	94 ⎭	108 ⎭
27 23	2 6	18 25	6 15	2 6	24 20
6 10	29 25	27 4	19 10	95 26 23	13 17
25 21	11 16		17 21	96 6 9	26 23
10 17	26 22		31 26	97 15 10	17 22
21 14	16 23		87 8 11	98 ⎱ 17 22	109 23 19
13 17	27 18		88 26 22	99 ⎰	22 26
23 18	6 10		11 16	100 ⎱ 25 21	31 22
1 6	31 26		22 15	101 ⎰	18 23
32 27	10 17		16 19	13 17	27 18
6 10	25 21		23 16	102 19 15	5 9
27 23	A 12 16		12 28	9 13	14 5
10 15	21 14		25 22	30 26	7 23
82 24 20	7 10		2 6	103 5 9	22 17
15 22	14 7		29 25	14 5	11 18
23 18	3 10		6 9	7 14	25 22
17 21	22 17		22 18	104 23 19	18 25
28 24	13 31		9 13	22 25	29 22
21 25	32 27		25 22	29 22	21 25
24 19			89 5 9	18 25	30 21
25 30			14 5	27 24	23 26
19 15	———		7 23	11 18	17 13
30 26	A		27 18	26 22	26 30
15 10	8 11		20 24	17 26	22 18
26 23	21 14		18 11	31 15	30 26
10 3	7 10		24 27	25 30	21 17
23 19	14 7		32 23	15 10	26 22
3 7	3 10		28 32	30 26	19 15
19 23	26 23		15 11	10 6	8 11
7 16	12 16		32 27	1 10	15 8
12 19	28 24		90 22 18	19 16	22 15
20 16	16 20		27 31	12 19	8 4
19 24	32 27			24 6	15 11
16 12	5 9				32 27
8 11	24 19				12 16
12 8	10 14				27 23
23 19	19 16				11 7
83 11 10	14 17				20 11
	16 7				7 16
	17 26				23 18
	18 14				16 11
					18 14
					11 7
					14 9
					7 11
					0 6
Drawn.	Drawn.	W. Wins.	Drawn.	Drawn.	Drawn.

Drummond. Law.

LAIRD AND LADY.

30	31	32	33	34	35
19 15	8 11	2 6	20 16	6 9	6 10
12 16	10 6	31 27	9 18	31 26	25 21
24 19	1 17	8 11	16 11	2 6	10 17
16 23	19 10	26 22	7 14	26 22	23 14
26 19	7 14	110 9 13	11 4	6 10	2 6
2 6	26 22	14 9	23 27	22 6	27 23
27 24	17 26	5 14	19 10	1 17	A 11 15
9 13	31 8	22 17	111 2 7	23 18	19 10
A 31 26	14 17	13 22	32 23	112 17 22	6 15
18 22	8 4	27 23	18 27	27 24	23 19
26 17	9 14	18 27	24 20	22 26	15 24
13 22	4 8	25 2	27 32	30 23	28 19
25 18	2 7	7 14	4 8	13 17	8 11
5 9	24 19	19 10	32 28	25 21	29 25
14 5	5 9	27 31	8 11	17 22	1 6
7 23	20 16	2 6	7 16	21 17	31 26
15 10	17 22	14 18	20 11	9 14	6 10
6 15	25 18	6 9	28 24	18 9	32 28
19 10	14 23	18 23	11 7	5 21	11 15
11 16	8 11	9 14	24 20	23 18	26 23
	7 10	11 15	7 2	21 25	15 24
	11 15	14 17	20 16	18 14	28 19
	10 14	31 26	2 7	25 30	3 8
	15 18	17 14	5 9	14 9	30 26
A		26 31	25 22	11 15	8 11
31 27		14 17	9 13		25 22
18 23					5 9
27 18					14 5
5 9					11 15
14 5					21 14
7 23					15 24
15 10					14 9
6 15					24 27
19 10					20 16
23 26					12 19
30 23					23 16
21 30					10 15
					26 23
					7 10
					23 18
					A
					6 10
					23 18
					17 22
					21 17
					10 15
					19 10
					5 9
					14 5
					7 21
					28 24
B. Wins.	W. Wins.	Drawn.	Drawn.	Drawn.	W. Wins.
				Anderson.	Anderson.

36	37	38	39	40	41
6 9	11 15	19 15	4 8	19 15	31 26
25 22	18 4	4 8	24 20	113 13 17	5 9
18 25	3 8	29 25	8 11	25 21	14 5
29 6	4 11	16 19	29 25	12 16	3 8
1 17	7 30	31 26	1 6	114 27 24	23 14
23 18	27 24	2 6	31 26	16 19	11 16
2 6	30 26	27 23	A 6 9	32 28	20 11
27 24	32 27	6 9	14 10	19 23	8 31
A 7 10	26 22	23 16	7 14	24 19	
18 15	27 23	12 19	25 22	17 22	
	2 7	15 10	3 8	21 17	
	21 17	9 18	22 18	22 26	
	22 25	21 14	2 7	31 22	
A	17 14	19 23	30 25	18 25	
17 21	1 6	26 19	7 10	30 21	
32 27	23 19	13 17	19 15	9 18	
B 7 10	25 22	10 6	10 19	10 6	
27 23	19 15	1 10	25 22	1 10	
		19 15	11 15	15 6	
		10 19	20 4	18 22	
		24 15	12 16	17 14	
B		8 11	18 11	23 26	
5 9		15 8	14 18	21 17	
27 23		3 12	22 15	26 31	
9 13		28 25	17 22	6 2	
18 14		12 16	26 17	31 27	
6 10		32 27	19 26	2 7	
14 9		7 11		3 10	
10 15		14 10		14 7	
19 10		17 22		22 26	
7 14		25 21		17 14	
21 19		16 20			
14 17		10 7	A		
9 6		18 23	6 10		
17 22		27 18	28 24		
26 17		20 27	2 6		
13 22			14 9		
6 2			5 14		
22 25			25 22		
2 6			3 8		
25 29			32 27		
30 26			6 9		
			30 25		
			14 18		
			21 5		
			10 14		
			22 15		
			11 18		
W. Wins.	Drawn.	Drawn.	W. Wins.	Drawn.	B Wins.
Anderson	Anderson.	Anderson.	Jas. Ash.	Jas. Ash

LAIRD AND LADY.

42	43	44	45	46	47
31 26	25 22	24 19	3 8	30 26	17 22
12 16	18 25	16 20	27 23	3 8	30 26
23 19	29 6	28 24	8 15	26 17	115 6 9
16 23	10 17	6 9	23 16	8 15	26 17
26 19	21 14	25 21	6 10	31 26	9 13
6 9	1 17	4 8	14 7	6 9	28 24
28 24	23 19	15 10	2 20	17 13	13 22
9 13	5 9	9 13	28 24	4 8	24 20
15 10	19 10	19 15	20 27	13 6	1 6
11 15	7 14	2 6	32 14	1 17	32 28
19 16	24 19	23 19	17 21	25 22	6 9
8 11	14 18	18 22	14 10	18 25	15 10
16 12	19 15	32 28		29 13	11 15
18 23	18 22	6 9		8 12	28 24
27 18	26 23	30 25		27 24	9 13
15 22	9 14	9 18		2 6	10 6
25 18	15 10	21 14		32 27	
5 9	22 26	18 23		6 10	
14 5	10 6	27 18		27 23	
7 23	26 30	20 27		10 14	
24 19	23 19	31 24			
13 17	14 18	22 26			
19 16	6 1	25 21			
2 7	30 26	26 30			
	1 6				
	26 23				
	6 10				
	23 16				
	10 14				
	18 22				
	14 21				
	16 19				
	21 17				
	22 25				
B. WINS.	B. WINS.	B. WINS.	W. WINS.	DRAWN.	W. WINS.
Jas. Ash.		Jas. Ash.	Jas. Ash.	Jas. Ash.	Jas. Ash.

LAIRD AND LADY.

48	49	50	51	52	53
25 21	9 13	25 21	32 28	9 13	23 19
11 16	116 } 25 21	9 13	118 9 13	23 19	17 21
29 24	117 }	30 25	15 10	122 11 16	A 26 23
16 20	17 22	17 22	6 15	19 15	9 13
15 10	30 25	15 10	19 10	16 19	28 24
	2 6	6 15	11 16	10 6	13 17
	21 17	19 10	25 21	19 23	15 10
	6 10	12 16	17 22	6 2	6 15
	15 6	24 20	24 19	7 11	19 10
Same as Var.	1 10	16 19	7 11	14 10	17 22
44 at 7th Move.	24 20	23 16	119 } 30 25	17 21	
	10 15	8 12	120 }	2 7	A
	19 10	32 28	16 20	12 16	28 24
	5 9	12 19	121 19 15	7 2	7 10
	14 5	27 24	11 16	5 9	14 7
	7 30	19 23	21 17	2 6	3 10
	23 14	24 19	16 19	16 20	26 22
	11 15	11 15	23 16	6 2	9 14
	31 26	20 16	12 19	11 16	22 17
	22 31	15 24	10 7	2 6	5 9
	32 28	28 19	3 10	16 19	17 13
	31 24	23 26	15 6	27 24	18 23
	28 10	19 15	1 10	20 27	27 18
	8 11	5 9	14 7	32 5	14 23
	10 6	14 5		28 32	25 22
	12 16	7 14		6 9	11 25
	6 2	31 27		19 24	29 22
	16 19	26 31		9 14	8 11
	2 6	27 23			32 28
	11 15	18 27			11 15
	6 10	25 9			20 16
	13 17	31 26			23 26
	14 9	15 10			30 23
	17 22	26 22			10 14
	9 6	16 11			19 10
	15 18				6 15
					13 6
					12 26
B. Wins.	Drawn.	Drawn.	Drawn.	W. Wins.	B. Wins.
Jas. Ash		Anderson.	Anderson.	Anderson.	Jas. Ash

LAIRD AND LADY.

54	55	56	57	58	59
26 22	24 19	31 26	28 24	22 17	18 23
18 25	17 21	6 9	2 7	7 10	15 11
30 21	27 23	24 20	A 31 26	17 13	8 15
8 11	6 10	2 6	18 23	5 9	22 18
27 24	13 9	26 23	27 18	28 24	15 22
11 15	10 17	9 13	12 16	18 23	25 2
24 19	9 6	28 21	19 3		7 10
15 24	17 22	13 17	10 28		2 6
28 19	6 2	15 10	3 10		10 14
7 11	7 11	6 15	6 31	Same as A, Var. 55 at 10th Move.	6 10
32 28	2 6	19 10	—		14 17
6 10	22 25	17 22	A		10 14
	6 10		32 28		1 6
	11 15		5 9		14 18
	32 28	Same as Var. 53 at 10th Move	31 26		23 27
	15 24				18 23
	28 19				27 31
	25 29				28 24
	10 14				31 26
	29 25				23 27
	14 17				26 22
	8 11				16 11
	23 18				22 18
	5 9				24 19
	19 15				6 10
	9 13				11 8
	15 8				18 15
	13 22				19 16
	8 4				15 19
	3 7				16 11
					19 16
					11 7
					16 11
					7 2
					11 4
					2 6
					10 14
					6 9
					14 18
					9 14
					18 22
					27 31
					4 8
					14 18
					8 11
					18 23
					11 15
					31 26
					5 9
					25 22
B. WINS.	DRAWN.	B. WINS.	B. WINS.	B. WINS.	W. WINS.
Jas. Ash.	Jas. Ash.	Jas. Ash.		Anderson.	Anderson.

60	61	62	63	64	65
5 9	8 12	18 23	11 16	10 14	11 15
16 12	15 11	16 12	3 7	25 22	3 7
18 23	12 19	23 26	124 18 23	18 25	A 10 14
12 3	11 2	123 30 23	7 14	29 22	7 10
7 10	18 23	21 30	23 26	11 15	14 17
15 11	2 9	12 3	30 23	3 7	25 22
23 26	5 14	30 26	21 30	14 18	18 25
30 23	13 9	3 10	23 18	22 17	29 13
21 30	23 7	26 19		18 22	—
3 7	25 22	29 25		125 17 14	A
A 1 5	27 31	19 23		15 18	18 23
7 2	22 17	10 7		10 14	7 11
10 15	14 18	6 9			23 27
2 7	17 14	13 6			25 22
6 10	31 27	1 19			19 23
7 2	14 10	25 22			14 18
9 13	18 22				15 19
2 6	9 6				18 15
30 26	19 23				
23 19	6 2				
26 17	22 26				
	2 7				
A	26 31				
10 15	7 11				
11 8	31 26				
B 1 5	11 16				
28 24	26 22				
6 10	16 19				
7 2	22 26				
30 26	19 16				
23 18	26 31				
14 23	10 7				
2 6	21 26				
26 17	7 2				
6 21	26 22				
	16 19				
B					
9 13					
8 3					
6 9					
28 24					
30 25					
23 18					
14 23					
7 10					
25 18					
10 26					
DRAWN.	DRAWN.	DRAWN.	DRAWN.	DRAWN.	W. WINS
Anderson	Anderson	Anderson	Anderson.	Jas. Ash	

LAIRD AND LADY.

66	67	68	69	70	71
3 7	3 8	30 26	9 14	17 21	17 21
10 14	11 15	21 30	126 3 7	15 10	31 26
7 23	8 11	3 8	11 16	6 15	11 15
18 27	19 24	10 23	A 7 11	19 10	25 22
28 24	28 19	6 13	16 20	11 15	18 25
27 31	15 24		127 11 16	31 26	29 22
24 19	11 7		19 23	8 11	7 11
31 26	10 14	See End Game No. 13.	22 18	10 6	27 23
30 23	25 22		14 17	1 17	A 15 18
21 30	18 25		16 19	25 22	22 15
19 16	29 22		23 27	18 25	11 27
30 26	9 13		18 14	29 6	32 23
23 19	7 10		——	15 18	8 11
26 23	14 17		A	24 19	23 18
29 25	22 18		22 17	11 15	12 16
9 13	17 22		16 20	19 10	24 19
25 21	10 14		7 11	7 14	16 23
14 18	24 27		19 23	6 2	26 19
	18 15		11 7	14 17	13 17
	22 25		23 27	27 23	——
	14 18		17 13	18 27	A
	13 27		27 31	32 23	12 16
			13 9	5 9	14 9
			31 27	2 6	5 14
			9 6	9 13	10 7
			27 23	20 16	3 10
			6 1	12 19	23 18
			23 19	23 16	14 23
			1 5	3 8	26 3
			10 15	26 23	10 14
			5 9	17 22	3 7
			15 18	23 19	14 18
			7 10	8 12	7 16
			14 17	6 9	18 25
			9 13	22 25	16 19
			17 22	9 14	15 18
			13 17	25 29	19 15
				16 11	18 22
				29 25	
				14 18	
				13 17	
				11 7	
				25 29	
				18 14	
B. Wins.	B Wins.	B. Wins.	Draws	W. Wins.	W. Wins.
Jas Ash.	Jas. Ash.			Anderson.	Anderson.

LAIRD AND LADY.

72	73	74	75	76	77
17 22	17 22	32 28	30 26	27 23	31 26
26 17	30 26	10 14	17 22	9 14	17 22
13 22	A 1 6	27 23	26 17	18 9	26 17
27 23	26 17	17 21	9 14	11 27	9 14
18 27	13 22	31 27	18 9	32 23	18 9
25 18	15 10	2 7	5 21	5 14	5 21
27 31	6 15	30 26	32 28	29 25	32 28
18 15	19 10	7 10	11 18	8 11	11 18
11 18	12 16	19 16	27 23	25 22	30 26
20 2	27 23	12 19	18 27	17 26	2 7
A 31 27	18 27	23 7	19 16	31 22	26 22
32 23	25 18	10 19	12 19	6 9	18 25
18 27	16 19	24 15	24 15	30 25	29 22
29 25	24 15	14 30	10 19	2 6	21 25
27 32			31 15	22 18	22 17
25 22	A			14 17	25 30
32 27	13 17			25 21	27 23
24 20	25 21			17 22	30 25
27 23	2 6			21 17	23 18
22 17	15 10			22 26	25 21
8 11	6 15			17 14	17 13
10 6	19 10			10 17	21 25
1 10	11 15			19 15	13 9
14 7	26 23			11 16	6 13
3 10	8 11			20 11	19 16
	32 28			26 31	12 19
	5 9			11 7	24 6
A	14 5			31 26	7 10
18 23	7 14			23 19	20 16
24 20	23 19			26 23	8 12
8 11				7 3	6 2
2 7				23 14	12 19
11 15				15 10	2 6
7 11				6 15	19 23
31 27				19 10	
11 18					
27 31					
18 27					
31 24					
29 25					
24 19					
10 7					
3 17					
25 22					
17 26					
30 16					
W. WINS.	W. WINS.	DRAWN.	DRAWN.	B. WINS.	DRAWN.
Anderson		A. Brown.		Anderson.	Anderson.

LAIRD AND LADY.

78	79	80	81	82	83
30 25	32 28	6 9	15 11	14 9	11 16
22 26	8 12	24 20	8 15	15 22	8 3
31 22	23 18	128 17 22	19 10	9 6	15 20
7 10	16 19	26 17	6 15	7 10	3 7
14 7	20 16	9 13	24 19	6 2	24 27
3 10	11 20	25 21	16 23	17 21	31 24
21 17	18 11	13 22	26 10	24 20	20 27
2 7	19 23	21 17	17 22	21 25	7 11
	27 18	22 25	25 21	23 19	23 19
	20 27	30 21	22 25	25 30	11 7
	28 24	18 22	21 17		27 31
	12 16	15 10	5 9		14 10
	24 20	22 25	30 21		31 26
	16 19	27 24	9 13		10 6
	20 16	25 29			5 9
	27 31	32 28			7 10
	16 12	11 15			26 23
	31 27	17 13			10 14
	18 15	29 25			9 13
	27 23	13 9			6 1
		25 22			22 26
		9 6			1 5
		7 11			13 17
		6 2			14 21
		22 18			23 14
		14 9			29 25
		5 14			26 30
		2 7			25 22
		18 23			19 15
		7 16			22 17
		15 18			15 10
		19 15			17 13
		12 19			10 6
		10 7			
B. WINS.	B. WINS.	W. WINS.	B. WINS.	B. WINS.	DRAWN.
	Anderson	Anderson.	Anderson.		Drummond.

84	85	86	87	88	89
26 23	18 22	31 26	7 11	25 22	20 24
2 6	25 18	18 22	25 22	18 25	27 20
23 14	16 20	25 18	18 25	29 22	5 9
17 21	• 32 28	12 16	29 22	11 15	14 5
25 22	6 9	19 12	2 6	129 23 19	7 23
6 10	15 10	7 10	23 19	2 6	15 10
22 18	2 6	14 7	6 15	26 23	23 26
10 17	19 15	3 28	19 10	130 6 9	30 23
19 15	A 17 21	12 3	11 15	22 17	21 25
5 9	24 19	2 7	26 23	9 18	23 19
28 21	7 11	3 10	8 11	23 14	25 30
11 16	29 25	6 31	22 17	15 18	22 18
24 20	11 16	27 24	3 8	19 15	30 25
16 19	25 22	20 27	10 6	18 22	18 14
30 26	—	23 19	1 10	24 19	26 22
7 11	A	5 9	14 7		14 9
15 10	8 11	32 23	5 9		22 18
17 22	15 8	31 26	17 13		9 6
26 17	6 22		9 14		18 15
13 22	24 19		7 2		19 16
10 6	9 18		15 18		
19 23	23 14		2 6		
6 2	B 1 6		18 22		
23 26	19 16		6 10		
2 6	12 19		14 17		
9 13	14 10		23 18		
6 10	3 12		22 25		
26 30	10 1		13 9		
10 14	—		25 29		
3 7	B		9 26		
18 15	17 21		29 25		
11 18	19 16				
14 23	12 19				
7 10	14 9				
23 19	3 12				
30 26	30 26				
27 24					
8 11					
32 28					
26 23					
19 17					
13 22					
B. WINS.	W. WINS.	B. WINS.	W. WINS.	DRAWN	DRAWN
J. A. Mugridge	Jas. Ash		Drummond.	Sturges.	Drummond.

LAIRD AND LADY.

90	91	92	93	94	95
23 19	26 22	26 23	25 21	15 10	28 24
27 23	17 26	A 2 6	18 22	11 15	6 9
19 16	31 22	132 32 28	30 25	27 24	134 26 23
23 19	131 1 6	17 21	11 18		17 22
16 12	27 24	28 24	19 15		14 10
19 15	A 6 9		7 11		
11 8	32 27		27 23		
15 11	11 16	Same as Var. 96	18 27		Same as Var. 97
8 4	20 4	at 2nd Move.	25 18		at 3rd Move.
11 7	3 8		12 16		
4 8	4 11		32 23		
7 2	7 32		17 22		
14 9	24 20		26 17		
2 7	———		13 22		
9 6	A		A 14 10		
1 10	7 10		5 9		
22 18	14 7		B 31 27		
13 17	3 10		2 6		
5 1	20 16	A	18 14		
17 22	11 27	17 22	9 18		
1 6	32 7	15 10	23 14		
7 11	2 18	133 13 17	11 18		
	22 15	19 15	20 4		
	13 17	17 21	6 15		
	19 16	32 28	27 24		
		2 6	22 26		
		28 24	———		
		6 9	A		
		24 19	21 17		
		9 13	2 7		
		14 9	17 13		
		7 14	22 26		
		9 6	31 22		
		1 10	7 10		
		15 6	———		
		14 17	B		
		23 14	21 17		
		22 26	9 14		
		30 23	18 9		
		21 30	11 27		
		6 2	20 4		
		30 26	1 5		
		31 22	31 24		
		17 26	5 21		
		27 24			
		26 31			
		23 18			
		31 26			
		2 6			
DRAWN.	DRAWN.	DRAWN.	B WINS.	B. WINS.	DRAWN.
Hay	Jas. Ash.		Jas Ash.		

96	97	98	99	100	101
17 21	28 24	17 21	11 15	19 15	27 24
A 25 24	17 22	31 26	25 21	13 17	18 27
135 6 10	136 14 10	11 15	15 24	139 25 21	25 18
15 6	7 14	28 24	28 19	9 13	140 27 32
1 17	15 10	8 11	17 22	30 26	29 25
23 14	13 17	26 22	30 25	22 25	141 12 16
11 15	19 15		13 17	29 23	19 12
19 10	9 13		19 15	18 25	13 17
17 22	23 19		A 9 13	23 19	A 25 22
25 18	22 26		15 11	11 18	17 26
5 9	31 22		8 15	10 6	30 23
14 5	17 26		27 24	1 10	142 32 27
7 32	30 23		18 27	26 22	24 19
31 27	13 17		25 2	17 26	27 24
32 23	10 6		17 22	31 6	19 15
24 19	1 10		24 19		24 13
23 16	15 6		27 32		23 16
20 4	17 21		21 17		9 13
12 16	25 22		32 28		28 24
5 1	18 25		10 6		143 13 17
16 19	29 23		1 10		24 19
1 6	21 25		14 7		17 22
19 23	137 } 19 15		3 10		144 14 9
6 10	138 }		2 6		— —
23 27					A
10 14			A		24 19
27 32			7 11		17 22
14 18			23 19		25 21
32 27			12 16		22 25
29 25			19 12		145 21 17
13 17			9 13		9 13
18 14			14 9		30 21
27 23			5 14		13 22
			27 23		18 15
			18 27		11 18
See End			25 9		31 27
Game No. 14.			11 18		32 16
			31 24		20 2
			17 22		
			10 7		
A			3 10		
31 26			12 3		
6 10					
15 6					
1 17					
23 14					
11 15					
19 10					
17 22					
DRAWN.	DRAWN	W. WINS.	W. WINS.	DRAWN.	DRAWN.

Jas. Ash.   Jas. Ash.

LAIRD AND LADY.

102	103	104	105	106	107
30 26	12 16	15 10	2 6	17 22	12 16
9 13	27 24	12 16	24 20	26 17	24 20
146 19 15	18 27	147 10 6	17 22	13 22	16 19
5 9	26 23	1 10	26 17	24 20	27 23
	11 18	5 1	13 22	A 2 6	18 27
Same as Var. 28 at 14th Move.	20 2	10 15	27 23	27 23	32 16
	27 32	1 6		18 27	11 18
	10 6	22 25		32 23	26 22
	18 27	24 22		11 27	17 26
	24 20	18 25	Same as Var. 106 at 6th Move.	31 24	31 15
	1 10	6 9		6 15	A 8 12
	14 7	25 30		25 2	15 11
	3 10	9 18			12 19
	21 7	15 22		A	11 8
		21 14		18 23	3 12
		A 16 19		25 18	10 3
		143 23 7		12 16	
		3 17		10 6	A
		27 24		2 9	7 11
		30 23		31 26	16 7
		24 19		16 19	2 18
				27 24	25 22
		A		19 28	18 25
		30 25		26 19	29 22
		26 17		9 13	8 11
		13 22		29 25	22 18
		14 10		7 10	13 17
		25 21		14 7	10 7
		10 7		3 10	3 10
		3 10		15 6	14 7
		31 26		1 10	1 6
		22 31		25 21	7 3
		23 18		8 12	6 10
		31 24		18 14	18 14
		28 3		10 17	10 15
		21 17		21 14	3 7
		18 14		13 17	
		10 15		30 25	
		14 10		17 21	
		17 14		25 22	
		10 7		21 25	
		15 18		22 18	
		3 8		25 30	
		11 15		19 15	
		8 11		30 26	
		14 17		15 8	
		7 2		26 22	
		17 22		18 15	
				22 18	
				15 10	
				18 9	
				8 3	
				9 14	
DRAWN.	W. WINS.	DRAWN.	W. WINS.	W. WINS.	W. WINS.

Jas. Ash

108	109	110	111	112	113
11 16	32 28	18 23	2 6	7 10	11 16
24 20	2 6	27 18	32 23	18 15	30 26
16 19	A 23 24	9 13	18 27	11 18	16 19
27 23	22 26	19 16	24 20	25 22	27 23
18 27	31 22	12 28	6 15	17 26	18 27
32 16	12 16	20 16	31 24	30 7	32 16
12 19	B 24 19	11 20	14 18	3 10	12 19
26 22	8 12	18 2	25 22	27 24	25 21
17 26	15 8	6 15	18 2	10 14	9 18
30 16	6 31	22 17	29 22	19 15	10 7
A 8 12	20 2	13 22	5 9	11 18	3 10
15 11	18 27	25 11	26 23	24 19	15 6
12 19	22 17		9 14	18 23	1 10
11 8	12 16		4 8	20 16	26 23
3 12	8 4		12 16	23 26	
10 3	31 26		20 11	16 11	
	30 23		3 12	26 31	
A	21 30		11 7	11 4	
7 11			12 16	31 26	
16 7	A		24 20		
2 18	23 19				
25 22	6 9				
18 25	23 24				
29 22	22 26				
8 11	31 22				
22 18	18 23				
13 17	27 18				
10 7	9 13				
3 10					
14 7	B				
1 6	22 17				
7 3	16 19				
6 10	23 16				
18 14	18 22				
10 15	25 18				
3 7	5 9				
	same as var. 139 at 8th move				
W. WINS.	B. WINS.	W. WINS.	W. WINS.	W. WINS.	W. WINS.

Jas. Ash.   J. Mattison.   Jas. Ash.

LAIRD AND LADY.

114	115	116	117	118	119
32 28	6 10	32 28	24 20	17 22	21 17
16 20	26 17	5 9	A 2 6	24 20	22 26
30 25	2 6	14 5	32 28	6 10	31 15
17 22	25 21	11 16	6 9	15 6	11 18
21 17	18 22	23 14		1 17	28 24
9 13	23 18	16 32	Same as Var. 28 at 6th Move.	23 14	13 22
28 24	12 16	24 20		9 18	24 20
11 16	19 12	17 21		25 21	8 11
15 11	10 19	14 9		11 15	19 15
8 15	27 24	13 17		21 14	22 26
27 23	19 23			15 24	15 8
	24 19		A	28 19	26 31
	23 26		17 21	7 10	30 11
	28 24		B 32 28	14 7	31 24
	26 30		2 6	3 19	29 25
	32 27		28 24	19 16	18 27
	6 10				25 22
	27 23		Same as Var. 96 at 2nd Move.		24 19
	30 26				22 17
	17 13				5 9
	10 17				14 5
	21 14				19 16
	26 30				11 7
	24 20		B		16 11
	30 26		31 26		7 2
	29 25		2 6		11 4
	22 29		32 28		2 7
	31 22		6 10		4 8
	29 25				17 13
	19 16				12 16
	1 6		Same as A, Var. 96 at 2nd Move.		7 2
	14 9				8 11
	5 14				2 6
	18 2				27 31
	25 27				6 9
					31 27
	See End Game No. 15.				9 14
					27 23
					30 25
					11 15
					14 9
					15 6
					9 2
					23 18
					25 21
					18 14
B Wins.	W. Wins.	B. Wins.	Drawn.	W. Wins.	B. Wins.
Jas. Ash.	Jas. Ash.			F. Anderson.	Anderson.

120	121	122	123	124	125
30 26	21 17	11 15	12 3	10 15	7 10
16 20	5 9	31 26	7 10	7 11	22 25
26 17	14 5	17 21	30 23	16 20	10 7
13 22	11 16	25 22	10 26	25 22	15 18
21 17	23 14	18 25	25 22	18 25	7 10
11 16	16 32	29 22	26 30	11 18	19 23
17 13	25 18	7 11	3 7	5 9	
5 9	13 22	10 6	30 26	29 22	
14 5	14 9	1 17	22 17	9 13	
8 11	32 27	19 10	26 22	18 15	
23 14	31 24	12 16	28 24	19 23	
16 32	20 27	27 23	21 25	22 18	
14 9	9 6	16 20	24 19	23 27	
32 27	27 31	32 27	25 30	18 14	
31 24	6 2	8 12	19 16	27 31	
20 27	31 26	10 6	30 25	15 18	
9 6	2 6	11 16	16 11	31 27	
27 31	8 11	6 2	5 9	14 9	
5 2	6 9	5 9	7 2	27 31	
31 26	12 16	2 6	1 5	9 6	
2 6	9 13	3 7	11 7	31 27	
26 23	16 19	6 2	25 21	6 2	
6 9	18 14	7 10	7 3	27 31	
23 19	26 23	24 19	21 14	2 6	
9 14	14 9	9 14	3 8	31 27	
22 26	23 18	2 7	14 10	6 10	
29 25	9 6	14 18	8 3	27 31	
26 30	18 14	22 6	22 18	10 15	
25 21	6 2	17 22	29 25	31 27	
19 15	14 7	26 17	9 14	15 19	
14 9		13 22	2 9	27 31	
15 6		7 11	14 17	18 23	
9 2		22 26		31 26	
30 26		27 24		23 27	
21 17		20 27		26 31	
26 22		11 20		19 23	
28 24		26 31		31 24	
22 25		23 18		28 19	
17 14		27 32		20 24	
25 22		19 15		23 18	
24 20				24 27	
22 18				18 22	
14 10				27 31	
18 14				19 15	
2 7					
14 18					
7 16					
12 19					
B. Wins.	B. Wins.	W. Wins.	B. Wins.	W. Wins.	B. Wins.
Anderson.	Anderson.	Anderson.	Anderson.	Anderson.	Jas. Ash.

LAIRD AND LADY.

126	127	128	129	130	131
3 8	22 17	9 13	23 18	7 11	2 6
11 15	19 23	26 22	15 19	22 17	22 17
A 22 17	11 7	17 26	24 15	5 9	13 22
19 24	23 27	31 22	21 25	14 5	14 10
28 19	7 2	1 6	30 21	11 6	7 14
15 24	14 18	30 26	5 9	17 14	27 23
8 11	2 6	7 10	14 5	6 9	18 27
14 18	19 15	14 7	7 30	10 6	25 2
17 13	6 10	3 10		1 17	11 18
10 15	27 31	20 16		19 10	32 14
11 16	10 19	11 20			
24 27	18 23	27 24			
16 11		20 27			
27 32		32 7			
13 9					
32 28					
9 6					
28 24					
6 2					
24 20					
2 7					
15 19					
A					
8 11					
14 18					
11 7					
18 25					
7 14					
25 29					
B. WINS.	B. WINS.	W. WINS.	B. WINS.	W. WINS.	W. WIN.

Jas Ash.   Hay.   Jas Ash

132	133	134	135	136	137
25 21	2 6	26 22	13 17	15 10	6 2
17 22	27 24	17 26	31 26	11 15	25 30
15 10	18 27	31 22	A 6 10	20 16	2 6
6 24	32 23	12 16	15 6	8 11	30 26
32 28	6 15	19 12	1 10	24 20	6 9
11 15	19 10	13 17	14 9	15 24	26 17
28 10		22 6	5 14	23 19	9 18
8 11		1 28	25 22	24 28	17 14
30 25		27 24	18 25	19 15	
12 16		11 15	29 13	12 19	
10 6		20 16	14 17	15 8	
1 17		8 11	13 9	3 12	
21 14		24 20	10 14	10 3	
13 17		18 22	9 6	28 32	
27 24		25 18	7 10	27 23	
18 27		15 22	6 2	19 26	
25 18			11 15		
7 10			2 6		
14 7			8 11		
3 10			6 2		
			3 8		
			2 6		
			A		
			6 9		
			14 10		
			7 14		
			25 22		
			18 25		
			29 6		
			11 18		
			6 2		
B. WINS.	W. WINS.	B. WINS.	W. WINS.	B WINS.	B. WINS.
Jas. Ash.	Jas. Ash.		Jas. Ash.	Jas. Ash.	Jas. Ash

LAIRD AND LADY.

138	139	140	141	142	143
22 18	23 19	12 16	32 27	9 13	5 9
25 30	17 21	19 12	25 22	24 19	14 5
18 9	28 24	13 17	27 32	13 17	7 23
5 14	22 26	A 24 19	19 16	19 16	16 7
6 2	31 22	27 32	12 19	17 22	3 28
30 26	18 23	30 25	24 15	14 9	12 3
2 6	27 18	14º 17 22	8 12		
12 16	9 13	19 16	15 8		
19 12	14 9	22 26	7 11		
26 28	5 23	31 22	8 4		
27 23	10 6	32 27	12 16		
11 15	1 10	22 17	4 8		
	15 6	9 13	3 12		
	23 26	28 24	30 25		
	30 23	13 22	16 19		
	21 30	11 9	10 7		
	6 2	——	19 23		
	30 26	A	14 10		
	22 18	29 25	9 14		
	7 10	17 22	18 9		
	2 7	25 21	5 14		
	10 15	22 25	22 18		
	7 16	21 17	1 5		
	15 22	9 13	18 9		
	23 18	30 21	5 14		
	22 25	13 22	7 2		
	29 22	24 19	14 17		
	26 17	27 32	25 21		
	18 15	18 15	17 22		
	17 14	11 18	2 6		
	16 11	31 27	23 26		
	14 18	32 16	10 7		
		20 2	26 30		
			6 10		
			30 25		
			7 3		
			25 30		
			21 17		
B WINS.	B. WINS.	DRAWN.	DRAWN.	W. WINS.	DRAWN.
Jas. Ash.	Jas. Ash.	Jas. Ash.	Drummond.	Jas. Ash.	Jas. Ash.

144	145	146	147	148	149
31 27	19 16	19 16	28 24	26 17	17 21
22 26	25 29	12 19	8 12	19 26	25 22
27 23	21 17	23 16	A 10 6	31 22	A 21 25
26 31	9 13	18 23	1 10	30 25	22 17
10 6	30 26	A 26 19	5 1	22 18	9 13
1 17	13 22	22 26	10 15	13 22	29 22
15 10	26 17	31 22	1 6	14 10	5 9
7 14	29 25	17 26	3 7	25 21	14 5
16 7	17 13	16 12	6 10	10 6	7 23
3 10	25 21	26 31	16 19	21 17	17 14
12 3	A 13 9	27 24	———	6 2	23 26
31 27	21 17	31 27	A	22 26	22 18
	9 6	19 16	24 19	2 6	26 30
	17 13	13 17	11 15	26 30	14 10
	6 2	24 19	20 11	6 10	———
	13 9	27 31	15 24	30 26	A
	———	29 25	27 20	18 14	9 13
	A	———	18 27	11 15	19 16
	14 9	A	31 24		21 25
	7 23	27 18	22 31		18 15
	16 7	22 25	29 25		11 16
	3 10	29 22	31 27		22 15
	12 3	5 9	11 7		25 30
	5 14	14 5	12 16		16 11
		7 30	20 11		7 16
		16 7	27 20		20 4
		17 26	7 2		
		31 22	20 16		
		3 10	2 7		
			14 18		
			21 14		
			1 6		
			10 1		
			3 17		
			25 21		
			16 17		
			21 14		
			7 2		
B. WINS.	B. WINS.	B. WINS.	B. WINS.	B. WINS.	W. WINS.
Jas. Ash.	Jas. Ash.	Jas. Ash.	Jas. Ash.	Jas. Ash.	Jas. Ash.

END GAME NO. 6. 151

See Whilter, Var. 43.

BLACK.

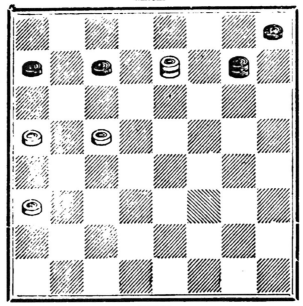

WHITE.

B. to play, and W. to Win.

	1	2	3	4
6 10				
13 9				
10 17				8 12
21 14	8 12	3 7	4 8	19 24
8 3	16 19	6 2	9 6	11 15
7 11	3 12 8	7 3	8 11	24 20
3 8	9 6	16 12	6 2	15 18
11 16	8 11	4 8	11 16	14 10
1 8 3	6 1	2 6	19 24	18 22
9 6	4 8	8 11	16 20	10 7
2 4 8	1 6	6 10		22 17
14 10	4 11 7			7 2
5 9	6 9			17 13
6 1	8 12			2 7
9 14	14 10			5 9
1 6				7 2
14 18				
6 9				
18 23				
9 14				
23 27				
14 18				
27 32				
18 15				
32 27				
16 11				
8 12				
15 19				
W. WINS.	W. WINS.	W. WINS.	W. WINS.	W. WINS.

GAME.	1	2	3	4	5
11 15	27 23	22 17	22 17	26 23	8 11
23 19	20 ⎫	14 18	14 18	14 17	32 27
9 14	21 ⎬ 8 11	26 23	30 26 23	21 14	A 14 18
22 17	22 ⎭	4 8	18 22	10 26	26 23
6 9	26 22	23 14	25 18	19 10	9 14
1 17 13	23 ⎫	9 18	15 22	7 14	31 26
2 6	24 ⎬ 2 6	27 23	23 18	31 22	14 17
25 22	25 ⎭	18 27	22 25	33 14 18	23 14
8 11	30 26	32 23	17 14	22 15	3 8
2 29 25	14 18	28 12 16	10 17	11 18	13 9
4 8	23 14	19 12	21 14	23 14	6 13
3 ⎫ 24 20	9 18	15 19	31 11 16	9 18	27 23
4 ⎭	21 20	23 16	30 21	30 26	1 6
15 24	15 24	11 27	16 23	34 6 10	23 18
28 19	22 8	31 24	32 24 19	24 19	6 9
11 15	4 11	8 11	A 6 10	8 11	20 16
27 24	28 19	30 26	13 6	26 22	11 27
5 ⎫	11 15	11 16	10 17	11 15	18 4
6 ⎬ 14 17	25 22	29 26 23	21 14	28 24	9 18
7 ⎭	15 24	16 20	1 17	3 7	22 6
21 14	26 17 14	24 19	18 14	22 17	27 31
9 18	10 17	20 24	8 11	7 11	21 14
8 ⎫ 26 23	21 14	23 18	27 18	27 23	31 29
9 ⎭	24 28	24 27	11 16	18 27	4 8
18 27	29 25	18 14	31 27	32 23	13 17
32 23	6 10	27 31	16 23	11 16	6 2
10 ⎫ 10 14	27 25 21	14 9	14 10	24 20	—
11 ⎭	10 17	5 14	7 14	15 24	A
19 10	21 14	12 8	18 9	20 11	14 17
6 15	1 6	3 12	5 14	10 15	21 14
12 13 9	26 23	19 15	27 9	23 19	10 17
13 ⎫	6 9		—		19 10
14 ⎬ 7 11	22 18		A		7 14
15 ⎭	7 10		23 26		25 21
16 ⎫ 23 19	14 7		31 22		11 15
17 ⎭	3 10		6 10		30 25
15 18	23 19		13 6		3 7
22 15	9 14		10 26		27 23
11 18	18 9		19 16		7 11
19 15	5 14		12 19		23 19
18 18 22			27 24		
25 18			1 10		
14 23			24 6		
19 31 26					
5 14					
26 19					
14 18					
15 11					
DRAWN.	DRAWN.	DRAWN.	DRAWN.	DRAWN	W. WINS.

SUTER.

6	7	8	9	10	11
14 18	7 11	31 27	22 17	5 9	15 18
32 27	22 17	5 9	5 9	45 23 18	22 15
9 14	35 { 14 18	37 { 20 16	17 14	8 11	5 9
26 23	17 14	38 {	10 17	46 20 16	30 26
14 17	10 17	39 10 14	19 10	11 27	9 14
23 14	19 10	19 10	7 14	18 2	31 27
17 26	6 15	12 28	26 22	27 32	7 11
30 23	13 6	22 15	17 26	2 7	26 22
10 17	1 10	7 11	31 15	10 14	11 18
21 14	21 7	40 26 23	3 7	7 11	22 15
15 18	3 10	11 18	30 26	32 28	3 7
31 26	25 21	22 15	14 17	19 15	20 16
A 8 11	36 { 10 14	14 18	26 23	14 18	14 18
19 15	A {	41 25 22	9 14	15 10	23 14
3 8	32 28	18 25	23 19	6 15	10 17
15 10	5 9	30 21	7 11	13 6	25 21
6 15	24 19	9 14	15 10	1 10	17 22
23 19	15 24	27 24	6 15	47 22 17	27 23
18 23	28 19	8 11	19 10	18 22	6 10
19 3	18 23	15 8	17 21	25 18	15 6
23 30	26 22	6 15	25 22	15 22	1 10
25 21	14 18	8 4	21 25	11 7	23 18
	22 15	1 6	32 27	10 15	8 11
A	11 18	24 20	25 30	7 10	24 20
6 10	21 17	15 18	27 23	15 19	22 26
25 21		20 16	30 26	10 14	18 14
10 17	A	18 23		19 23	
23 14	5 9	16 12		14 18	
1 6	21 17	22 25		23 27	
27 23	9 13	4 8			
8 11	32 28	25 30			
23 18	13 22	8 11			
6 10	26 17	42 30 26			
13 9	18 23	11 15			
	17 13	26 22			
	23 27	32 27			
	13 9	43 28 32			
	27 32	44 13 9			
	9 5	32 23			
	32 27	9 2			
	30 26	23 18			
	15 18	15 10			
	5 1	14 17			
	10 14	21 14			
	1 6	18 9			
	14 17				
	6 9				
	18 22				
	9 14				
W WINS.	W. WINS.	DRAWN.	B WINS.	DRAWN.	W. WINS.

J. D. Janvier,

12	13	14	15	16	17
23 19	14 17	7 10	14 18	31 27	23 18
14 18	22 13	25 21	23 14	12 16	14 23
19 10	5 14	14 18	A 7 11	25 21	31 26
7 14	25 22	23 7	31 26	14 18	5 14
22 15	48 1 6	3 10	3 7	23 14	26 10
5 9	23 19	31 26	25 21	16 19	A 14 18
13 6	7 10	5 14	49 15 19	9 6	22 15
1 28	30 25	26 23	24 15	19 28	11 18
	14 17	1 6	11 25	14 10	53 25 22
	25 21	23 19		28 32	18 25
	17 26	8 11	See End	27 23	30 21
	31 22	22 17	Game No. 16.	32 27	8 11
	8 11	15 18		23 18	21 17
	21 17	19 15		27 23	11 15
	3 8		A	20 16	
	17 14		7 10	23 7	A
			14 7	6 2	11 15
			3 10	11 20	30 26
			50 30 26	2 18	8 11
			5 14		26 23
			26 23		12 16
			1 6		25 21
			23 19		54 3 8
			8 11		22 17
			25 21		8 12
			6 9		10 7
			31 27		15 18
			14 18		17 10
			22 17		18 27
			18 22		7 3
			17 13		27 31
			9 14		3 8
			13 9		16 19
			22 26		
			9 6		
			26 31		
			6 2		
			31 26		
			51 27 23		
			26 22		
			2 7		
			52 11 16		
			20 11		
			22 18		
			24 20		
			18 27		
			7 2		
			15 24		
			2 6		
			10 15		
B. Wins.	Drawn.	Drawn	Drawn.	B. Wins.	Drawn.

SUTER

18	19	20	21	22	23
14 17	15 11	15 18	2 6	9 13	4 8
25 22	5 14	32 27	26 22	24 20	22 18
5 14	11 4	A 2 6	A 14 18	15 24	15 22
22 13	23 27	25 22	23 14	28 19	25 18
1 6	4 8	18 25	9 18	13 22	9 13
24 19	27 32	29 22	31 26	25 9	18 9
3 7	8 11	7 11	18 23	5 14	13 22
20 16	32 28	24 20	17 14	29 25	30 25
14 17	21 19	11 15	10 17	8 11	5 14
30 26	28 24	20 16	19 10	25 22	25 9
18 23	19 15	15 24	6 15	11 15	1 5
26 22	14 18	28 19	21 14	32 28	29 25
17 26	56 15 10	3 7	7 10	15 24	5 14
31 22	18 23	19 15	14 7	28 19	25 22
23 26	11 15	———	3 10	7 11	11 15
22 17	23 27	A	26 19	19 16	24 20
7 10	15 18	9 13	———	12 19	15 24
16 11	27 32	26 22	A	23 7	28 19
26 30	30 26	1 6	15 18	2 11	8 11
11 4	32 27	22 15	22 15	26 23	31 26
30 25	18 15	13 22	7 11	4 8	11 15
15 11	1 6	25 9	32 27	22 18	32 28
25 21	10 1	5 14	11 18	1 5	15 24
11 7	24 28	29 25	25 22	18 9	28 19
21 14	31 24	7 11	18 25	5 14	3 8
7 2	28 10	31 26	29 22	30 26	
14 9	26 22	11 18	8 11	10 15	
2 7	10 14	21 17	24 20	26 22	
10 14	1 6	14 21	11 15	15 18	
19 15	3 8	23 7	30 26	22 15	
55 6 10	57 6 2	2 11	15 24	11 27	
13 6	8 11	27 23	28 19	31 24	
10 19	2 7	11 16	4 8		
		24 20	20 16		
		6 10	3 7		
		8 24	19 15		
		28 19			
		4 8			
		25 22			
		8 11			
		23 18			
		11 16			
		22 17			
		16 23			
DRAWN.	DRAWN.	W. WINS.	W. WINS.	DRAWN.	DRAWN
Jno. Paterson.		Anderson.	Anderson.	Anderson.	Anderson.

24	25	26	27	28	29
9 13	1 6	22 18	22 17	5 9	24 20
22 18	24 20	12 16	1 6	29 25	16 19
58 15 22	15 24	20 2	25 21	59 1 5	20 16
25 9	28 19	24 28	3 8	30 26	10 15
5 14	11 15	2 9	26 23	15 18	29 25
30 25	32 24	5 30	8 11	23 14	5 9
13 22	15 24	29 25	31 27	9 18	25 22
25 9	28 19	3 7	11 15	31 27	1 5
1 5	7 11	17 13	27 24	6 9	2 24
29 25	20 16	10 14	15 19	13 6	19 26
5 14	11 20	25 22	23 16	18 22	26 23
25 22	19 15	30 25	12 19	25 18	15 19
11 15	10 26	22 17	24 15	10 15	23 18
24 20	17 1	14 18	10 19	19 10	19 23
15 24	20 24	31 27	20 16	7 32	18 15
28 19	30 23	25 22			7 10
4 8	9 13	27 24			15 11
31 26	22 17	18 23			23 26
8 11	13 22	24 20			
32 28	25 18				
11 15	12 16				
22 17	21 17				
15 24	16 20				
28 19	17 13				
7 11	24 27				
19 16	31 24				
12 19	20 27				
23 7	13 9				
2 11	5 14				
DRAWN.	DRAWN.	B. WINS.	DRAWN	DRAWN.	B. WINS.
Anderson.	Anderson.	Anderson.	Anderson.		

SUTER. 157

30	31	32	33	34	35
26 22	25 29	21 17	14 17	3 7	15 18
11 16	19 15	8 11	23 18	24 19	26 22
17 14		24 20	17 26	5 9	18 23
16 23		23 26	30 23	28 24	31 27
A 31 26		31 22	11 16	9 14	14 18
10 17		11 15	24 19	24 20	22 15
21 14		18 2	16 20	14 17	11 18
12 16		9 25	28 24	19 16	17 14
26 12		2 9	3 7	12 19	10 17
6 10		5 21	25 21	27 23	21 14
13 6		13 9	7 10	18 27	3 7
10 26		25 30	32 28	32 16	19 15
30 14		27 24	10 14	17 21	6 10
1 17		30 26	19 15	25 22	15 6
27 23		9 6	12 16	21 25	1 17
17 21		1 10	24 19		13 6
		20 16	8 12		5 9
A		12 19	28 24		25 22
21 17		24 6	14 17		
23 26		26 23	21 14		
30 23		6 1	6 10		
15 19		21 25	13 6		
23 16			10 17		
12 19			18 14		
24 15			1 10		
10 19			15 6		
22 15			17 22		
9 13			6 1		
31 26			22 26		
7 10			1 6		
27 23			26 31		
18 27			6 10		
32 6			31 26		
10 19			14 9		
25 22					
5 9					
B. WINS.	DRAWN.	B. WINS.	W. WINS.	DRAWN.	W. WINS.

Sturges   Drummond.

36	37	38	39	40	41
12 16	27 23	26 23	9 14	27 24	27 24
21 17	18 27	9 14	25 21	11 18	9 14
A 8 12	32 23	32 28	18 25	26 22	24 20
17 14	9 14	8 11	16 11	6 15	8 11
10 17	21 17	30 26	7 23	13 6	15 8
26 22	8 11	3 8	27 4	1 10	6 15
17 26	25 21	19 16	12 16	24 19	8 4
30 14	14 21	12 19	24 20	15 24	18 23
16 19	23 18	23 16	16 19	22 6	20 16
32 28	3 8	8 12	20 16	14 18	23 26
19 23	18 14		19 24	6 1	30 23
24 19	10 17		16 12	18 23	15 19
15 24	19 3		10 15	1 6	16 12
28 19	11 15		4 8	24 27	19 26
			15 18	25 21	4 8
A			26 22	27 31	26 30
18 22			24 27	21 17	25 21
26 23			22 15	8 11	1 6
5 9			27 31	17 13	8 11
17 13				31 27	30 26
9 14				6 10	
13 9				27 24	Same as var. 8
8 12				13 9	at 32nd move.
9 5				23 27	
15 18				32 23	
5 1				11 15	
18 27				10 19	
32 23				24 15	
10 15				30 26	
1 6				28 32	
15 18				26 22	
6 10				32 27	
				23 18	
				15 10	
				22 17	
				27 23	
				18 14	
				3 7	
				9 5	
				23 18	
				14 9	
				18 14	
				17 13	
				7 11	
W. WINS.	B. WINS.	B. WINS.	W. WINS.	B WINS.	DRAWN.

SUTER.

42	43	44	45	46	47
12 8	22 26	27 24	31 26	31 26	11 7
3 12	27 24		9 14	10 14	18 23
11 7	28 32	See End Game No. 17.	25 21	19 10	7 14
6 10	24 20		8 11	14 23	15 18
A 13 9	32 28			26 19	22 15
B 26 23	20 16			7 14	23 27
9 6	28 24			25 21	31 24
23 19	16 11		Same as Var. 37 at 6th Move.	3 7	28 17
7 11	24 20			22 17	
19 24	12 8			7 10	
6 2	3 12			30 26	
14 18	11 7			1 5	
2 6	26 22			26 22	
10 15	7 2			11 15	
6 9	14 17			20 16	
15 19	2 9			14 18	
9 14	22 18			17 14	
18 23	15 22			10 26	
14 18	17 26				
24 27					
11 15					
19 24					
15 19					
A					
7 2					
14 18					
2 7					
10 15					
7 10					
15 19					
10 15					
B					
26 22					
9 6					
22 17					
6 2					
17 13					
2 6					
10 15					
7 2					
14 18					
6 10					
15 19					
10 15					
DRAWN.	DRAWN.	DRAWN.	B WINS.	B. WINS.	B. WINS.

Drummond.

48	49	50	51	52	53
8 11	12 16	31 26	2 7	15 18	30 26
31 26	24 19	5 14	15 18	7 16	8 11
14 17	15 24	26 23	7 16	18 27	26 22
23 19	14 10	1 6	26 23	16 11	18 23
17 21	7 14	23 19		22 19	22 18
19 10	22 18	8 11		11 7	23 26
7 14	14 23	25 21		18 15	24 19
13 9	26 3	6 9		21 17	26 30
11 15	5 14	30 26		14 21	19 15
26 23	3 7	14 18		7 14	30 21
3 8	11 15	22 17		15 11	15 8
23 19	7 10	9 14		14 18	21 17
14 18		17 13		27 32	18 14
19 10		18 23		19 15	17 13
18 25		26 22		11 8	8 4
9 6		23 26		15 10	1 5
8 11		13 9			4 8
6 2		26 30			13 9
11 15		9 6			8 11
2 6		30 26			9 18
15 18		22 17			10 6
6 9		26 23			18 14
18 23		6 2			
9 14		23 16			
23 27		2 7			
14 18		15 18			
		7 3			
		10 15			
		17 10			
		16 19			
		10 6			
		19 23			
		3 8			
		18 23			
		6 1			
		23 27			
		1 6			
		28 24			
		6 10			
		24 19			
		10 14			
		19 23			
		14 10			
W. WINS.	W. WINS.	DRAWN.	B. WINS.	DRAWN.	B. WINS.

SUTER.

54	55	56	57	58	59
14 18	9 5	30 26	6 1	13 22	9 14
23 14	7 11	1 6	8 11	18 9	24 20
16 19	14 18	11 8	1 6	5 14	15 24
21 17	11 7	24 19	11 15	25 9	28 19
19 28	18 23	8 11	6 2	1 5	
10 7	7 10	19 10	15 19	9 6	
3 10	5 1	11 7	2 7	2 9	
14 7	4 8	10 14	19 24	21 17	
15 19	23 27	7 11	7 11	9 14	
22 18	8 11	14 17	24 27	17 13	
28 32	27 32	11 15	11 7	14 17	
7 3	11 7	18 22	27 31	31 26	
32 27	32 23			17 21	
17 14	7 2			29 25	
				15 18	
				23 14	
				10 27	
				24 20	
				7 10	
				32 27	
				4 8	
				27 23	
				11 15	
				28 24	
				8 11	
				25 22	
				3 7	
				23 18	
W. WINS.	W. WINS.	B. WINS.	B. WINS.	W. WINS.	DRAWN.

Mart'n.   Jno. Patterson.   Anderson.

GAME.	1	2	3	4	5
	11 15	7 10	27 23	22 18	9 13	18 15
	22 17	14 27 24	4 8	9 14	28 } 17 14	3 8
	15 19	10 15	23 16	18 9	29 }	17 13
	24 15	15 30 25	11 20	6 22	8 12	33 7 10
	10 19	9 13	29 25	26 17	30 27 24	25 22
	23 16	16 17 14	7 10	11 15	11 16	10 14
	12 19	13 17	31 27	17 13	24 15	34 31 27
	25 22	22 13	10 15	7 10	7 10	14 18
1	8 11	6 9	17 13	21 17	14 7	23 14
2 } 30 25		13 6	18 3 7	2 6	3 19	9 25
3 }		2 18	26 23	29 25	31 26 22	29 22
	4 8	25 22	8 12	5 9	19 24	2 7
	22 18	18 25	19 } 21 17	25 21	28 19	27 23
4	11 16	29 22	20 }	4 8	16 23	7 10
	27 23	3 7	21 } 7 10	22 31 26	18 15	32 27
	8 12	32 27	28 24	8 12	6 10	10 14
5	17 14	5 9	15 19	23 } 17 14	15 6	22 17
	16 20	21 17	24 15	24 }	1 10	16 20
	23 16	1 6	10 26	25 }	22 17	23 16
	12 19	24 20	30 23	9 18	13 22	12 19
	25 22	8 12	9 14	26 23	25 18	17 10
	9 13	20 16	17 10	19 26	5 9	19 23
6	32 27	6 10	6 15	30 7	32 32 28	26 19
	6 9	27 23	13 9	3 10	12 16	8 11
7	27 24	9 14	5 14	27 24	28 24	15 8
	20 27	17 17 13	23 18	15 18	16 20	6 31
	31 15	14 18	14 23	32 27	24 19	8 3
	1 6	21 14	27 11	18 22	23 27	31 26
8	29 25	10 17	12 16	26 27 23	21 24	3 7
	7 10	13 9	22 18	22 26	20 27	1 6
	14 7	17 21		23 18	18 15	35 7 11
	3 19	9 6		26 30	9 13	26 23
9	18 15	7 10		18 14	15 6	11 15
10	9 14	6 2		10 17	2 9	20 24
	15 11	19 24		21 14	19 15	28 19
11	6 9			27 1 5	27 31	23 16
	11 8			24 19	15 10	21 27
	2 7			30 26	31 26	16 12
	8 3			28 24	10 6	15 11
	7 10			26 22	26 23	6 10
	3 7			19 15	6 1	11 7
	10 15			22 18	9 14	
	7 11			14 10	1 5	
	14 17			8 11	23 19	
12	21 14			10 1		
	9 13			12 16		
13	25 21			24 20		
	18 25					
	11 19					
	25 30					
DRAWN.	DRAWN.	DRAWN.	DRAWN.	DRAWN.	DRAWN.

Anderson.   Anderson.   W. R. Bithols.

DYKE.

6	7	8	9	10	11
31 27	27 23	15 11	13 14	2 7	6 10
6 9	20 24	7 16	9 18	22 18	11 8
29 25	23 16	14 10	22 15	7 10	2 7
1 6	24 27	6 15	6 10	15 11	8 3
A 27 23	31 24	18 11	15 6	10 14	38 5 9
36 3 8	7 10	16 19	2 9	18 15	3 8
23 16	14 7	21 17	26 22	14 18	10 15
8 12	2 27	2 6	9 14	11 7	8 3
32 27		29 25		9 14	7 11
12 19		6 10		7 2	3 7
27 23		11 7		6 9	11 16
7 11		10 15		26 22	7 3
23 7		7 2		18 23	39 14 18
2 11		15 18		2 7	3 7
21 17				23 26	18 23
				7 10	7 11
A				14 17	23 30
27 24				21 14	40 11 20
20 27				9 18	19 23
32 16				15 11	20 16
6 10				26 30	23 27
16 12				22 15	16 11
10 17				30 21	15 19
21 14					11 15
2 6					19 23
25 21					22 18
7 11					27 31
37 21 17					15 10
11 15					23 27
18 11					25 22
9 25					30 25
17 14					10 14
25 30					27 32
26 23					14 5
30 26					32 27
23 19					5 9
26 23					27 23
19 15					9 14
23 19					31 27
14 10					22 27
6 9					13 22
11 8					18 15
9 14					22 26
8 4					21 17
14 18					25 22
4 8					17 13
19 16					
10 6					
DRAWN.	B. WINS.	B. WINS.	B. WINS.	DRAWN.	DRAWN.

Anderson.   Anderson.

DYKE.

12	13	14	15	16	17
11 18	11 16	22 18	22 18	22 18	31 27
9 14	18 23	9 14	15 22	15 22	14 21
18 9	25 21	18 9	24 15	25 18	23 18
5 14	23 30	6 22	45 9 13	13 22	7 11
26 23	16 23	26 17	26 23	24 15	16 7
19 26	30 25	5 9	8 11	5 9	19 23
22 18	23 18	41 29 25	15 8	26 17	18 11
14 23	15 19	10 15	4 11	9 14	23 30
21 14	21 17	25 22	28 24	17 10	7 2
26 30	19 23	2 6	3 7	8 11	10 14
25 21	18 27	27 24	24 19	15 8	
30 26	25 18	3 7	6 10	6 22	
28 24		32 27	17 14	28 24	
26 22		7 10	10 17	4 11	
24 19		27 23	21 14	24 19	
22 18		19 26	1 6	2 7	
14 9		30 23	30 25	32 27	
23 27		8 11	6 10	11 15	
9 5		23 18	25 18	19 10	
27 32		4 8	10 17	7 14	
5 1		42 31 27	19 15	27 23	
32 27		15 19	11 16	1 6	
19 16		24 15	15 11	23 19	
18 15		10 19	7 10	6 10	
1 6		27 24		19 16	
27 23		19 23		10 15	
6 9		24 19		16 11	
23 19		23 27		15 19	
16 12		43 17 14		31 7	
15 11		1 5		14 18	
9 14		19 16		21 17	
19 15		11 20		22 26	
14 9		14 10		17 14	
15 18		6 15		26 31	
9 5		18 4			
18 14		27 31			
5 1		44 22 17			
13 17					
1 5					
B. Wins.	B. Wins.	Drawn.	Drawn.	B Wins.	Drawn.

Anderson.   Sturges.

DYKE.

18	19	20	21	22	23
9 14	23 18	23 24	7 11	30 26	27 24
22 17	9 14	9 14	23 18	8 12	9 14
6 10	18 9	22 17	12 16	A 27 23	32 27
25 22	5 14	7 10	30 23	12 16	12 16
8 11	22 17	23 19	2 7	P 32 27	24 20
26 23	7 10	2 7	28 24	9 14	14 18
1 6	25 22	30 26	7 10	27 24	20 11
46 28 24	14 18	7 11	25 21	3 8	18 23
3 8	30 25	26 23	16 19	24 20	27 18
23 18	20 24	15 18	32 28	8 11	15 31
14 23	27 20	32 28		31 27	11 7
27 18	18 23	11 15		1 5	10 14
20 27	28 24			27 24	17 10
32 23	15 18			5 9	6 15
8 12				———	7 2
30 26				A	15 19
2 7				27 24	21 17
17 14				9 14	18 22
10 17				24 20	17 14
21 14				3 8	31 27
15 19				20 16	14 10
23 16				19 24	27 23
12 19				28 19	2 7
22 17				15 24	22 26
6 10				32 27	13 9
13 9				12 19	26 31
10 15				27 20	9 6
26 22				8 11	31 26
7 10				31 27	6 2
14 7				14 18	25 22
5 21				———	2 6
				B	22 15
				31 27	6 2
				9 14	18 15
				27 24	2 6
				3 8	23 27
				24 20	30 25
				8 11	
				32 27	
				1 5	
				27 24	
				5 9	
DRAWN.	B. WINS.	B. WINS.	W. WINS.	B. WINS.	B. WINS.

Anderson.   Anderson.

24	25	26	27	28	29
26 23	27 23	21 17	30 26	25 22	18 14
19 26	12 16	22 26	14 9	8 12	13 22
30 23	32 27	27 23	6 10	47 29 25	25 18
15 19	9 14	26 30	9 6	6 9	8 12
23 16	27 24	23 18	10 14	17 14	29 25
12 19	15 18	30 25	6 2	11 16	11 16
27 24	24 15	18 14	26 23	27 23	27 23
3 8	10 19	10 15	2 7	1 6	6 9
24 15	17 10	24 19	14 18	32 27	31 27
10 19	18 27	15 24	13 9	16 20	9 13
32 27		28 19	18 22	23 16	A 27 24
8 11		25 21	7 10	12 19	13 17
27 24		19 15	22 26	27 24	24 15
19 23		6 9	9 6	20 27	16 19
24 20		14 5	26 31	31 15	23 16
23 27		21 14	24 20	7 10	12 19
28 24		15 11	31 27		15 11
9 14		14 10	20 16		7 16
17 10		13 9	12 19		25 22
6 15		12 16	10 15		19 23
21 17		11 8			26 12
27 32		10 14			17 26
17 14					18 15
32 28					26 30
					12 8
				Same as Game at 29th Move.	3 12
					14 10
					A
					25 22
					16 20
					23 16
					12 19
					48 ⎫ 27 24
					49 ⎭
					20 27
					32 16
					7 10
					14 7
					2 20
					18 14
					1 6
					22 18
B. WINS.	B. WINS.	B. WINS.	DRAWN.	DRAWN.	DRAWN.

Anderson.   W. Lewis.   Anderson

DYKE.

30	31	32	33	34	35
25 22	21 17	29 25	9 14	32 27	21 17
19 23	13 22	2 7	13 9	14 18	26 23
26 19	26 17	25 22	6 13	23 14	7 3
6 10	19 24	9 13	15 10	9 25	23 19
21 17	28 19	31 27	A 7 11	29 22	3 7
1 6	16 23	7 11	32 27	19 23	19 16
27 23	17 14		50 5 9	27 18	7 3
6 9	2 7		10 7	6 9	16 11
28 24	25 22		51 1 5	13 6	17 14
11 15			7 3	1 19	6 10
18 11			14 18	22 17	14 7
9 25			23 14	19 24	11 2
29 22			9 18		3 8
7 16			25 22		2 7
24 20			18 25		8 12
3 7			29 22		20 24
20 11			11 15		28 19
7 16			27 23		7 11
32 27			5 9		
2 7			21 17		
27 24			2 7		
7 11			3 10		
24 20			9 14		
5 9			10 7		
31 26			14 21		
9 14			7 11		
			21 25		
			11 4		
			25 30		
			4 8		
			30 25		
			31 27		
			25 18		
			23 14		
			15 18		
			A		
			19 24		
			28 19		
			1 6		
			10 3		
			11 18		
			23 14		
			16 30		
			52 31 26		
			30 23		
			14 10		
			6 15		
			21 17		
			13 22		
			25 4		
B. Wins.	B Wins.	Drawn.	Drawn.	B Wins.	B. Wins.
Anderson.			Anderson.	Anderson.	Anderson.

DYKE.

36	37	38	39	40	41
19 24	14 10	7 11	16 20	11 18	17 14
28 19	6 15	3 7	3 7	16 20	9 18
20 24	28 24	11 15	14 18	18 14	27 23
19 15	9 14	7 2	7 11	9 18	18 27
24 27	18 9	14 18	9 14	22 15	31 6
23 19	5 14	2 7	11 16	20 24	2 9
27 31	26 23	10 14	18 23	15 10	21 17
21 17	11 16	7 11	16 11	24 27	8 11
7 10	24 20	5 9	23 30	10 6	29 25
14 7	15 19	11 16	1 9	27 31	11 15
3 10	20 11	18 23		25 22	28 24
25 21	19 26	28 24		30 25	4 8
2 7				22 14	2 22
17 14				25 22	8 11
10 17				18 14	17 13
21 14				22 18	1 6
7 11				14 9	22 17
15 8				31 27	11 16
13 17				6 2	30 26
22 13				19 23	3 7
31 24				9 6	26 23
32 28				23 26	7 10
9 18				6 1	24 20
24 19				26 31	15 19
6 10				1 6	
8 3				31 26	
10 14				6 10	
3 7				26 23	
14 17					
7 10					
17 21					
10 14					
18 22					
14 17					
22 26					
17 22					
26 31					
W Wins.	D Wins.	W Wins.	W Wins.	B. Wins.	Drawn.

Anderson.

DYKE.

42	43	44	45	46	47
31 26	17 13	22 18	3 7	23 18	27 23
15 19	27 31	9 14	30 25	14 23	6 10
24 15	28 24	18 9	9 13	27 18	23 16
10 19	31 27	5 14	25 18	20 24	12 19
17 13	21 17	4 8	13 22	28 19	17 14
8 12	24 20	31 26	26 17	15 24	10 17
22 17	19 16	8 11	7 10	A 30 26	21 14
12 16	11 15	26 23	31 26	10 15	19 24
17 14	18 4	11 7	10 19	26 23	28 19
1 5	20 11	23 18	32 27	24 28	11 15
21 17	22 18	7 10	2 7	32 27	19 10
16 20	11 7	14 17	17 14	28 32	5 9
26 22	17 14	21 14	7 11	27 24	14 5
11 15	7 11	18 9	27 24	32 28	7 30
	14 5	10 15	11 15	23 19	22 18
	6 10	9 14	18 11	6 10	13 17
	13 9	15 19	8 15	18 14	18 15
	10 14	14 10	14 10	28 32	17 22
	4 8	19 16	6 9		15 11
	11 4	10 15	10 7	A	30 25
	18 15	16 19	9 14	18 14	32 27
	4 8			3 7	25 21
	15 10			30 25	27 24
	8 3			11 15	21 17
	9 6			32 28	24 19
	14 18			15 19	17 14
	6 2			22 18	19 16
	18 23			24 27	14 10
	2 6			18 15	16 12
	23 27			27 31	10 15
	6 9			15 11	11 8
	27 32			7 16	15 11
	9 14			14 7	8 4
	32 27			2 11	2 6
	14 18			17 14	
	27 24			31 26	
	18 15			21 17	
				26 22	
				25 18	
B. WINS.	DRAWN.	DRAWN.	W. WINS.	B. WINS.	B. WINS.
			Sturges.	Anderson.	Anderson.

DYKE.

48	49	50	51	52	53
27 23	21 17	11 15	11 15	32 27	1 5
19 24	1 6	26 22	7 3	6 9	26 22
28 19	27 23	19 26	53 15 18	14 10	19 26
20 24	19 24	22 17	25 22	13 17	22 17
19 15	28 19	13 22	18 25	21 14	13 22
24 27	20 24	25 4	29 22	30 21	25 4
23 19	19 15	2 6	1 5		26 30
27 31	24 27	31 22	22 17		4 8
21 17	15 10	6 15	13 22		16 20
1 6	6 15	4 8	26 10		3 7
19 16	18 11	5 9	19 26		2 11
7 11	7 16	27 24	31 22		8 15
15 8	23 18	16 20	9 14		9 13
3 19	27 31	24 19	27 24		27 23
14 10	14 10	15 24	16 20		5 9
6 15	16 19	28 19	24 19		15 18
18 11	18 15	20 24	8 11		
5 9	3 8	8 11	3 8		
11 8	17 14	24 27	11 16		
2 6	13 17	11 7	22 17		
8 3	22 13	27 31	16 23		
6 10	31 22	7 10	10 7		
3 7		9 13	2 11		
9 14		10 17	8 15		
32 28		31 26	23 27		
14 21		19 15			
7 14		12 16			
21 25		15 10			
14 10		1 5			
25 30		10 6			
10 25		16 19			
30 23		6 1			
15 24		19 23			
31 26		1 6			
		23 27			
		6 10			
		27 31			
		17 14			
		26 17			
		14 18			
B. Wins.	B. Wins.	W. Wins.	Drawn.	B. Wins.	W. Wins.
Anderson.	Anderson.	Anderson.	Anderson.		Anderson.

END GAME NO. 7

See Old Fourteenth, Var. 30.

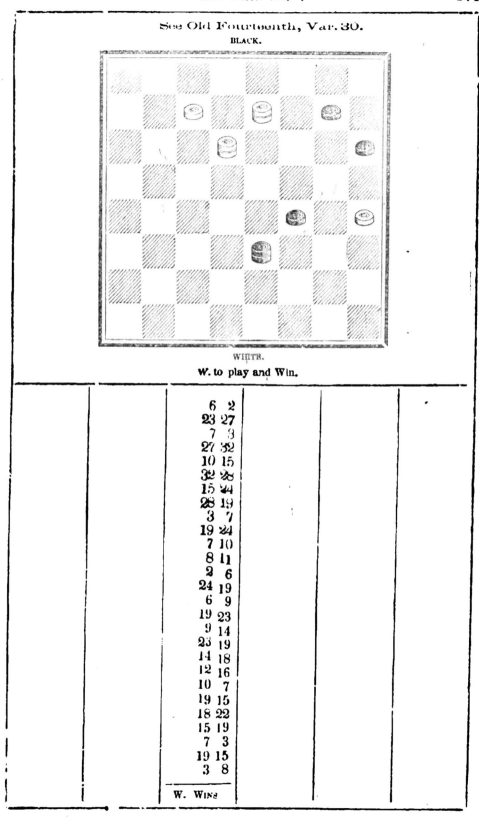

BLACK.

WHITE.

W. to play and Win.

6	2
23	27
7	3
27	32
10	15
32	28
15	24
28	19
3	7
19	24
7	10
8	11
2	6
24	19
6	9
19	23
9	14
23	19
14	18
12	16
10	7
19	15
18	22
15	19
7	3
19	15
3	8

W. Wins

MAID OF THE MILL.

GAME.	1	2	3	4	5
	11 15	15 18	21 17	24 19	6 10	6 10
	22 17	23 14	22 10 15	4 8	30 26	24 19
1	8 11	9 18	23 26 23	28 24	1 6	1 6
	17 13	17 14	18 22	6 10	A 28 24	25 22
	15 18	10 17	25 18	25 32 28	11 15	18 25
	23 14	21 14	15 22	1 6	23 19	29 22
	9 18	6 9	23 18	26 30 26	4 8	11 15
2	25 23	26 23	7 10	11 15	27 25 22	27 21
	10 14	8 11	27 23	25 22	18 25	29 15 18
3	21 20	24 20	5 9	18 25	29 22	22 15
4	4 8	13 11 15	32 27	29 22	15 18	7 11
	28 21	28 24	3 7	A 6 9	22 15	31 27
5	11 15	4 8	30 25	13 6	7 11	11 18
	23 19	23 19	1 5	2 9	26 23	21 17
	6 10	2 6	25 21	22 17	11 18	14 21
6	31 26	19 10	A 11 16	9 13	31 26	23 7
7		6 15	24 24 20	24 20	8 11	3 10
	1 6	30 26	16 19	15 24	32 28	27 23
8		8 11	23 16	28 19	11 15	8 11
9	25 22	26 22	12 19	13 22	20 16	23 18
	18 25	15 3 8	20 16	26 17	18 22	5 9
	29 22	16 31 26	19 23	8 11	26 17	32 28
10	15 18	12 16	27 24	20 16	3 7	10 14
	22 15	26 23	23 26	11 20	23 18	19 15
	7 11	1 6	24 20	31 26		
	30 25	17 22 17	26 30	———		
	11 18	18 9 13	16 11	A		
	32 28	19 23 19	7 16	8 11		
	3 7	16 23	20 11	22 18		
	19 15	20 16	30 21	15 22		
	10 19	20 13 22	18 14	26 17	———	
	24 15	16 12	9 18	14 18	A	
11 }	7 11	21 11 16	11 8	23 14	13 9	
12 }	26 22	12 3	4 11	11 16	6 13	
	6 9	7 11	———	19 15	26 22	
	13 6	14 10	A	10 19	10 15	
	2 9	6 9	9 14	24 15	23 19	
	27 24	3 7	18 9	7 10	15 24	
	9 13	22 26	5 14	14 7	22 8	
	24 19	10 6	23 19	3 19	4 11	
	18 23	26 31	4 8	17 14	28 19	
	15 10	6 1	19 15	16 20	7 10	
	14 18	23 26	11 18	21 17	27 23	
	22 15	32 28	24 19			
	11 18	18 22	7 11			
		25 18	19 15			
		15 22	10 19			
		24 20	17 1			
			11 15			
			27 24			
			22 25			
			29 22			
			18 25			
	DRAWN	DRAWN.	DRAWN.	DRAWN.	DRAWN	DRAWN.
		Anderson.	Anderson.			A. Brown.

MAID OF THE MILL.

6	7	8	9	10	11
	30 26	5 9	8 11	26 23	8 11	5 9
30 ⎱ 5 9	13 6	26 23	6 9	22 17	27 24
31 ⎰	2 9	A 2 6	13 6	6 9	A 7 11
	13 6	25 22	32 28	2 9	13 6	26 22
	2 9	18 25	14 17	30 26	2 9	2 7
	26 22	29 22	21 14	8 11	20 16	15 10
32	8 11	9 13	10 17	26 22	11 20	6 15
	27 23	21 17	23 14	9 13	17 13	13 6
	18 27	14 21	17 22	32 28	7 11	18 23
	32 23	30 25	19 10	3 8	13 6	6 2
	1 5	21 30	6 15	21 17	14 18	7 10
	22 17	20 16	25 18	14 30	26 23	24 19
33	15 18	30 23	15 22	23 14	18 22	15 24
	17 13	27 2	24 19	10 26	21 17	28 19
	18 27	10 15	1 6	19 3	22 26	23 26
	13 6	19 10	27 24	26 31	17 14	2 6
	27 32	12 28	3 8	A 3 7	10 17	11 15
	6 2	2 6	30 25	11 15	19 10	22 17
	14 17	A 1 5	22 26	7 11	26 31	15 24
	21 14	10 7	25 21	15 18	23 18	6 15
	10 17	3 10	26 30	11 4	11 16	
34	19 15	6 15	21 17	30 26	32 28	A
	11 18	5 9	30 26	29 25	5 9	7 10
	2 11	22 18	29 25	26 30	6 2	26 22
	32 28	8 12	—	25 21	9 13	10 19
	31 26	15 10	A	30 26	2 6	24 15
	28 19	—	18 22	20 16	17 22	2 7
	25 22	A	25 9	12 19	6 9	22 17
	18 25	8 11	5 14	24 15	13 17	7 10
	29 13	6 9	29 25	31 24	9 14	28 24
	12 16	11 15	15 18	28 19	17 21	10 28
	26 22	9 14	13 9	26 23	10 6	17 1
	19 24	1 5	1 5	—	22 25	9 14
	11 15	10 6	20 16	A	14 17	1 6
	16 19	15 19	11 20	27 23	25 29	18 23
	15 10	14 18	30 26	31 27	17 22	6 10
	19 23	19 24	7 11	23 19	3 8	14 18
	20 16	6 2	26 22	27 23	6 2	10 15
		5 9	10 15	19 16	8 11	
		2 6	19 10	12 19	2 6	
		3 7	11 16	3 12		
		6 1	22 15	11 15		
		7 10	16 19	12 8		
		1 5	23 16	13 17		
		10 14	12 28	8 11		
		18 15	9 6	5 18		
		24 27	2 9	24 15		
		32 23	15 11	23 19		
		14 18		15 10		
		5 14		19 15		
		18 27				
Drawn.	Drawn.	W. Wins.	B. Wins.	W. Wins.	W. Wins.
Anderson.	Anderson.	Anderson.	Anderson.	Anderson.	Anderson.

MAID OF THE MILL.

12	13	14		15	16	17
7 10	3 8	24 19		12 16	24 19	23 19
27 24	28 24	15 24		24 19	15 24	16 23
10 19	18 22	26 22	35	16 23	22 15	20 16
24 15	25 18	11 15		20 16	9 18	11 20
2 7	11 16	32 28		11 20	32 28	25 21
26 22	20 11	15 19		25 21	1 6	18 25
18 23	8 22	22 15		18 25	28 19	27 2
22 18	30 26	9 18		27 2	7 10	20 27
5 9	9 18	15 11		9 18	31 26	29 22
25 22	23 14	7 16		29 15	5 9	9 25
23 26	1 6	20 11			27 23	2 9
15 10	26 17	19 23			18 27	5 14
14 23	6 9	27 20			26 23	32 23
10 1	29 25	5 9			11 18	
9 14	9 18	11 8			23 7	
	31 26	12 16			27 31	
	2 6	20 11			7 3	
	26 23	3 12			31 26	
	6 9	28 24			19 16	
	23 14	23 27			12 19	
	9 18				3 12	
	17 14				19 23	
	4 8				12 16	
	24 20				23 27	
	8 11				16 19	
	32 28				27 31	
	11 15				19 15	
	27 24				9 13	
	18 23				25 21	
	24 19				26 22	
	15 24				21 17	
	28 19				31 26	
	7 11				20 16	
	25 22				26 23	
	23 26				29 25	
	22 18				22 29	
	26 30				15 19	
	19 15				13 22	
	30 26				19 17	
	15 8				6 10	
	26 22					
W. WINS.	DRAWN.	DRAWN.		W. WINS.	DRAWN.	B WINS.

Anderson.   E. Northrop

MAID OF THE MILL

18	19	20	21	22	23
6 10	25 22	11 20	6 10	4 8	25 21
23 19	18 25	25 22	12 3	26 23	18 22
16 23	29 22	18 25	10 17	10 14	26 23
20 16	8 12	27 2	3 26	17 10	4 8
11 20	22 18	20 27	22 31	7 14	41 ⎱ 24 19
25 22	15 22	2 9	25 21	24 20	42 ⎰
18 25	23 18	13 22	17 22	11 15	15 24
27 2	6 10	32 23	32 28	25 21	23 19
20 27	32 28		31 26	8 11	11 16
14 7	10 15		24 20	30 26	43 ⎱
	27 23		26 23	2 7	44 ⎰ 27 24
	22 25		27 24	29 25	45 ⎰
	24 19		22 26	36 ⎱ 3 8	22 26
	15 22		21 17	37 ⎰	31 22
			26 30	38 23 19	16 20
			17 14	15 24	32 27
				28 19	8 11
				5 9	22 18
				26 23	7 10
				7 10	18 15
				21 17	11 18
				14 30	23 7
				23 7	2 11
				30 25	19 15
				A 7 2	11 18
				25 22	24 19
				39 ⎱ 27 23	18 22
				40 ⎰	17 14
				6 10	3 7
				13 6	21 14
				10 14	7 11
					27 23
				A	11 16
				7 3	30 25
				25 22	22 26
				19 16	25 21
				12 19	26 31
				3 12	23 18
				11 15	16 23
				12 16	
				19 24	
				32 28	
				15 18	
				28 19	
				18 23	
				27 18	
				22 24	
				16 11	
W. WINS.	B. WINS.	DRAWN.	DRAWN.	DRAWN.	DRAWN.
		E. Hull.	E. Hull.	E. Northrop	Anderson

24	25	26	27	28	29
21 19	24 20	24 20	26 23	21 17	6 9
4 8	46 11 15	11 15	6 9	14 21	13 6
28 24	32 28	47 } 28 24	13 6	23 7	2 9
16 20	15 24	48	2 9	3 10	22 17
18 15	28 19	8 11	31 26	27 23	14 18
7 11	1 6	A 21 17	8 11	5 9	23 14
23 18	31 26	14 21	32 28	20 16	9 18
22 25	8 11	23 14	9 13	21 25	17 14
29 22	19 16	10 17	19 16	24 20	10 17
9 14	12 19	19 1	12 19	15 24	21 14
18 9	23 16	17 22	23 16	28 19	7 10
11 25	14 17	25 18	14 17	25 30	14 7
17 14	21 14	2 6	21 14	16 11	3 10
10 17	10 17	1 10	10 17	10 14	20 16
21 14	25 22	7 32	25 22	11 8	10 14
6 10	18 25	———	18 25	14 17	19 10
14 7	30 14	A	29 22	8 3	12 28
2 11	6 9	25 22	17 21	9 14	10 7
9 6	13 6	18 25	27 23	3 8	18 22
11 16	2 18	29 22	21 25	6 9	7 3
	26 22	6 9	23 19	13 6	8 12
	18 25	13 6	25 30	2 9	3 7
	29 22	2 9	19 10	8 3	5 9
		22 12	30 26	30 25	7 10
		14 18		19 16	14 17
		23 14		12 19	10 15
		9 18		29 16	17 21
		17 14		14 18	15 18
		10 17		3 7	22 25
		21 14		25 30	18 22
		7 10		7 10	25 29
		14 7		30 26	31 27
		3 10		18 14	
		30 26		23 19	
		5 9			
		26 23			
		9 14			
B. Wins.	Drawn.	B Wins.	B. Wins.	B. Wins.	W. Wins.
	Anderson.	Anderson.	Anderson.	Anderson.	Anderson.

MAID OF THE MILL.

30	31	32	33	34	35
8 11	2 6	1 6	9 13	25 21	32 28
26 23	26 23	20 16	25 22	17 22	9 13
14 17	A 5 9	A 8 11	5 9	19 15	28 19
23 14	25 22	24 20	31 27	11 18	11 15
17 22	18 25	15 24	3 8	2 11	19 10
25 18	29 22	22 8	29 25	32 28	18 22
15 22	15 18	12 19	15 18	24 19	26 17
27 23	22 15	20 16	22 6	28 24	13 22
10 17	7 11	3 12	13 29	11 15	25 18
21 14	23 18	27 20	6 1	3 7	5 9
A 1 6	14 23	9 13	9 13	21 17	14 5
23 18	27 18	16 11	1 5	7 11	7 32
6 10	12 16	7 16	7 10	15 8	
32 28	19 12	20 11	5 9	24 15	
10 17	10 28	19 23	13 17	8 3	
19 16	21 17	11 8	9 18	22 25	
12 19	1 5	———	17 22	29 22	
24 8	17 14	A	18 25	18 25	
3 12	———	9 13	29 22	3 7	
18 15	A	22 17	23 18	25 30	
———	8 11	13 22	22 15	7 2	
A	31 26	27 23	27 23	15 10	
2 6	5 9	18 27	10 14	17 13	
13 9	25 22	25 2	19 10	30 25	
6 13	18 25	8 11	11 15	31 27	
23 18	29 22	32 23	10 6	25 22	
1 6	1 5	11 27	15 18	27 23	
19 15	22 17	2 18	23 19	22 26	
7 10	15 18		18 23	23 19	
15 8	19 15		20 16	26 23	
10 17	10 28				
18 14	17 1				
DRAWN.	W. WINS.	W. WINS.	W. WINS.	B. WINS.	B. WINS.

36	37	38	39	40	41
5 9	7 10	26 22	2 7	27 24	23 19
26 22	26 22	15 19	9 14	22 17	15 18
3 8	3 8	23 16	7 16	3 7	24 20
31 26	13 9	12 19	14 18	17 14	11 15
A 7 10	6 13	22 15	49 27 23	7 16	19 10
20 16	23 19	11 18	18 27	14 10	6 15
11 20	15 24	31 26	32 23	31 26	27 23
21 17	22 6	8 12	6 9	9 14	18 27
14 30	7 10	26 22	13 6	25 22	32 23
23 7	28 19	19 23	1 10	10 7	15 19
30 23	11 15	22 15	50 31 26	32 27	23 16
27 4	32 28	23 26	22 31	1 5	12 19
	15 24	15 11	23 18	27 23	17 14
A	28 19	7 16	31 27	8 11	19 23
12 16	8 11	20 11	18 15	22 18	21 17
22 17	20 16	26 30	27 24	9	22 26
7 10	11 20	11 7	15 6		31 22
26 22	25 22	14 17	24 15		
15 19		21 14	16 11		
22 15		30 21	15 10		
15 26			11 4		
27 24			10 1		
10 19			4 8		
24 15			1 6		
11 18			8 11		
17 10			6 10		
6 15			20 16		
13 6					
1 10					
20 4					
26 30					
4 8					
W. Wins.	W. Wins.	Drawn	Drawn.	B Wins.	B. Wins
E. Northrop.	E. Northrop.	E. Northrop.	E. Northrop.	E. Northrop.	Anderson.

MAID OF THE MILL

42	43	44	45	46	47
21 20	30 26	30 25	32 28	1 6	30 26
15 19	8 11	22 26	22 26	30 26	15 24
23 16	27 24	31 22	31 22	51 11 15	28 19
12 19	5 9	7 10	7 10	32 28	8 11
30 25	24 20	27 24	28 24	15 24	A 19 16
22 26	7 10	16 20	8 11	28 19	12 19
31 22	32 27	32 27	A 22 18	8 11	23 16
8 12	9 14	8 11	10 15	19 16	14 17
22 18	19 15	22 18	19 10	12 19	21 14
19 23	11 18	3 7	6 22	23 16	10 17
	20 11	A 18 14	23 18	14 17	16 12
	12 16	6 9	16 20	21 14	11 15
		13 6	17 14	10 17	26 22
		2 18	12 16	26 22	17 26
		23 14	21 17	17 26	31 22
		11 16	1 6	31 8	7 10
		27 23	30 25	3 19	25 21
		20 27	22 26	20 16	18 25
		12 13	25 21	7 11	29 22
		10 17	6 10	16 7	15 18
		21 14	14 7	2 11	22 15
		27 31	3 10	25 22	10 19
		25 22	17 14	6 10	20 16
		31 26	10 17	29 25	2 7
		22 17	21 14	10 14	21 17
		1 6	26 30	13 9	6 10
		29 25	14 10		
		6 10	30 26		A
		25 22	10 6		19 15
		26 31	2 9		10 19
		22 18	13 6		23 16
		31 27	26 22		12 19
			18 14		27 23
		A	11 15		18 27
		25 22			31 8
		5 9	A		3 12
		29 25	30 25		25 22
		11 15	3 7		12 16
		18 11	22 18		20 11
		7 16	16 20		7 16
			18 14		22 17
					14 18
					29 25
			Same as Var. 44 at 11th Move.		16 19
					26 22
					18 23
					17 14
					23 26
					22 18
					26 30
					25 22
					30 25
B. WINS.	B. WINS.	B WINS.	B. WINS.	DRAWN.	B. WINS.
Anderson.	Anderson.	Anderson.	Anderson.		Anderson.

48	49	50	51		
25 22	32 28	31 27	14 17		
18 25	22 17	10 14	23 14		
29 22	31 26	27 24	11 16		
15 24	17 14	22 26	20 4		
28 19	26 23	23 18	3 8		
14 17	14 17	14 23	4 11		
21 14	23 14	16 11	7 30		
10 26	17 10	8 15	14 7		
31 22	27 23	19 10	2 11		
8 11	10 14	26 22	21 14		
22 18	28 24	24 19	30 21		
11 16	6 9	22 18	14 9		
20 11	13 6	10 7	5 14		
7 16	1 10	23 27	29 25		
30 26		7 3	21 30		
3 7		27 32	31 26		
26 22		3 7	30 23		
7 10		32 23	27 2		
18 15		7 11			
10 14		27 24			
15 11					
14 17					
22 18					
17 22					
19 15					
22 26					
11 7					
2 11					
15 8					
26 31					
27 24					
16 20					
24 19					
6 10					
8 3					
31 27					
B Wins.	B. Wins.	B. Wins.	W. Wins.		
Anderson.	E. Northrop.	E. Northrop.	A. H. Mercer.		

END GAME NO. 8.

See Old Fourteenth, Var. 32.

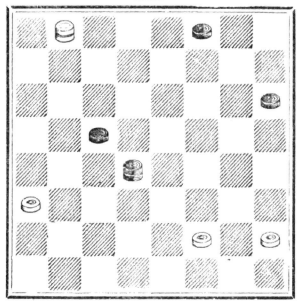

BLACK.

WHITE.

B. to play. Draw.

		1			
3	7	11	16	6	10
1	5	27	24	27	31
7	11	18	15	10	14
5	1	24	20	31	27
1 14	17	16	19	14	10
21	14	1	6	27	23
18	9	14	18	10	6
27	23	21	17	23	27
9	14	19	23	6	10
28	24	17	14	27	24
11	15	23	27	10	15
1	6	14	10	19	10
12	16	15	11	28	19
6	2	6	2	10	6
		27	31	19	15
		10	7	12	19
		31	27	3	12
		7	3		
		27	23		
		3	7		
		11	8		
		7	3		
		23	19		
		20	16		
		18	23		
		2	6		
		23	27		
DRAWN.				DRAWN.	

GLASGOW.

GAME.	1	2	3	4	5
	11 15	9 14	11 8	28 24	5 14	4 8
	23 19	25 22	4 11	7 16	29 25	30 26
	8 11	11 16	28 24	10 ⎰ 25 22	4 8	A 10 15
	22 17	24 20	11 15	11 ⎱	25 22	19 24 20
1	11 16	16 23	24 20	12 10 15	8 11	16 19
	24 20	27 11	9 14	24 20	32 27	32 28
	16 23	7 16	25 22	16 19	11 15	8 11
	27 11	20 11	15 19	17 13	17 13	29 25
	7 16	3 7	26 23	4 8	A 2 7	20 1 6
	20 11	28 24	19 26	30 25	22 17	31 27
	3 7	7 16	30 23	13 8 11	15 15 18	6 10
2 ⎰ 25 22	24 19	7 11	21 17	30 25	27 24
3 ⎱	16 23	23 19	6 10	7 11	9 14
	7 16	26 19	11 15	13 6	28 24	17 13
	22 18	4 8	32 28	2 9	16 10 15	2 6
	9 14	† 30 26	15 24	17 13	17 10	21 26 22
	18 9	8 11	28 19	1 6	18 23	19 23
4	6 22	26 23	5 9	22 18	27 18	22 17
	26 17	8 14 15	17 13	15 22	15 29	23 26
	5 9	32 28	9 10 15	25 18	—	21 19
	24 21	15 24	19 10	14 10 14	A	15 24
5	10 15	28 19	6 15	26 22	16 20	28 19
	24 20	5 9	13 6	14 23	22 17	14 18
	16 19	17 13	1 10	22 18	15 19	17 14
	30 26	10 15		19 24	26 23	10 17
	1 6	19 10		32 28	19 26	21 14
6	32 28	6 15		24 27	30 23	18 23
7	2 7	13 6		31 24	2 7	25 22
	31 27	1 10		23 26	23 19	26 30
	4 8	29 25		24 19	♦ 14 18	22 18
	29 25	15 19		26 31	17 14	30 25
	8 11	23 16		19 15	10 17	19 15
	27 24	12 19		11 16	21 14	25 22
	7 10	22 17		20 11	17 ⎰ 6 10	15 8
	25 22	19 24		31 26	18 ⎱	22 15
	9 11	17 13			11 9	14 10
	17 13	2 6			10 14	15 11
	14 18	25 22			9 6	—
	22 17	24 27			1 10	A
	28 22	31 27			19 16	16 20
	17 14	10 15			12 19	22 17 11
	16 17				27 24	9 18
	21 14				20 27	21 17
	22 31				1 6	20 27
	14 10	Same as Var. 12				32 7
	31 27	at 6th Move.				2 11
	10 1					17 11
DRAWN.	DRAWN.	DRAWN.	DRAWN.	DRAWN.	DRAWN.

W. Lewis.   W. R. Bethell

GLASGOW.

	6	7	8	9	10	11
	29 25	6 10	6 9	2 7	17 13	24 20
	2 7	17 13	17 13	20 16	9 14	16 19
	17 13	19 24	1 6	1 5	24 20	25 22
	4 8	28 19	22 18	22 17	16 19	9 14
	25 22	15 24	2 7	14 18	25 22	28 29 25
	8 11	13 6	29 25	29 25	4 8	4 8
23	22 18	2 9	11 16	18 23	22 17	26 23
	15 22	29 25	25 22	25 22	8 11	19 26
	26 17	24 28	14 17	23 26	26 23	30 23
	7 10	25 22	21 14	22 18	19 26	8 11
24	31 26	28 32	10 26	26 30	30 23	23 19
25 ⎰	19 24	22 17	31 22	18 15	11 15	5 9
26 ⎱		4 8	16 20	30 25	29 25	17 13
	26 23	17 14	32 27	15 11	15 18	11 15
27	9 14	9 18	7 11	25 22		32 28
	23 19	20 16	22 17	11 2		15 24
	14 18	12 19	11 16	22 18		28 19
	17 14	26 23	18 15	31 27		10 15
	10 17			18 15		19 10
	21 14			27 24		6 15
	24 27			15 18		13 6
	32 23			16 11		1 10
	18 27			15 18		22 17
	20 16			11 8		14 18
	11 20			15 11		
	19 15			8 3		
				11 16		
				3 7		
	DRAWN.	DRAWN.	W. WINS.	W. WINS.	DRAWN.	DRAWN.
		Alonzo.	Brooks.	W. Lewis.	Jas. Ash.	Drummond.

GLASGOW.

12	13	14	15	16	17
9 14	2 7	19 24	7 11	16 20	1 5
24 19	22 18	29 25	26 23	26 23	19 16
16 23	15 22	24 28	15 19	1 5	12 19
26 19	25 18	26 22	27 24	31 26	27 23
4 8	7 10	10 15	19 26	5 9	19 26
29 30 26	32 25	31 26	30 23	26 22	31 15
8 11	33 10 14	12 16	16 20	11 15	
26 23	18 15	25 21	23 19	23 19	
5 9	14 17	15 19	20 27		
17 13	21 14	22 17	31 24		
11 15	9 18	19 24	11 16		
A 32 27	20 16	26 23	19 15		
15 24	5 9		10 19		
27 20	31 27		17 10		
10 15	9 14		6 15		
30 } 31 26	29 25		24 20		
31 }	14 17		15 18		
1 5	25 21		20 11		
32 20 16	18 22				
12 19	21 14				
23 16	22 31				
14 17	14 9				
	31 24				
A	9 2				
32 28					
15 24					
28 19					
10 15					
Same as Var. 1 at 16th Move.	Same as Var. 1 at 25th Move.				
DRAWN.	W. WINS.	W. WINS.	DRAWN.	W. WINS.	W. WINS.

Jas. Ash,   W. R. Bethell.   Alonzo. Brooks.

GLASGOW.

18	19	20	21	22	23
18 22	29 25	2 6	25 22	31 27	32 28
14 9	2 7	17 13	14 18	8 11	7 10
6 10	25 22	9 14	22 17	29 25	22 17
9 6	1 6	31 27	18 22	9 14	9 14
10 14	32 28	6 9	17 14	26 23	26 22
6 2	7 10	13 6	10 17	2 6	19 23
	24 20	1 10	21 14	34 17 13	28 24
	16 19	27 24	22 31	11 15	14 18
	20 16	14 18	14 10	13 9	24 19
	19 24	21 17	31 27	6 13	18 25
	28 19	18 23	10 1	25 22	17 14
	15 24	26 22	11 16	13 17	15 24
	22 18	23 26	20 11	22 13	14 10
	12 19	25 21	27 20	1 6	25 29
	17 14	19 23		23 19	7 2
	10 17			15 19	6 10
	21 5			32 28	2 6
	A 24 28			18 22	11 15
	5 1			19 15	6 2
	6 9			10 19	15 19
	1 6			24 15	2 7
	9 13			22 26	10 15
	6 10			15 11	7 11
	28 32			6 10	15 18
	10 7			11 8	11 15
	32 28			10 15	18 22
	7 3			8 3	
	28 24			14 18	
	3 12			3 7	
	19 23			15 19	
	26 19			7 10	
	24 22			26 31	
				10 14	
	A			31 24	
	6 10			14 16	
	5 1			12 19	
	8 11				
	1 6				
	10 15				
	26 22				
	See End Game No. 18.				
W. WINS.	DRAWN.	DRAWN.	DRAWN.	DRAWN.	B WINS.

Alonzo Brooks.   Anderson.

24	25	26	27	28	29
32 27	10 15	9 14	11 15	17 13	17 13
9 14	32 27	32 28	32 28	4 8	8 11
31 26	19 24	11 15	15 19	22 17	30 26
14 18	27 23	20 16	23 16	8 11	11 15
27 23	24 27	19 24	12 19	26 23	32 28
18 27	17 14	28 19	20 16	19 26	15 24
26 22	9 18	15 24	24 27	30 23	28 19
11 15	23 14	16 11	16 11	11 15	10 15
20 16	15 18	14 18	10 15	29 25	19 10
27 31	A 26 23	11 7	11 7	15 18	6 15
16 11	18 22	10 15	19 23		22 17
31 26	23 18	17 14	7 2		14 18
11 7	27 31	6 10	15 19		13 9
26 30	14 9	21 17	2 7		5 14
7 2	6 10	15 19	27 31		17 10
30 25	18 14	7 3	7 11		12 16
	10 17	10 15	23 27		31 27
	21 14	2 7	11 15		16 20
		24 27	19 23	Same as Var. 10 at 14th Move.	29 25
	A	7 11	28 24		15 19
	14 9	27 31	27 32		26 22
	6 10	26 22	24 20		19 24
	26 23	18 25	32 27		
	10 14	11 18	20 16		
	9 6		23 26		
	18 22		16 11		
	6 2		26 30		
	27 31		11 7		
	2 6		30 26		
	22 25		7 2		
	6 9		26 22		
	31 26		2 7		
	9 13		27 23		
	26 19		7 11		
B Wins.	Drawn.	Drawn.	W. Wins.	Drawn.	Drawn.

Anderson. Alonzo Brooks. Alonzo Brooks

GLASGOW.

30	31	32	33	34
22 17	31 27	22 17	19 23	25 22
15 18	1 5	14 18	26 19	6 9
17 10	29 25	23 14	8 11	17 13
18 27	14 18	9 18	19 15	11 15
31 24	23 14	17 14	10 19	13 6
6 15	9 18	15 19	21 17	15 18
13 6	22 17	29 25	19 23	22 15
1 10	15 19	18 23	28 24	10 26
29 25	17 14	26 22	6 10	6 2
15 18	19 24	23 26	13 6	26 31
24 19	21 17	22 18	10 15	2 7
2 7	24 31	26 30	18 14	1 6
21 17	25 21	25 22	1 10	7 2
7 11	6 10	30 25	14 7	6 9
25 21		22 17	23 27	2 6
18 23		25 30	7 3	9 13
17 14			27 32	27 23
10 17			17 13	20 27
21 14			12 16	23 19
23 27			3 8	31 26
14 9			32 28	32 23
27 32			8 12	26 22
9 6			28 19	6 9
32 27			31 26	22 18
6 2			15 18	19 15
27 24			26 22	18 27
			18 25	
			29 22	
B. Wins.	B. Wins.	B. Wins.	W. Wins.	Drawn.
Jas. Ash.	Jas. Ash.	Jas. Ash	W. R. Bethell	

FIFE.

GAME.	1	2	3	4	5
	11 15	26 23	26 23	21 17	8 11	8 11
	23 19	9 13	9 14	8 11	27 23	27 23
	9 14	30 26	24 20	25 21	4 8	11 15
	22 17	13 22	15 24	A 9 14	32 27	23 19
	5 9	25 9	28 19	12 26 23	10 14	4 8
1	17 13	6 13	8 11	13 { 18 22	24 19	32 27
	14 18	9 29 25	31 26	14	15 24	18 15 18
2) 3)	19 16	1 5	11 15	15 24 20	28 19	22 15
		25 22	19 16	15 24	7 10	7 11
	12 19	5 9	12 19	28 19	25 22	31 26
	26 23	24 20	23 16	22 26	11 15	11 18
	19 26	15 24	15 19	31 22	22 17	19 16
	30 5	28 19	16 11	11 15	15 24	19 2 7
4	15 18	9 14	7 16	27 24	27 20	24 20
	25 22	22 18	20 11	4 8	8 11	8 11
	18 25	14 17	3 7	30 25	29 25	28 24
	29 22	21 14	26 22	15 18	11 15	10 15
5	10 14	10 17	7 16	22 15	25 22	16 12
	22 18	26 22	22 15	7 11	3 8	7 10
	14 23	17 26	4 8	25 22	20 16	26 23
	27 18	31 22	25 22	16 11 25	8 11	18 22
	8 11	10 2 6	16 20	29 22	16 7	20 23 18
	32 27	11 19 15	32 28	8 11	2 11	22 26
6	4 8	7 11	14 18	22 18	31 27	18 14
	27 23	27 24	30 26	1 5	11 16	10 17
	8 12	3 7	18 25	18 9	22 18	21 14
	24 20	15 10	29 22	5 14	15 22	26 31
7	7 10	6 15	10 14	32 28	27 24	14 9
	31 26	23 19	27 23	3 8	16 20	6 10
	10 15	7 10	14 18	19 15	24 19	21 9 6
	26 22	32 28	23 16	11 27	22 26	11 16
	12 16	13 17	18 25	20 16	19 16	20 11
	28 24	22 13	16 12	—	26 31	15 19
	3 8	15 22	25 30	A	16 11	24 15
	21 17	19 16	12 3	18 23	31 26	10 19
8	15 19	12 19	30 23	27 18	23 19	6 2
	24 15	24 6	15 11	15 22	26 23	31 24
	6 9	11 16	20 24	19 15	19 16	11 8
	13 6		28 19	10 19	14 18	19 23
	1 26		23 7	24 8	11 7	8 4
	18 15		3 10	4 11	10 14	24 19
			6 15	26 23	17 10	4 8
				17 7 10	6 15	19 15
				23 18		
				1 5		
				17 14		
				10 17		
				21 14		
				3 7		
				30 26		
				22 25		
	DRAWN.	DRAWN.	B WINS.	DRAWN	DRAWN.	DRAWN.

Anderson. Anderson.

FIFE.

6	7	8	9	10	11
7 10	6 10	8 12	21 17	7 10	18 14
31 26	18 14	13 9	13 22	18 15	6 10
4 8	10 17	6 13	26 17	2 6	14 9
22 27 23	21 14	17 14	2 5	23 18	7 11
10 15	11 15	26 2 6	31 26	8 11	27 24
26 22	23 19	A 14 9	6 9	15 8	10 14
8 12	15 24	6 10	17 13	4 11	9 6
A 21 17	28 19	9 6	9 14	27 24	14 17
23 ⎫	7 11	B 10 14	13 9	6 9	22 18
24 ⎬ 12 16	31 27	18 9	14 18	32 28	11 16
25 ⎭	3 7	1 10	23 14	10 14	20 11
24 19	27 23	5 1	10 17	19 15	8 22
15 24	1 6	10 14	19 10	14 23	
28 12	5 1	1 6	7 14	15 8	
11 16	6 10	14 17	27 23	23 27	
18 15	13 9	27 6 10	9 11	22 18	
6 9	10 17	17 26	24 19	27 31	
13 6	1 5	10 19	4 8	8 4	
1 26	17 22	26 31	28 24	31 27	
17 13	9 6	9 6	11 16	24 19	
26 30	2 9	28 13 17	24 20	A 27 24	
22 17	5 14	6 2	8 11	19 15	
30 25		29 17 22	29 25	24 19	
17 14		23 18	14 18	15 10	
		16 23	23 14	19 23	
A		24 19	16 30	18 15	
24 20				23 19	
12 16		A		4 8	
		14 10		13 17	
		6 9		15 11	
Same as Game at 31st Move.		10 6		17 22	
		1 10		19 6	
		5 1		22 27	
		30 9 14		6 1	
		18 9		26 31	
		19 14		1 6	
				19 16	
		B		6 13	
		13 17		16 7	
		22 13		8 11	
		15 22		7 16	
		6 2		20 11	
		10 15			
		2 7		A	
		31 16 19		13 17	
				4 8	
				17 22	
				18 15	
				27 24	
				8 11	
				9 14	
				19 16	
				12 19	
Drawn.	W. Wins.	Drawn.	B Wins.	Drawn.	B Wins.
	Anderson.	Anderson.	Drummond.	Anderson.	

FIFE

12	13	14	15	16	17
	29 25	11 16	3 8	30 25	11 27	12 16

12	13	14	15	16	17
	29 25	11 16	3 8	30 25	11 27	12 16
32	11 16	24 20	13 9	11 18	32 23	37 28 24
	26 22	15 24	6 22	23 14	8 11	16 20
	16 23	20 11	21 17	4 8	22 18	32 27
33	24 19	7 16	14 21	25 18	1 5	11 15
	15 24	28 19	23 14	15 22	18 9	23 18
	22 15	4 8	10 17	24 20	5 14	38 7 11
	10 19	29 25	19 3	11 15	29 25	A 30 26
	27 9	16 20	36 11 16	27 23	11 15	1 5
	12 16	30 26	24 20	15 24	25 22	26 23
	25 22	2 7	A B 1 5	28 19	3 7	6 10
	7 10	26 22	20 11	8 11	20 16	13 6
	9 5	12 16	8 15	32 28	7 11	2 9
34	4 8	19 12	28 24	1 5	16 7	17 13
35	22 18	7 11	5 9	23 18	2 11	9 14
	8 11	22 15	27 23	11 15	21 20	18 9
	17 14	10 26	12 16	18 11	15 24	5 14
	10 17	31 22	23 18	7 23	22 18	39 23 19
	21 14	11 16	16 19	11 7		15 18
	3 7	17 10	15 11	3 10		19 16
	14 9	6 15	19 28	28 24		10 15
	7 10	27 24	3 7	10 15		16 7
	32 27	20 27	4 8			3 10
	16 20	32 23	11 4			13 9
	30 26	16 20	2 11			22 25
	10 14	21 17	4 8			29 22
	27 23		11 15			18 25
	11 16		8 11			9 5
	26 22		15 18			25 30
	19 26		31 27			5 1
	28 12					14 18
	14 23		A			1 6
	22 18		1 6			30 26
	26 30		20 11			31 22
	18 15		8 15			18 25
	30 25		31 26			6 9
	15 11		22 31			25 30
			29 25			21 17
			31 24			30 26
			28 1			9 14
			12 16			26 22
			1 5			
			2 6			A
			3 7			30 25
			4 8			3 8
			30 26			
			21 30			
			8 3			
			B			
			16 19			
			27 24			
Draws.	W. Wins.	W. Wins.	B. Wins.	W. Wins.	Draws.

Anderson. Geo Mugridge.

FIFE.

18	19	20	21	22	23
7 11	10 14	23 19	27 23	21 17	3 8
27 23	24 20	15 18	31 27	10 15	23 19
8 12	2 7	19 16	23 19	26 22	6 10
22 17	28 24	11 15	11 16	3 7	13 9
11 16	8 11	16 11	20 11		1 6
17 14	16 12	15 19	27 20		17 13
10 17	7 10	24 15			
19 10	24 19	19 19			
6 15	11 15	11 8			
21 14	27 24	22 26			
16 20	18 23	8 4			
23 19	26 22	26 31			
20 27	23 27	4 8			
31 24	22 17	31 24			
15 18	27 32	8 11			
14 9	19 16	18 22			
18 23	14 18				
9 6	16 11				
1 10	15 19				
19 16	24 15				
	10 19				
	17 14				
	18 22				
	21 17				
W. WINS.	W. WINS.	B. WINS.	DRAWN.	DRAWN.	W. WINS.
Anderson.	Anderson	Anderson,			

FIFE.

24	25	26	27	28	29
2 7	3 7	13 17	22 18	31 26	17 21
18 14	23 19	22 13	15 22	6 2	42 2 7
A 11 16	7 10	15 22	6 10	26 22	21 25
14 9	24 20	14 10	17 21	2 6	7 3
6 10	15 24	22 26	10 14	13 17	25 30
23 18	28 19	10 7	22 26	6 9	23 18
7 11	10 15	26 31	23 18	17 21	
24 20	19 10	7 3	26 30	9 14	
15 19	6 15	31 26	18 15	22 26	
9 6	17 14	23 18	11 18	40 14 10	Same as Var. 28
19 23	2 7	26 23	14 23	21 25	at 16th Move.
6 2	14 9	18 14	21 25	10 7	
23 26	15 19	23 18	20 11	25 30	
2 7	9 6	3 7		7 3	
10 15	1 10	18 9		26 31	
18 14	5 1	13 6		23 18	
	19 23	2 9		16 23	
A	1 6	7 10		24 19	
3 8	10 15			30 25	
14 9	18 14			3 8	
15 19	23 26			31 27	
9 2	6 10			8 15	
19 26				27 24	
17 14				18 14	
26 31				25 21	
22 18				14 10	
				21 17	
				10 6	
				41 23 26	

| W. WINS. | W. WINS. | DRAWN. | DRAWN. | DRAWN. | DRAWN. |

A Mc'Kerrow J D Janvier E S Boughton

FIFE   193

30	31	32	33	34	35
10 14	22 26	3 8	24 20	10 15	32 27
1 5	7 10	43 26 23	7 11	32 27	16 20
13 17	26 31	11 16	28 24	16 20	30 26
22 6	10 19	30 26	3 8	27 23	10 15
15 22	31 26	7 11	31 26	19 26	47 13 9
5 9	13 9	24 20	1 5	28 10	6 13
11 17	26 31	15 24	26 19	6 15	17 14
9 14	9 6	28 19	5 9	30 23	2 7
17 21	1 10	11 15	32 28	4 8	14 9
23 18	5 1	20 11	2 7	17 14	8 12
21 25	10 14	15 24	30 26	8 12	21 17
	1 6	27 20	18 23	14 10	7 11
	A 14 18	18 27	27 18	15 19	17 14
		32 23	14 30	23 16	11 16
	A	8 15	17 14	12 19	14 10
	14 17	20 16	9 18	13 9	A 15 18
	6 10	12 19	22 17	19 23	22 15
	17 21	23 16	18 22	22 18	19 23
	10 7	44 14 18	25 18	23 27	26 19
	B 21 25	45 16 11	15 22	31 24	16 32
	7 3	46 18 22		20 27	28 19
	25 30	25 18		21 17	32 28
	23 18	15 22		27 31	10 6
		26 23		9 6	
	Same as Var 28 at 16th Move.	10 14		2 9	A
		17 10		17 13	13 17
		6 15		31 26	22 13
		31 27		13 6	15 18
		22 26		26 22	10 6
		27 24		6 2	1 10
		26 31		22 26	26 23
		23 19		2 9	19 26
		31 27		3 7	31 6
		19 10		9 14	24 31
		27 20		7 11	
	B	10 7		14 10	
	11 15	20 24		11 16	
	20 11	7 3		10 15	
	31 26	24 19		16 20	
	19 10	21 17		15 19	
	26 28	19 23		1 6	
		3 7		5 1	
				6 9	
				1 6	
				9 14	
				6 10	
				14 17	
				10 14	
				17 22	
				14 18	
W. Wins.	Drawn.	Drawn.	B. Wins.	W. Wins.	Drawn.

Anderson.   J. D. Janvier.   Anderson.   Geo. Whitcomb

194   FIFE.

36	37	38	39	40	41
1 6	23 18	1 5	13 9	14 17	17 14
3 7	16 19	18 11	11 16	21 25	
11 16	17 14	7 16	9 5	A 17 21	
7 3	1 5	30 25	3 7	25 30	
6 9	21 17	A 22 26	5 1	21 17	
21 20	11 16	31 22	22 26	30 25	
A 16 19	30 26	3 8	31 22	17 14	See End Game No. 19.
20 16	16 20	22 18	14 18	25 22	
9 13	32 27	2 7	23 14	14 10	
27 24	3 8	17 14	10 26	26 31	
19 23	27 23	8 12	1 6	B 10 14	
31 27	8 12	21 17	7 10	31 27	
12 19	23 16	7 11	21 17	14 9	
3 12	12 19	25 21	16 19	27 18	
22 26		11 15	6 9	19 15	
24 15		18 11	19 28	16 19	
		9 18		15 8	
A		29 25		19 28	
9 13		6 10			
20 11		17 14		A	
8 15		10 17		17 14	
28 24		21 14		25 30	
4 8				14 10	
27 23		A		26 22	
22 26		3 8		10 14	
31 22		25 18		30 26	
17 26		8 12		14 10	
23 19		17 14		26 31	
26 31		2 7		10 14	
19 10		29 25		31 27	
13 17		7 11			
24 20		21 17		B	
17 22		11 15		10 6	
20 16		18 11		31 27	
12 19		9 18		19 15	
3 12		17 14		27 18	
19 23				15 8	
12 8				16 19	
31 27					
10 7					
2 11					
8 15					
22 26					
15 19					
W. WINS.	B. WINS.	W. WINS.	B. WINS.	B WINS.	W. WINS.

E. S Boughton.

FIFE.

42	43	44	45	46	47
2 6	24 20	15 19	31 27	18 23	27 23
21 25	15 24	16 11	15 19	26 19	24 27
6 10	28 19	19 24	26 22	15 24	A 23 16
A 25 30	11 16	26 23	19 23		8 12
23 18	20 11	24 28	22 15		31 24
16 23	8 24	25 22	23 32		12 19
10 15	27 20	28 32	15 11		17 14
30 26	7 11	11 7	32 27		20 27
15 8	A 26 22	2 11	16 12		14 9
26 22	11 15	22 18	27 23		27 31
18 15	30 26	6 9	12 8		21 17
22 18	4 8	13 6	23 19		3 7
15 11	31 27	10 15	8 3		17 14
	2 7	18 9	10 14		6 10
A	27 24	1 10	17 10		
31 26	7 11	9 6	6 15		A
10 7	32 27	11 16	25 22		31 24
25 30	1 5	6 2	15 18		20 27
7 3	26 23	32 28	22 15		23 16
26 31	5 9	31 26	19 10		8 12
25 18		4 8	3 8		16 11
	A		2 7		12 16
Same as Var. 28 at 16th Move.	31 27		11 2		26 23
	10 15		4 11		27 31
	17 10		2 6		23 18
	18 23		10 14		15 19
	26 19				18 15
	15 31				16 20
	10 7				22 18
	11 15				31 27
	7 3				11 8
	15 18				3 12
	21 17				17 14
	1 5				27 23
	25 21				21 17
	18 23				19 24
	30 25				28 19
	31 26				23 16
	25 22				14 9
	26 31				20 24
	22 18				
	31 26				
	3 7				
	2 11				
	18 14				
	6 9				
	13 6				
	26 22				
	17 13				
	22 17				
	14 10				
DRAWN.	B. WINS.	DRAWN.	B. WINS.	DRAWN.	B. WINS.
	Anderson.	Anderson.	Anderson.		Geo. Whitcomb

AYRSHIRE LASSIE.

GAME.	1	2	3	4	5
11 15	4 8	23 18	22 18	26 23	22 17
24 20	23 19	4 8	15 22	9 14	13 22
8 11	15 18	14 26 23	25 18	22 18	25 9
28 24	22 15	15 19	3 8	15 22	5 14
1 { 9 13	11 18	24 15	26 22	25 9	29 25
2 { 23 19	32 28	10 26	5 9	5 14	15 18
3 {	9 10 14	30 23	A { 29 25	29 25	31 27
6 9	10 { 25 22	7 10	17 {	11 15	1 6
4 27 23	11 {	15 31 26	1 5	25 22	A 32 28
9 14	18 25	16 10 15	32 28	1 5	14 17
5 {	29 22	20 16	13 17	31 26	23 14
6 { 32 28	7 11	12 19	21 14	5 9	17 23
7 {	22 17	23 7	10 26	A 23 18	26 17
8 {	14 18	2 11	31 22	14 23	11 16
4 8	17 13	21 17	6 10	———	20 11
22 18	9 14	6 9	30 26	A	7 32
15 22	30 25	25 21	9 13	32 28	14 17
25 9	5 9	1 6	18 15	4 8	3 10
5 14	26 23	27 24	10 19	19 16	
19 16	12 A 3 7	8 12	23 16	12 19	A
12 19	19 15	32 28	12 19	23 16	26 22
24 6	13 7 10	3 8	24 15	7 11	4 8
1 10	24 19	24 19	11 18	16 7	22 15
29 25	18 22	15 24	22 15	2 11	11 18
10 15	25 18	28 19	13 17	27 23	30 25
23 19	12 16	16 10	25 21	8 12	8 11
15 24	19 3	17 14	8 12	24 19	32 28
28 19	10 26	10 17		15 24	14 17
8 12	31 22	21 14	A	28 19	23 14
26 23	14 32	11 16	30 25	11 15	11 16
7 10	———	19 15	1 5	19 16	20 11
25 22	A	16 19	32 28	12 19	7 30
11 15	11 15	29 25	10 14	23 16	
30 26	19 10	19 24	24 19	14 18	
15 24	6 15	15 11	14 17	30 25	
22 18	13 6	8 15	21 14	9 14	
3 7	1 10	18 11	6 10	16 11	
18 9	21 19	9 18	18 28 24	18 23	
12 16	15 24	22 15	10 26	26 19	
20 11	28 19	24 27	31 22	15 24	
7 16	2 6	25 21	9 14	20 16	
21 17	31 26	27 31	18 9	24 27	
	3 7	26 22	5 14	16 12	
	19 16	31 27	25 21	27 31	
	12 19	22 18	13 17	11 8	
	23 16	27 23	22 13	10 15	
	14 17	18 14	14 18	8 4	
	21 14	23 19	23 14	31 26	
	10 17		11 16		
DRAWN	DRAWN.	DRAWN.	DRAWN.	B. WINS.	B WINS.
	Anderson.	Anderson.	Anderson.	Anderson.	Anderson.

AYRSHIRE LASSIE   197

6	7	8	9	10	11
31 27	32 27	22 18	9 14	19 15	26 23
5 9	1 6	15 22	26 23	7 11	23 ⎱ 6 10
23 18	22 18	25 9	10 15	26 23	24 ⎰
14 23	15 22	5 14	19 10	9 13	25 30 26
27 18	25 9	29 25	6 15	31 26	26 1 6
11 16	5 14	11 15	19 ⎱ 30 26	2 7	26 22
20 11	26 22	25 22	20 ⎰	26 22	7 11
7 23	11 15	4 8	8 11	13 17	22 15
26 19	30 25	32 28	21 24 19	22 13	11 18
3 7	15 18	8 11	15 24	6 9	31 26
18 11	22 15	22 17	28 19	13 6	9 13
7 23	12 16	13 22	14 17	1 26	19 15
22 18	20 11	26 17	21 14	30 23	10 19
4 8	7 16	12 16	5 9	11 15	24 15
24 19	19 12	19 12	14 5	25 22	2 7
8 11	10 28	15 18	11 16	18 25	25 22
25 22	25 22	31 27	20 11	29 22	18 25
	6 9	18 22	7 16	22 5 9	29 22
	22 18	17 13	23 14	22 17	7 11
	28 32	1 6	16 32	9 13	22 18
	18 15	24 19	25 21	17 10	5 9
	2 6	14 18	32 28	7 14	26 22
	29 25	23 14	26 22	23 19	12 16
	32 28	10 17	28 24	15 18	27 24
	25 22	21 14	23 17	19 15	16 19
	28 32	11 16	24 19	18 22	23 7
	15 11	20 11	14 9	27 23	3 19
	32 28	7 31	19 15	22 26	24 15
		14 9	17 13	23 19	14 23
		32 27	15 11	26 31	22 18
		9 5	9 6	15 10	8 12
		2 7	1 10	31 27	
		5 1	21 17	10 7	
		22 26	11 15		
		1 10	5 1		
		7 14	12 16		
		30 23	29 25		
		27 18	16 20		
		13 9	25 21		
		18 15	15 18		
		9 6	13 9		
		14 18	18 14		
			9 6		
			2 9		
			17 13		
B. WINS.	B. WINS.	B WINS.	DRAWN.	DRAWN.	DRAWN.

Anderson.   Anderson.

AYRSHIRE LASSIE.

12	13	14	15	16	17
2 7	1 5	27 23	27 24	2 7	30 26
31 26	24 19	12 16	12 16	27 32 28	1 5
1 5	7 10	A 21 17	24 19	6 9	32 28
19 15	31 26	8 12	8 12	18 14	9 14
7 10	2 7	———		10 17	18 9
24 19	28 24	A		21 14	5 14
3 7	A 14 17	22 17		9 18	28 24 19
28 24	23 14	13 22		22 15	13 17
14 17	11 18	26 17		11 18	22 13
23 14	20 16	15 22		23 14	14 18
11 18	8 11	25 18		1 6	23 14
20 16	24 20	10 14		25 22	10 17
8 11	11 15	17 10		8 11	21 14
24 20	27 24	6 22		29 25	11 16
11 15	18 23	24 19		11 15	20 11
27 24	16 11	5 9		27 24	7 32
18 23	7 16	19 12		6 9	
16 11	14 7	11 15			
	23 30	21 17			
	19 1	8 11			
	———	17 13			
	A	9 14			
	18 22	32 28			
	26 17	14 17			
	11 18	13 9			
	19 15	7 10			
	10 26				
	19 1				
	7 10				
	13 6				
	10 15				
	21 17				
	26 30				
	25 21				
	30 26				
	6 2				
	26 23				
	1 6				
	23 32				
	6 10				
W. WINS.	W. WINS.	DRAWN.	DRAWN.	DRAWN.	DRAWN.

Anderson.   Anderson.   Anderson

AYRSHIRE LASSIE.

18	19	20	21	22	23
27 24	24 19	23 19	23 19	7 10	7 11
10 26	15 24	5 9	5 9	23 19	31 26
31 22	28 19	19 10	19 10	5 9	2 7
11 16	A 7 10	18 22	18 23	22 17	19 16
20 11	B 31 26	25 18	26 19	9 13	12 19
7 16	1 6	14 32	11 16	20 16	24 15
24 20	26 22	10 6	20 11	13 22	32 9 13
9 11	3 7	1 10	7 32	16 11	26 22
18 9	22 15	20 16	24 20	22 26	13 17
5 14	7 11	12 19	2 6	11 4	22 13
20 11	30 26	24 6		26 31	6 9
8 24	11 18	9 13		4 8	13 6
28 19	29 25 22	6 1		3 7	1 26
14 17	18 25	2 6		8 3	30 23
22 18	29 22	1 10		31 26	11 15
17 21	2 7	7 14		19 16	25 22
25 22	19 16			12 19	18 25
21 25	12 19			27 23	29 22
18 14	23 16			26 22	5 9
25 30	8 12			23 16	27 24
22 18	16 11			22 18	8 11
30 26	7 16			30 } 24 20	24 19
14 9	20 11			31 }	15 24
12 16	14 18			15 19	28 19
19 12	22 15			A } 16 11	7 10
23 16	10 19			B }	19 16
9 5	—			7 16	11 15
	A			20 11	16 11
	14 17			18 15	9 13
	21 14			11 8	20 16
	5 9			15 11	15 19
	14 5			8 4	22 18
	8 11			10 15	19 26
	23 14			3 8	18 9
	11 16			11 16	10 15
	20 11			—	9 6
	7 32			A	26 31
	—			3 8	6 2
	B			14 17	31 27
	21 17			21 14	2 6
	14 21			10 17	27 24
	23 7			8 11	6 10
	3 10			7 10	24 19
	27 23			11 15	16 12
	8 11			18 11	19 16
	31 26			16 7	10 19
	11 15			—	16 23
	19 16			B	
	12 19			16 12	
	23 16			18 15	
	15 19			3 8	
				14 17	
B. WINS.	DRAWN.		B. WINS.	DRAWN.	DRAWN

Anderson.

AYRSHIRE LASSIE.

24	25	26	27	28	29
9 13	31 26	9 13	18 14	22 18	20 16
19 15	1 6	19 16	10 17	14 17	6 9
7 11	26 22	12 19	21 14	21 14	A 26 22
31 26	9 13	24 6	11 15	10 17	10 15
2 7	22 15	1 10	32 28	A 18 14	19 10
26 22	7 11	28 24	8 11	17 22	12 26
13 17	30 26	34 10 15	27 24	———	22 15
22 13	11 18	26 22	6 10	A	26 30
6 9	19 15	8 12	25 21	18 15	10 6
13 6	10 19	23 19	10 17	11 18	9 13
1 26	24 15	7 10	21 14	23 14	6 1
30 23	2 7	20 16	1 6	17 22	14 17
7 10	33 25 22	3 7	29 25	26 17	21 14
25 22	18 25	24 20	6 10	13 22	30 21
18 25	29 22		25 21	27 23	27 23
29 22	7 11		10 17	8 11	21 17
11 15	22 18		21 14	24 19	23 19
22 17	5 9		7 10	11 16	17 10
8 11	26 22		14 7	20 11	———
23 19	12 16		3 10	7 16	A
14 18	27 24		24 19	28 24	25 22
17 14	16 19		15 24	16 20	18 25
10 17	23 7		28 19	23 18	29 22
21 14	3 19		11 15	20 27	9 13
18 23	24 15		19 16	31 24	22 18
	14 23		12 19	22 26	13 17
			23 16	19 15	18 9
			10 14	2 7	5 14
				24 20	27 24
				7 11	2 7
				15 8	24 20
				4 11	8 11
				29 25	
				26 30	
				25 22	
				30 26	
				22 17	
				26 23	
				17 13	
				23 26	
				14 9	
				6 10	
DRAWN.	DRAWN	DRAWN	B. WINS.	B. WINS.	B. WINS.
Anderson.		Anderson.	Anderson.	Anderson.	

AYRSHIRE LASSIE

80	81	32	33	34	35
16 12	3 8	7 10	26 23	8 12	4 8
18 23		21 17	8 11	24 19	12 16
A 12 8		14 21	15 8	7 11	20 11
23 27		23 7	7 10	19 15	3 12
24 20		3 19	22 15	10 19	11 7
15 19	See End Game No. 20.	27 23	10 26	23 7	14 17
8 4		19 24	8 4	3 10	21 11
27 23		28 19	26 30	20 16	30 21
4 8		11 15	35 27 24	12 19	7 2
23 18		19 10	30 26	27 23	21 17
20 16		6 15	4 8	18 27	
18 15		26 22	26 23	31 6	
8 11		9 14	24 19	2 9	
15 8		22 18	23 16	26 22	
3 12		15 22	20 11		
14 17		25 9	13 17		
21 14		5 14	28 24		
10 17		20 16	5 9		
12 8		8 12	24 19		
19 23		16 11	17 22		
		12 16	25 18		
A		11 7	14 23		
24 20		14 17	21 17		
15 19		29 25	23 26		
12 8		16 20	17 13		
23 18		7 2	9 14		
8 4		20 24	11 7		
18 15		2 7	3 10		
3 8		24 27	8 11		
14 17		7 10	26 31		
21 14		27 31	11 7		
10 17		10 14	31 27		
20 16		1 6	29 25		
7 10		23 19	6 9		
8 11		31 27	13 6		
15 8		19 15	27 23		
4 11		27 24	19 16		
19 23		15 11	12 19		
		24 20	6 2		
		11 7	23 26		
		6 10	2 6		
		14 9	10 15		
		10 14	25 21		
		9 18	14 18		
		17 22	7 11		
		18 15	19 24		
		22 29	6 10		
		15 19	15 19		
		29 25	10 15		
			18 23		
DRAWN.	B WINS.	DRAWN.	DRAWN.	W. WINS.	B. WINS

J. Nielson.   Anderson.

WILL O' THE WISP.

GAME.	1	2	3	4	5
	11 15	26 23	10 14	24 20	32 27	19 15
	23 19	5 9	18 9	6 10	11 16	18 7 10
	9 13	22 18	5 14	32 27	25 22	19 32 27
1	22 18	15 22	11 29 25	3 8	16 20	10 19
	15 22	25 18	8 11	14 } 25 22	15 19 16	24 15
	25 18	1 5	25 22	A }	12 19	20 2 7
2	5 9	29 25	6 10	1 5	24 15	28 24
	29 25	13 17	27 23	27 24	7 10	12 16
	10 14	21 14	4 8	11 15	27 24	24 19
	27 23	10 17	12 22 18	18 11	20 27	21 7 10
	8 11	31 26	14 17	8 15	31 24	19 12
3 } 25 22		9 13	21 14	19 16	10 19	10 19
4 }		25 22	10 17	12 19	24 15	23 7
	4 8	8 11	26 22	23 16	16 3 7	3 10
5	24 20	24 20	17 26	14 17	17 15 10	12 3
	6 10	6 9	31 22	21 14	6 15	14 32
	28 24	28 24	7 10	9 25	18 11	31 27
	1 5	4 8	24 20	30 21	7 16	32 23
6	32 28	32 28	2 6	—	23 18	26 19
	11 17	2 6	32 27	A	14 23	10 15
	21 14	13 10 15	18 15	26 12	19 10
	10 17		19 10	11 18	9 14	6 15
	31 27		6 15	26 22		3 7
7	2 6	Same as Game	27 24	1 6		15 19
8	19 16	at 23rd Move.	13 17	22 15		7 10
	12 19		22 13	13 17		19 23
9	23 16		15 22	25 22		22 10 15
	6 10		23 18	17 26		23 27
	27 23		1 6	31 22		A 15 18
	9 14		18 14	9 13		27 32
	18 9		12 16	22 18		18 23
	5 14		14 9	7 11		9 14
10	22 18		6 10	18 9		30 25
	10 15		9 5	11 18		1 5
	18 9		10 14	23 7		22 18
	15 19		5 1	2 11		
	24 15		16 19	9 2		A
	11 27		24 15	11 16		21 17
	26 23		11 18	20 11		1 6
	27 31			8 31		15 18
	23 18					6 10
	31 27					18 23
	9 6					27 32
						30 25
						32 28
						23 19
						28 32
						25 21
						32 27
						19 16
						10 15
						16 11
						15 18
DRAWN.	DRAWN.	DRAWN.	DRAWN.	DRAWN.	DRAWN.
	Anderson.	Anderson.	Anderson.	Anderson.	C. H. Irving.

WILL O' THE WISP.

6	7	8	9	10	11
32 27	17 21	19 15	24 15	16 12	27 23
14 17	19 16	17 21	17 21	11 15	8 11
21 14	12 19	24 19	23 19	24 19	26 22
10 17	23 16	7 10	7 10	15 24	6 10
19 15	2 6	21 24	27 27 24	28 19	22 18
A 9 14	16 12	3 7	10 14	8 11	31 14 17
18 9	6 10	19 16	15 10	28 19 16	21 14
11 25	27 23	12 19	14 23	17 21	10 17
30 14	9 14	23 16	10 1	22 18	18 14
7 10	18 9	10 19	21 25	14 17	1 5
14 7	5 14	24 15	30 21	18 14	29 25
5 14	22 18	8 12	23 30	17 22	2 6
26 22	14 17	15 8	22 18	26 17	31 26
3 10	18 14	12 19	30 26	13 22	17 21
22 18	17 22	8 3	1 6	14 9	25 22
14 17	26 17	7 10	26 23	22 25	6 10
24 19	13 22	3 7	19 16	9 6	25 20
17 22	14 9	25 10 14	23 14	10 15	10 17
18 15	22 26	26 18 15	16 7	29 23 18	32 27
13 17	9 6	21 25	3 10	15 22	A 4 8
15 6	26 31	30 21	6 15	6 2	23 18
2 9	24 23 19	14 17	13 17	25 29	7 10
20 16	11 15	21 14	15 18	2 6	27 23
9 13	6 2	9 25		29 25	5 9
27 24	8 11	7 11		6 2	19 16
22 26	2 6	25 30		30 7 10	12 19
31 22	31 27	20 16		16 7	23 7
17 26	19 16	30 23		10 15	10 14
16 11	10 11	15 10		20 16	7 2
8 15	6 19	6 15		3 10	14 23
19 10	14 17	11 27		2 7	26 19
26 31	10 19	5 9		15 19	17 26
23 19	17 22	16 11		7 14	30 23
31 27	19 23	9 14		22 26	A
24 20	27 18	11 7		30 23	11 15
27 21	12 8	14 18		19 26	19 10
19 15	3 19				7 14
24 19	24 8				27 24
20 16					4 8
A					32 20 16
2 6					12 19
21 19					24 15
23 7 10					33 8 12
19 16					15 10
10 19					3 8
16 7					10 7
3 10					8 11
23 16					7 2
12 19					11 16
18 14					
DRAWN.	DRAWN.	DRAWN.	DRAWN.	DRAWN.	DRAWN.
C. H. Irving.	Anderson.	Anderson.	Anderson.	C. H. Irving.	Anderson

WILL O' THE WISP.

12	13	14	15	16	17
24 20	13 17	26 22	18 15	6 10	28 24
11 15	22 13	11 16	4 8	15 6	7 11
28 24	10 15	20 11	15 10	1 10	15 8
1 5	19 10	8 24	6 15	18 15	4 11
34 { 32 28	6 22	28 19	19 10	10 19	24 19
5 9	23 18	2 6	8 11	23 16	6 10
35 } 19 16	3 7	30 26	24 19	4 8	19 15
36 {	18 14	4 8	11 15	26 23	10 19
12 19	11 15	16 15	27 24	2 7	23 7
23 16	30 26	7 11	20 27	16 12	2 11
14 18	22 31	22 18	31 24	8 11	26 23
37 } 22 17	13 9	11 16	7 11	28 24	1 5
38 {	31 24	26 22	24 20	7 10	
13 22	28 3	16 20	15 24	30 25	
26 17		27 24	28 19		
9 13		20 27	11 15		
30 26		31 24	19 16		
13 22		12 16	12 19		
26 17		19 3	23 16		
8 11		10 26	14 18		
17 13		18 15			
2 6		26 31			
31 26		24 20			
10 14		31 27			
16 12		20 16			
7 10		27 23			
24 19		16 12			
15 24		23 19			
28 19		15 11			
11 15		1 5			
19 16		11 7			
18 23		19 23			
26 19		3 8			
15 24		23 26			
16 11					
10 15					
11 7					
3 10					
12 8					
15 19					
8 3					
10 15					
3 7					
6 10					
7 11					
Drawn.	W. Wins.	Drawn.	B. Wins.	W. Wins.	B. Wins.
Anderson.	Anderson.		Anderson.	Anderson.	Anderson.

WILL O THE WISP.

18	19	20	21	22	23
12 16	24 19	12 16	16 20	30 25	17 21
24 19	2 7	22 17	22 17	23 27	19 16
16 20	31 27	13 22	13 22	10 15	12 19
28 24	12 16	26 10	26 10	9 14	23 16
20 27	19 12	8 12	7 14	15 19	39 8 12
31 24	10 19	15 8	30 26	27 31	15 8
7 10	23 16	6 22	3 7	19 23	12 19
24 20	11 20	21 17	27 24	1 5	8 4
2 7	26 23	9 13	20 27	22 18	40
32 27	8 11	17 14	31 24	13 17	41 } 19 24
1 5	A 28 24	13 17	7 10	18 9	A
30 25	6 10	28 24	24 20	5 14	18 15
8 12	24 19	1 6		23 19	42 24 28
15 8	1 5	8 4		31 27	27 24
14 17	32 28	16 20		19 15	43 7 10
21 14	11 16	4 8		27 24	20 16
10 17	18 15	2 7		15 10	10 19
25 21	14 17	24 19		24 19	24 15
6 10	15 6	17 21		10 6	28 32
21 14	17 26	23 18		19 15	15 10
10 17	19 15	22 25		6 9	6 15
8 4	7 10	18 15		15 18	31 27
17 21	15 11	25 29		9 13	32 23
4 8	26 31	4 8		17 22	26 10
21 25	6 1	29 25		13 17	9 14
18 14	31 24	31 26			16 12
9 13	28 19	12 16			14 17
22 15	10 14				22 18
25 30	11 7				17 22
20 16	3 10				4 8
13 17	12 8				22 25
8 11	10 15				8 11
30 25					25 29
11 2	A				11 15
25 22	30 25				29 25
27 24	6 10				10 6
22 31	28 24				25 22
24 20	1 5				15 10
31 27	23 19				
2 6	14 23				A
	27 18				6 10
	20 27				18 15
	32 23				10 14
	10 15				4 8
W. WINS.	B WINS.	DRAWN.	W. WINS.	DRAWN.	W. WINS.
Anderson.	Wm. Black.	Anderson.	Anderson.	C. H. Irving.	C. H. Irving.

24	25	26	27	28	29
6 2	10 15	7 11	27 23	22 18	6 2
10 15	18 11	14 23	10 14	17 22	25 29
23 19	6 10	11 15	28 24	26 17	2 6
15 18	7 14	19 24	13 17	14 21	29 25
19 15	9 25	28 19	22 13	19 16	6 9
31 27	11 7	23 27	14 17	10 15	25 22
24 19	25 29	15 18		18 14	9 13
27 23	7 3	6 10		15 18	15 19
19 16	29 25	18 23		23 19	13 9
23 27	3 7	27 31		18 23	19 26
2 6	13 17	19 15		14 9	30 23
18 22	7 11	10 19		23 27	21 25
15 10	25 22	23 16		9 6	9 6
7 14	11 16	31 27		27 31	25 30
16 7	22 31	16 11		6 2	6 2
3 10	16 23	9 14		31 27	30 26
6 15	17 22	11 7		19 15	23 19
14 17	23 18	5 9		11 18	26 23
12 3		A 7 2		2 11	2 6
22 26		27 24		18 23	23 27
30 23		2 6		11 8	
		24 19		23 26	
		6 1			
		14 18			
		22 15			
		19 10			
		1 5			
		9 14			
		26 23			
		10 15			
		5 9			
		14 17			
		A			
		20 16			
		27 31			
		7 10			
		14 18			
		22 15			
		31 22			
		16 11			
		22 17			
		10 6			
		9 14			
		15 10			
		14 18			
		11 7			
		18 23			
		7 3			
		17 22			
		6 9			
		22 18			
DRAWN.	W. WINS.	DRAWN.	B. WINS.	B WINS.	B. WINS.
Anderson.	Anderson.	Anderson.	Anderson.	Anderson.	Anderson.

WILL O' THE WISP.

30	31	32	33	34	35
22 26	1 5	24 19	8 11	22 17	31 27
30 23	18 9	8 11	15 8	13 22	8 11
25 22	5 14	22 18	3 12	26 17	19 16
23 19	29 25	3 7	28 24	5 9	12 19
	11 15	18 9	14 18	17 13	23 16
	A 25 22	5 14	23 14	15 18	14 18
	14 17	19 16	12 16	13 6	30 25
	21 14	12 19	14 9	18 27	9 14
	10 26	23 16	5 14	32 23	16 12
	44 31 22	14 18	22 18	2 9	14 17
	4 8	16 12	14 23	30 25	21 14
	19 10	11 15	26 12	9 13	10 17
	7 14	12 8	17 22	31 26	25 21
	22 18	7 10	12 8	8 11	18 25
	14 17	8 3	22 25	25 22	21 14
	18 14	10 14	8 3	11 15	25 30
	17 22	3 7	25 29	20 16	26 23
	14 9	15 19	3 7	14 17	15 18
	13 17	7 11	29 25	21 14	14 9
	9 5	18 22	7 10	10 17	18 22
	17 21	11 16	25 22	19 10	23 18
	5 1	22 31	10 14	12 28	22 26
	22 25	16 23			18 14
	1 5	17 22			30 25
	25 29	20 16			9 5
	5 9	22 25			25 22
	29 25	16 11			5 1
	23 18	25 29			22 17
		11 7			14 9
	A	29 25			17 14
	31 26	7 2			
	4 8	25 22			
	25 22	2 6			
	8 11	22 18			
	24 20				
	15 21				
	25 19				
	11 15				
	32 28				
	15 24				
	28 19				
	3 8				
	22 18				
	14 17				
	21 14				
	10 17				
	19 16				
	12 19				
	23 16				
	8 12				
	18 15				
	12 19				
	26 22				
B. WINS.	DRAWN.	B. WINS.	W. WINS.	B. WINS.	B. WINS.
C. H. Irving.	Drummond.	Anderson.	Anderson	Anderson	Anderson.

WILL O' THE WISP.

36	37	38	39	40	41
30 25	16 11	30 25	7 10	7 11	7 10
2 6	18 25	18 23	16 7	27 23	20 16
19 16	11 4	26 19	10 19	19 24	10 14
12 19	7 11	8 12	27 23	23 19	27 23
23 16	26 23	31 26	3 10	A 24 28	14 17
15 19	9 14	9 14	23 16	19 15	16 12
24 15	23 19	26 23	8 12	28 32	19 24
10 19	25 29	14 18	16 11	15 8	
31 27	19 16	2 14	A 10 14	3 12	
8 11	29 25	10 26	26 23	18 15	
27 23	16 7	19 10	12 16	32 28	
6 10	2 11	12 19	11 7	4 8	
16 12	31 26	24 15	16 19	28 24	
10 15	14 18	7 14	23 16	8 11	
23 16	24 19		14 23	24 19	
15 19	15 24		7 2	15 10	
26 23	28 19		6 10	6 15	
19 26	18 23		2 6	11 18	
28 24	19 16		10 14	19 24	
11 15	11 15		22 17	18 15	
16 11	26 19		13 22	24 28	
7 16	15 24		6 13	15 19	
20 11	16 12			28 32	
26 31	25 22		A	20 16	
11 8	4 8		12 16		
31 26	22 18		26 23	A	
	8 11		10 15	6 10	
	10 14		11 7	22 17	
	11 16		15 19	13 22	
	24 27		20 11	26 17	
	16 19		19 26	9 13	
	27 31		30 23	19 16	
	20 16		6 10	13 22	
	18 23		7 2	16 7	
	19 26		10 14		
	31 22		2 6		
	16 11		21 25		
	22 18		18 15		
	11 8		25 30		
	18 15		22 18		
B. Wins.	B. Wins.	B. Wins.	W. Wins.	W. Wins.	W. Wins.
Anderson.	Anderson.	Anderson.	C. H. Irving.	C. H. Irving.	C. H. Irving.

WILL O'THE WISP.

42	43	44
7 10	28 32	19 10
27 23	15 10	7 14
10 19	6 15	31 22
23 16	4 8	14 17
24 28	3 12	22 18
16 12	31 27	17 22
28 32	32 23	18 14
4 8	26 3	13 17
32 28	9 14	14 9
8 11	3 7	17 21
28 24	14 17	9 5
11 15	22 18	22 25
24 28	17 22	5 1
20 16	18 14	25 29
	22 25	1 5
	7 10	29 25
	25 29	5 9
	10 15	25 22
	29 25	23 19
	15 18	3 7
	13 17	
	24 19	
	25 29	
	18 15	
	29 25	
	20 16	
W. WINS.	W. WINS.	DRAWN.
C. H. Irving	C. H. Irving	D. Janvier.

SECOND DOUBLE CORNER.

GAME.	1	2	3	4	5
11 15	27 20	9 14	10 14	25 22	9 13
24 19	8 11	22 18	25 22	16 20	24 19
15 21	22 18	5 9	11 16	29 25	11 16
1 28 19	10 15	25 22	−12 } 30 25	10 14	14 9
2 8 11	7 23 21	8 11	13 }	18 15	5 14
22 18	15 22	−9 } 30 25	16 20	4 8	18 9
3 11 16	25 18	−10 }	22 17	22 18	6 10
−4 18 14	7 10	1 5	14 7 11	7 11	25 22
9 13	29 25	22 17	17 10	26 22	3 7
23 11	10 15	9 13	6 24	11 16	9 5
16 23	25 22	18 9	32 28	27 24	7 11
27 18	6 10	5 14	3 8	20 27	22 18
10 17	23 19	32 28	28 19	31 24	2 6
21 14	9 14	13 22	20 24	18 20	26 22
12 16	18 9	25 9	27 20	32 27	6 9
26 23	5 14	6 13	11 16	6 10	5 1
6 9	26 23	29 25	20 11	15 6	9 14
31 27	1 6	11 15	8 24	1 10	18 9
4 8	30 26	25 22	23 19	30 26	11 15
25 21	4 8	15 24	24 28	2 6	27 24
8 12	22 17	A 27 20	25 22	22 17	27 27
27 24	8 15 18	3 8	28 32	9 13	1 6
16 20	32 24	23 19	29 25	18 2	
32 27	18 27	8 11	32 28	13 31	
1 6	20 16	26 23	26 23	25 22	
29 25	11 20	11 15	4 8	8 11	
7 11	19 15	23 18	21 17	22 17	
30 26	10 19	15 24	1 6	5 9	
5 11 16	17 1	28 19	17 13	23 18	
25 22	19 23	4 8	2 7	11 16	
6 6 10	26 19	18 15	−15 19 15	27 23	
14 7	27 32	10 14	28 24	20 27	
3 10	19 16	15 19	25 21	17 14	
22 17	20 27	7 11	24 28	10 17	
9 13	31 24	10 7	15 10	21 5	
26 22	12 19	14 18	7 14	27 32	
2 7	24 15	22 15	22 17	2 6	
18 14		11 18	6 10	31 26	
		A		6 10	
		28 19		32 27	
		4 8		5 1	
		22 18		27 24	
		13 17		18 15	
		21 14		26 22	
		10 17		1 6	
		26 22			
DRAWN.	DRAWN.	DRAWN.	DRAWN.	B. WINS.	DRAWN
	Sturges.	Drummond.	J. D. Janvier.	Anderson.	Anderson.

SECOND DOUBLE CORNER.

6	7	8	9	10	11
3 7	25 22	3 7	22 17	29 25	18 15
24 19	15 19	17 13	9 13	11 16	11 18
6 10	23 16	15 19	18 9	A 18 15	22 15
22 17	12 19	31 27	13 22	4 8	4 8
2 6	29 25	18 22	26 17	B 22 18	A } 26 22
26 22	9 14	26 17	6 22	7 11	B {
9 13	18 9	11 15	30 26	26 22	12 16
14 9	5 14	23 18	11 15	16 20	19 12
5 14	32 27	15 22	26 17	31 26	10 26
18 2	4 8	19 15	15 24	11 16	22 17
7 11	27 23	10 28	27 20	32 28	6 10
22 18	−16 8 12	17 3	10 15	3 7	31 22
13 22	23 16	22 26	29 25	———	9 13
2 6	12 19		15 19	A	27 23
10 15	31 27		23 16	27 24	5 9
19 10	6 10		12 19	4 8	———
22 26	27 23		31 26	17 24 20	A
18 15	3 8		4 8	8 11	25 22
11 18	23 16		25 22	31 27	14 18
23 14	8 12		8 11	9 13	23 14
26 31	26 23		17 14	18 9	9 25
27 23	12 26		11 15	11 15	29 22
31 26	30 23		21 17	20 11	7 11
23 18	10 15		1 5	15 31	22 18
26 22	22 17		17 13	11 8	10 14
	7 10		19 24	———	18 9
	25 22		22 17	B	11 8
	2 7		15 18	23 18	———
	28 24		32 28	14 23	B
	1 5		24 27	27 18	32 28
	23 19			16 23	7 11
	14 18			26 19	26 22
	17 14			10 14	11 18
	18 25			31 27	22 15
	19 16			14 23	3 7
	10 17			27 18	30 26
	21 14			7 10	7 11
				32 27	26 22
				10 14	11 18
				27 23	22 15
				3 7	2 7
				22 17	
				7 11	
				17 10	
				9 14	
DRAWS.	DRAWN.	DRAWN.	B. WINS.	B. WINS.	B WINS
Anderson.	Sturges.	Sturges.	Drummond.	Drummond.	Drummond.

SECOND DOUBLE CORNER.

12	13	14	15	16	17
27 24	22 17	4 8	18 15	22 17	32 28
16 20	9 13	17 10	28 24	19 23	16 20
32 28	18 9	6 24	23 18	26 19	31 27
20 27	13 22	32 28	7 10	8 12	7 11
31 24	26 17	8 11	31 26	17 10	18 15
4 8	6 22	28 19	24 20	6 24	11 18
25 29	A 30 26	11 16	26 23	28 19	22 15
6 10	5 9	–20 21 17	20 16	11 16	1 5
19 16	26 17	7 10	22 17	20 11	A 19 16
12 19	9 14	17 13	16 11	7 32	12 19
24 6	17 10	21 9 14	25 21		23 16
1 10	7 14	18 9	12 16		10 19
28 24	29 25	5 14			24 15
8 11	4 8	26 22			8 11
24 19	–18 19 15	3 8			15 8
3 8	16 19	13 9			3 19
19 15	23 16	8 11			25 22
10 19	12 19	22 18			9 13
23 16	31 26	14 17			27 23
11 20	2 6	25 21			19 24
	–19 32 28	17 22			28 19
	14 18	21 17			6 9
	21 17	A 22 26			22 18
	6 9	31 22			20 24
	17 14	1 5			19 16
	9 13	9 6			24 28
	14 10	2 9			16 11
	13 17	17 13			28 32
	10 6	9 14			11 8
	1 10	18 9			32 27
	15 6	5 14			8 4
	17 21	22 18			27 31
	26 22	14 17			26 22
		29 25			31 26
	A	17 22			
	30 25	18 14			A
	7 10	10 17			26 22
	25 18	25 18			12 16
	10 14	17 22			19 12
	18 9	19 15			10 26
	5 14				30 23
		A			8 11
		1 5			23 19
		17 14			11 16
		10 17			19 15
		19 15			16 19
		5 14			15 11
		15 8			19 23
		16 19			27 18
		18 9			20 27
		19 26			18 15
		9 6			
B. WINS.	DRAWN	DRAWN.	B. WINS.	B. WINS.	B. WINS.
Sturges.	Jas. Asn.	Sturges.	J. D. Janvier.	Wyllie.	Drummond

SECOND DOUBLE CORNER.

18	19	20	21		
25 22	26 22	26 22	1 6		
8 11	14 18	7 10	25 22		
32 28	22 17	18 15	9 14		
16 20	6 9	10 14	18 9		
A 28 24	14 17	15 11	5 14		
3 7	9 13	14 18	22 18		
31 26	14 10	22 15	14 17		
7 10	19 23	9 14	26 22		
22 17	15 11		17 26		
11 15	8 15		31 22		
26 22	25 22		3 7		
1 5	18 25		29 25		
17 13	27 11		7 11		
5 9	25 30		25 21		
13 6	11 7		6 9		
2 9	30 26		22 17		
21 17			9 14		
14 21			18 9		
23 18			11 15		
10 14			27 24		
18 11			20 27		
21 25					
11 7					
25 30					
7 2					
9 13					
2 6					
30 25					
A					
27 24					
20 27					
31 24					
1 5					
24 20					
3 7					
22 17					
7 10					
17 13					
5 9					
B. WINS.	B. WINS.	B WINS.	DRAWN.		
Jas. Ash.	Jas. Ash.	Sturges.	Sturges		

DEFIANCE.

GAME.	1	2	3	4	5
	11 15	4 8	6 9	25 22	10 15
	23 19	25 22	25 22	7 11	22 17
	9 14	11 15	9 13	14 24 20	4 8 11	6 10
	27 23	7 32 27	A 24 20	15	A 22 17	17 13
	8 11	8 11	11 15	15 24	11 15	1 6
	22 18	22 17	32 27	28 19	32 28	26 23
	15 22	A 14 18	15 24	11 15	15 24	4 8
	25 9	23 14	28 19	32 28	28 19	30 26
	5 14	11 16	11 7 11	15 24	7 11	A 8 12
	29 25	8 26 23	22 18	28 19	19 16	31 27
1,2 { 11 15	9 6 9	1 5	6 9	12 19	19 3 7
3 24 20	14 5	18 9	22 18	23 7	27 24
	15 24	15 18	5 14	4 8	2 11	15 18
	28 19	23 14	12 19 16	16 20 16	26 23	24 19
4 7 11	16 32	12 19	3 7	3 8	18 27
	19 16	24 19	23 7	26 22	30 26	32 23
	12 19	2 6	2 11	17 9 13	8 12	11 15
	23 7	17 13	27 23	18 9	31 27	19 16
	2 11	10 17	4 8	8 11	6 9	12 19
	25 22	21 14	26 22	30 26	17 13	23 16
5,6 { 6 9	6 9	10 15	11 20	1 6	14 17
	26 23	13 6	20 16	18 22 18	27 24	21 14
	4 8	1 17	11 20	20 24	11 15	10 17
	22 18	10 5 1	30 26	19 16	23 19	—
	1 5	7 11	15 19	12 19	14 18	3 7
	30 26	1 6	23 16	23 16	20 16	26 22
	9 13	11 16	14 17	24 28	18 23	15 18
	18 9	19 15	—	16 12	26 22	22 15
	5 14	16 20	A	28 32	23 27	11 27
	23 19	15 11	22 18	12 8	16 11	32 23
	11 15	12 16	14 17	7 11	27 31	7 11
	32 28	—	21 14	8 3	11 7	23 19
	15 24	A	10 17	10 15	—	8 12
	28 19	1 5	19 15	3 8	A	31 27
	14 18	17 13	4 8	15 22	10 15	11 15
	21 17	6 9	26 22	26 17	19 10	27 24
	13 22	13 6	17 26	13 22		15 18
	26 17	2 9	31 22	8 15		20 16
		24 20	2 6	22 25		6 9
		15 24	24 20	21 17		13 6
		28 19	13 7 10	25 29	Same as Var. 7	10 15
		9 13	30 26	15 10	at 5th Move.	
		19 16	10 19	1 5		
		12 19	23 7	9 6		
		23 16	3 10	2 9		
		10 15	32 27	17 13		
		27 23	6 9			
		15 19	27 23			
		26 22	8 11			
		19 26	28 24			
		30 23	10 14			
		7 10	21 19			
			1 6			
	DRAWN.	DRAWN.	DRAWN.	DRAWN.	DRAWN.	DRAWN.
		Anderson.	Anderson.	Anderson.	Anderson.	Anderson.

DEFIANCE.

6	7	8	9	10	11
4 8	24 20	27 23	15 18	19 15	4 8
22 17	15 24	15 18	A } 24 20	21 3 8	22 18
8 12	28 19	24 20	B	5 1	14 17
26 23	A 10 15	18 27	1 5	7 11	21 14
11 15	19 10	31 24	20 11	15 10	10 17
32 27	6 15	16 23	7 16	11 16	19 15
A 15 18	22 18	26 19	14 7	1 6	22 } 17 22
30 25	15 22	1 5	2 11	16 20	A
3 8	26 10	30 26	23 14	6 9	26 17
23 19	7 14	3 8	16 32	32 27	13 22
6 9	20 31 26	26 23	30 26	31 24	15 11
19 16	8 11	A 6 9	12 16	20 27	8 15
12 19	26 22	23 18	17 13	9 14	18 11
27 23	11 15	9 13	16 20	17 21	7 16
19 26	22 17	19 16	26 22	14 18	20 11
31 26	2 7	12 19	32 27	8 11	12 16
1 10	17 10	24 6	31 24	18 23	27 24
17 13	7 14	2 9	20 27	27 32	16 20
	30 26	18 15	22 17	10 7	23 18
A	1 6	9 18	6 10	11 16	20 27
15 19	26 22	15 10	14 7	23 26	31 24
23 16	15 19		3 10	32 27	1 6
12 19	23 16	A	17 14	7 3	18 14
27 23	12 19	8 11	10 17	27 31	6 10
19 26	20 16	17 13	21 14	26 22	14 7
30 23		10 17	27 31	15 19	3 10
6 9	A	21 14	13 9		
31 26	8 11	6 9			A
9 13	22 17	13 6	A		1 6
26 22		2 27	30 25		23 19
3 8	Same as Var 4 at 4th Move.	19 16	6 9		7 11
20 16		12 19	14 5		26 22
1 5		24 8	2 6		17 26
16 12		7 10	23 14		31 22
8 11			16 32		2 7
12 8			17 13		30 25
11 16			10 17		7 10
8 3			21 14		25 21
16 20			6 9		12 16
3 7			13 6		19 12
20 24			1 17		10 19
7 11			24 20		18 14
24 27					11 15
11 16			B		14 10
27 31			17 13		6 9
23 19			10 17		10 7
			21 14		3 10
			7 10		12 3
			14 7		10 14
			2 11		
			23 14		
			16 32		
W. WINS.	DRAWN.	DRAWN.	DRAWN.	DRAWN.	Drawn.
Anderson.	J. W. Howard.				Anderson.

DEFIANCE.

12	13	14	15	16	17
26 22	6 9	22 18	22 17	18 15	1 5
11 15	32 27	15 22	11 16	1 6	22 17
30 26	9 14	26 17	24 20	26 22	A 8 11
15 24	18 9	11 15	15 24	9 13	30 26
22 18	11 25	24 20	28 19	A 22 18	11 20
24 28	30 21	15 24	3 8	3 7	19 15
18 9	8 11	28 19	20 11	18 9	10 19
28 32	23 27 24	4 8	8 24	13 17	17 3
27 24	11 15	30 26	32 28	21 14	19 24
10 15	24 23 19	8 11	24 27	6 13	3 8
23 19	15 18	19 16	31 24	15 6	2 7
15 18	9 6	12 19	4 8	2 27	8 3
19 15	1 10	23 7	24 20	31 24	7 11
18 22	19 16	2 11	8 11	7 10	3 7
26 17	12 19	26 23	26 22	30 26	11 16
13 22	24 6	3 8	6 9	8 11	7 10
24 19	7 11	31 26	17 13	26 22	24 27
32 28	6 2	8 12	10 15	10 14	31 24
21 17	18 23	32 27	13 6	—	20 27
28 24		11 15	1 10	A	18 14
17 13		17 13	28 24	30 25	9 18
2 7		15 19	2 6	14 17	23 14
		23 16	22 17	21 7	27 31
		12 19	15 18	2 27	26 22
		25 27 23	23 19	31 24	31 26
		19 24	18 23	6 10	14 9
		26 22	19 15	22 18	—
		10 15		8 11	A
		22 17		25 21	9 13
		15 18		13 17	18 9
					13 22
					30 26
					5 14
					26 17
				Same as Old Fourteenth	8 11
				Var. 120 at 10th Move.	31 26
					11 20
					19 15
					10 19
					23 16
B. Wins.	Drawn.	Drawn.	Drawn.	B. Wins.	Drawn.
	John M'Lean.			Drummond.	Anderson.

DEFIANCE.

18	19	20	21	22	23
31 27	15 18	23 19	12 16	2 6	23 18
1 5	27 23 19	8 11	15 11	23 19	7 10
22 18	11 15	31 26	7 10	17 22	18 14
5 14	27 24	3 7	5 1	26 17	10 17
18 9	18 23	26 23	10 14	13 22	21 14
13 17	26 22	14 18	1 6	27 24	13 17
21 14	23 26	23 14	17 21	1 5	14 10
10 17	20 16	11 16	11 7	20 16	17 22
19 16	3 7	20 11	3 10	7 10	9 6
12 19	22 17	7 23	6 15	18 14	22 26
23 16	26 31	14 10	16 20	10 17	6 2
17 21	24 20	12 16	28 24	16 11	26 31
26 26 22	15 24	21 17	20 27	17 21	28 2 7
21 25	16 11	16 19	31 24	11 4	31 24
27 23	7 16	17 13	32 27	22 25	28 19
7 10	20 11	19 24	24 20	4 8	1 6
22 18	31 26	13 9	27 24	25 29	10 1
25 30	11 7	24 27	20 16	8 11	3 10
23 19	26 22	9 5	14 17	6 9	1 6
30 26	7 2	27 31	15 18	15 10	11 15
18 15	6 9	30 25	24 19	29 25	19 16
10 14	13 6	31 26	16 12	31 26	12 19
15 11	22 13	32 28	19 16	9 13	20 16
20 23	6 1	26 30	12 8	11 15	10 14
11 8	10 15	25 22	16 20		6 10
14 17	2 6	30 26	8 3		14 18
8 3		22 17	20 24		16 12
17 22		26 22	3 7		18 22
3 8		17 13	24 28		10 11
22 26		22 18	7 10		22 26
3 12		28 24	28 24		14 10
		18 14	10 14		26 31
			24 28		12 8
			14 9		19 23
			28 24		
			9 13		

DRAWN.	DRAWN.	B. WINS.	W. WINS.	W. WINS.	B. WINS.
Anderson.	Anderson.	J. W. Howard.		Drummond.	John M'Lean.

DEFIANCE.

24	25	26	27	28
24 19	20 16	26 23	21 17	27 24
15 24	14 18	21 25	14 21	31 27
28 19	16 11	23 19	23 7	2 7
7 11	10 15	25 30	3 10	27 23
23 18	11 7	19 15	26 23	7 16
3 7	6 10	30 26	21 25	12 19
A 19 15	26 23	16 12	27 24	24 15
1 5	19 26	26 22	25 30	23 18
—	7 2	27 23	32 28	15 11
A	15 19	20 24	30 26	18 15
9 5	2 7	12 8	23 19	11 8
7 10	10 15	22 26	11 15	15 6
18 14		23 18	20 16	8 4
10 17		26 22	26 23	6 10
21 14		8 3		20 16
13 17		7 10		1 6
14 10		15 6		28 24
11 15		22 15		6 9
		6 1		24 19
		15 10		9 13
		3 8		16 12
		10 14		10 7
				4 8
				13 17
				19 16
				17 22
				8 11
				7 10
				11 8
				10 15
				8 4
				15 19
				4 8
				19 24
				8 11
				24 20
B WINS.	B WINS.	B. WINS.	B. WINS.	B. WINS.
		Anderson.	Anderson.	John M'Lean.

END GAME NO. 9.

See Old Fourteenth, Var. 65.

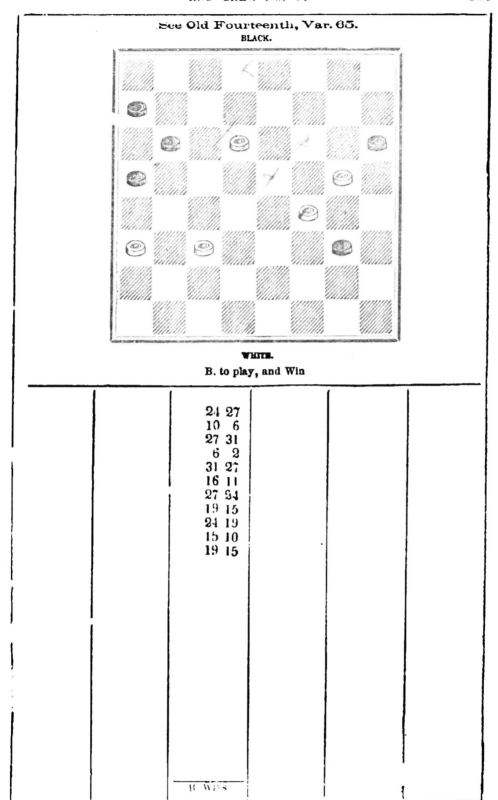

BLACK.

WHITE.

B. to play, and Win

24	27
10	6
27	31
6	2
31	27
16	11
27	24
19	15
24	19
15	10
19	15

B. Wins

BRISTOL.

GAME.	1	2	3	4	5
	11 16	23 18	27 23	27 23	16 12	16 12
1	24 20	8 ⎰ 8 11	4 8	8 12	19 19 24	19 24
	16 19	9 ⎱	23 16	23 16	28 19	28 19
	23 16	10 25 22	8 12	12 19	15 24	15 24
	12 19	4 8	32 27	32 27	25 22	20 17 14
	22 18	11 ⎰ 24 20	12 19	11 15	11 15	10 17
	9 14	16 19	27 23	20 16	20 16	21 14
	18 9	23 16	3 8	15 18	14 18	11 15
	5 14	12 19	23 16	27 24	30 25	32 28
	25 22	29 25	8 12	10 15	5 9	15 19
	8 11	9 14	31 27	17 10	32 28	20 16
2	22 17	18 9	12 19	7 14	18 23	19 23
	4 8	5 14	27 23	16 11	26 19	28 19
3	27 24	22 17	11 16	6 10	9 14	22 26
	11 15	12 11 15	20 11	17 26 22	31 26	31 22
	20 16	17 13	7 16	18 25	24 27	7 11
	8 11	13 8 12	22 18	29 22	26 23	16 7
	21 20	27 24	1 5	14 18	15 24	3 26
	6 9	14 1 5	18 9	18 21 17	28 19	
	17 13	32 27	6 13	18 25	14 17	
	1 5	3 8	23 18	30 21	21 14	
	13 6	27 23	10 14	19 23	10 26	
	2 9	8 11	18 9	24 19	19 15	
	29 25	23 16	5 14	15 24	27 31	
	9 13	12 19	26 23	28 19	23 18	
4	25 22	15 ⎰ 21 17	19 26	2 6	31 27	
	14 18	16 ⎱	30 23	17 14	18 14	
	22 17	14 21		10 17	27 23	
	13 22	25 22	A	21 14	14 9	
	26 17	11 16	29 25	6 10	23 18	
	18 22	20 11	10 14		15 11	
5	17 14	7 16	25 22		18 14	
	10 17	21 20	2 6		11 2	
	21 14	10 14	23 18		14 5	
	19 23	20 11	14 23		2 6	
6	31 27	21 25	28 24		5 9	
	15 18	30 21	19 28		6 1	
	14 10	14 17	26 12		26 31	
	7 14	21 14	6 10		16 11	
	16 7	6 9			31 27	
	3 10	13 6			11 8	
	20 16	2 25			27 23	
7	22 26				8 4	
	16 11				23 18	
	26 31				4 8	
	11 7				18 15	
	31 24					
	28 19					
	23 27					
	32 23					
	DRAWN.	DRAWN.	DRAWN.	DRAWN.	DRAWN.	DRAWN.
	Drummond	Anderson.	Anderson.	Anderson.	Anderson.

BRISTOL.

6	7	8	9	10	11
28 24	14 17	10 14	16 19	24 20	29 25
23 26	16 11	25 22	23 16	30 10 15	16 19
30 23	10 14	21 8 11	12 19	A 27 24	24 15
15 19	11 7	22 } 29 25	24 15	15 22	10 19
24 8	5 9	23 }	10 19	25 18	23 16
3 26	7 2	4 8	25 22	6 10	12 19
20 16	9 13	24 } 24 20	9 14	24 19	A 27 24
26 30	2 6	25 }	18 9	3 8	9 14
16 12	17 21	16 19	5 14	28 24	18 9
30 25	6 9	23 16	22 17	9 14	5 14
31 27	22 26	14 23	7 10	18 9	24 15
25 21	27 24	26 27 18	27 24	5 14	11 18
12 8	26 31	12 19	2 7	26 22	22 15
21 17	24 20	32 27	24 15	11 15	7 10
	31 26	9 14	10 19	20 11	32 27
	20 16	18 9	17 10	7 16	10 19
	26 22	5 14	7 14	30 25	27 23
	16 11	27 23	32 27	1 5	8 12
	22 17		3 7	22 18	23 16
	11 7		27 24	15 22	12 19
	23 26		27 7 11	25 9	31 27
	30 23		24 15	5 14	3 8
	18 27	Same as Second Double Corner	11 18	29 25	27 24
	9 18	Var. 7 at 11th Move.	28 24	16 20	2 7
	27 31		8 11	31 27	24 15
			29 25	8 11	7 10
			4 8	25 22	
			24 19	2 7	A
			6 9	22 17	21 17
			26 22	11 16	9 14
			28 18 23	19 15	17 10
			22 17	10 26	7 23
			14 18		27 18
			17 14	A	11 16
			1 5	28 24	18 15
			19 15	15 22	6 9
			9 13	25 18	22 17
			14 10	6 10	1 6
			29 23 27	18 14	26 22
			31 24	9 18	3 7
			18 23	23 14	22 18
			10 7	10 17	7 10
			11 18	21 14	17 13
			7 3	4 8	16 20
			8 12	26 23	25 22
			3 8	16 19	9 14
			23 27	24 15	18 9
			8 11	11 18	5 14
			27 32	29 25	22 18
			24 20		14 23
			18 23		31 27
			11 15		8 12
			32 28		27 18
B. WINS.	DRAWN.	DRAWN	DRAWN.	DRAWN.	DRAWN.
Anderson.	Anderson.	Sturges	Sturges.	Sturges.	Payne.

BRISTOL.

12	13	14	15	16	17
8 12	7 11	3 8	25 22	31 27	24 20
27 24	31 27 24	32 27	35 14 18	11 16	19 24
11 15	8 12	33 7 11	22 17	20 11	28 19
A 32 27	32 27	25 22	18 22	7 16	15 24
7 11	2 7	34 15 18	17 14	24 20	20 16
17 13	25 22	22 15	10 17	14 18	24 28
2 7	14 18	11 18	21 14	20 11	16 12
	22 17	24 15	22 25	18 23	28 32
	10 14	10 19	30 21	27 18	11 8
Same as Var. 13 at 5th Move.	17 10	27 24	6 9	15 31	32 28
	7 14	19 23	13 6	11 8	31 27
	21 17	26 19	2 18	31 27	28 32
	14 21	18 22	21 17	8 3	8 4
	26 23	19 15	36 7 10	27 23	32 23
	19 26	22 25	31 27	3 8	26 19
	30 14	24 19	5 9	19 24	18 23
	32 21 25	25 29	17 13	28 19	4 8
	14 9	20 16	9 14	23 16	23 27
A	6 10	6 10	13 9		8 11
20 16	27 23	15 6	18 23		27 32
3 8	10 14	2 9	27 18		A 11 16
17 13	23 19	13 6	14 30		14 17
8 11	15 18	1 10			21 7
31 27	9 6	16 11			2 20
11 20	1 10	8 24			
27 23	19 16	28 19			A
20 27	12 19	29 25			29 25
23 16	24 6	30 26			32 27
12 19		25 30			25 22
32 16		26 23			27 24
7 11		30 25			19 16
16 7		31 26			21 20
2 11		25 30			11 7
28 24		26 22			2 11
14 18		30 26			16 7
26 22		22 18			10 15
18 23		26 31			7 2
22 17		18 9			20 16
15 18		31 27			22 17
17 14		23 18			14 18
10 17		10 14			17 14
21 14		18 15			18 22
1 5		27 23			14 10
24 19					16 11
23 26					21 17
30 23					15 19
18 27					17 14
25 22					19 23
27 31					
22 18					
31 26					
19 15					
26 22					
DRAWN.	DRAWN.	DRAWN.	DRAWN.	B WINS.	B. WINS.

Drummond.   Anderson.   Drummond.   Anderson.

BRISTOL.

18	19	20	21	22	23
22 17	5 9	17 13	16 20	24 20	22 17
18 22	26 23	22 25	29 25	16 19	9 13
17 14	19 26	21 17	12 16	23 16	17 10
10 17	30 23	25 29	18 15	14 23	6 22
21 14	13 17	31 26	8 12	26 19	26 17
19 23	31 26	11 15	15 11	4 8	13 22
24 19	15 18	32 28	7 10	31 26	43 30 25
15 24	23 24	15 19	22 18	6 10	7 10
24 19	18 27	26 23	10 15	38 27 23	25 18
1 6	32 23	19 26	25 22	2 6	10 15
19 16	9 13	28 19	37 6 10	29 25	18 14
23 27	25 22	10 15	24 19	9 13	3 7
31 24	10 15	19 10	15 24	39 23 18	24 19
3 8	23 19	7 21	28 19	10 15	15 24
11 4		30 23	9 13	19 10	28 19
6 10		29 25	13 9	12 19	1 6
14 7		23 18	5 14	40 26 23	29 25
2 27		25 22	19 15	6 15	6 9
4 8		18 14	10 19	23 16	21 17
		22 17	22 17	1 6	9 18
		14 10	13 22	41 } 21 17	23 14
		17 14	26 10	A }	16 23
		10 6	19 26	6 10	27 18
		14 10	30 23	42 18 14	12 16
		6 2	3 8	8 12	25 21
		10 15	11 7	32 27	16 19
Same as End Game No. 1.			2 11	12 19	18 15
			10 7	27 23	11 18
			11 15	19 26	14 9
			7 3	30 23	5 14
			15 19	—	17 3
			23 18	A	18 22
			19 23	30 26	32 27
			18 15	8 12	22 25
			23 26	32 27	27 23
			31 22	12 19	
			16 19	20 16	
			15 10	11 20	
			19 24	18 2	
			27 23	3 8	
			24 27	2 9	
			23 18	5 14	
			27 31	28 24	
			18 14	19 28	
			8 11	26 23	
B. WINS.	W. WINS.	B. WINS.	DRAWN.	DRAWN.	DRAWN.
Anderson.	Anderson.	Anderson.	Sturges.	Sturges.	

BRISTOL.

24	25	26	27	28	29
18 15	24 19	26 19	7 10	1 5	11 16
11 18	7 10	11 15	24 15	22 15	10 7
22 15	27 24	19 10	10 19	11 18	8 12
16 20	16 20	12 19	31 27	19 16	7 3
A 26 22	19 16	22 17	8 11	18 22	5 9
14 18	20 27	6 15	29 25	25 18	3 8
23 14	16 7	30 26	6 10	14 23	9 14
9 18	2 11	9 13	27 23	21 17	8 11
24 19	31 24	17 14	11 16	8 12	16 20
7 11	12 16	1 6	25 22	16 11	31 26
27 24	24 19	27 23	10 15	9 13	
20 27	8 12	8 12	21 17	17 14	
32 14	32 27	23 16	14 21	12 16	
11 18	16 20	12 19	23 18	11 7	
22 15	21 17	32 27	16 20	16 20	
6 10	14 21	6 9	18 11	7 2	
11 7	19 16	14 10	20 24	23 27	
2 18	12 19	7 14	11 7	31 24	
28 24	23 7	27 23	24 27	20 27	
3 7	10 14	3 7	7 3	2 6	
21 17	23 23	23 16	27 31	27 31	
7 10	3 10	7 11	3 7	6 10	
17 14	28 24	16 7	31 27	31 27	
10 17	10 15	2 11	7 11	10 15	
25 22	18 11	31 27	1 5	27 23	
18 25	9 13	15 18	11 16	30 25	
30 11	22 18	26 23	27 23	23 26	
8 11	6 9	13 17	28 24	25 21	
———	11 7	23 19	19 28	26 22	
A	13 17	18 22	26 19	21 17	
24 19	18 15	25 18	29 32	22 26	
7 10	14 18	14 32	19 15	15 18	
19 16	23 14	21 14	32 27	13 22	
16 19	9 18	9 18	16 19	18 25	
25 22	24 19	19 15	5 9		
2 7	17 22	32 27	15 11		
22 18	27 23		9 13		
7 10			11 7		
18 15			4 8		
3 7			7 3		
27 24			8 12		
20 27			3 7		
31 24			27 32		
14 17			7 10		
21 14					
9 27					
32 23					
10 14					
16 11					
DRAWN.	DRAWN.	DRAWN.	W. WINS.	DRAWN.	W. WINS.
Sturges.	Sturges.	Payne.	Sturges.	Sturges.	Sturges.

BRISTOL.

30	31	32	33	34	35
16 19	25 22	6 10	8 11	14 18	11 16
23 16	3 7	14 7	21 17	26 23	20 11
12 19	27 24	3 10	14 21	18 25	7 16
27 23	14 18	13 9	25 22	23 7	22 17
4 8	22 17	10 14	45 19 23	2 11	16 20
23 16	8 12	27 23	27 18	21 17	26 23
8 12	17 14	14 17	1 5	25 29	19 26
32 27	10 17	9 5	26 23	27 23	30 23
12 19	21 14	1 6	10 14	1 5	20 27
27 23	1 5	5 1	18 9	24 19	31 24
14 11 16	32 27	6 10	5 14	15 24	6 9
20 11	18 22	1 6	22 17	28 19	13 6
7 16	26 17	10 14	6 10	11 15	2 9
18 15	19 23	23 19	13 9	17 14	17 13
16 20	27 18	11 15	15 18	15 24	15 18
23 16	15 22	19 16	31 27	14 7	13 6
10 19	31 27		11 16	24 28	18 27
16 11	11 15		20 11		6 2
9 14	13 9		7 16		27 32
25 22	6 13		9 5		21 20
6 9	27 23				10 15
31 27	15 18				2 6
9 13	23 19				
27 23	22 26				
19 24					
28 19					
20 24					
19 16					
24 27					
16 12					
27 32					
11 8					
32 28					
8 1					
28 24					
4 8					
2 7					
22 18					
21 27					
18 9					
27 18					
30 25					
5 14					
26 22					
DRAWN.	B. WINS.	W. WINS.	W. WINS.	W. WINS.	W. WINS.
Sturges.	Payne.	Drummond.	Anderson.		Anderson.

BRISTOL.

36	37	38	39	40	41
5 9	3 8	22 17	21 17	18 15	16 12
17 13	11 7	2 6	6 9	7 14	13 17
9 14	2 11	17 13	25 21	32 27	21 14
13 9	24 19	10 15	9 14	11 18	6 10
14 17	15 24	19 10	A 30 25	22 15	14 9
9 6	28 19	12 19	1 6	6 9	5 23
17 21	6 10	27 24	B 28 24	20 16	22 17
6 2	19 15	6 15	11 15	1 6	10 14
21 25	10 19	13 6	16 11	16 12	17 10
26 22	22 17	1 10	7 16	14 18	7 14
25 30	19 24	29 25	20 4	27 24	25 21
22 17	17 10	10 14	15 18	18 23	15 19
30 25	24 28	25 22	22 15	24 20	30 25
17 14	19 7	5 9	13 30	23 27	23 26
25 22	11 15	22 17	25 22	20 16	25 22
2 6	18 11	9 13	12 16	27 31	14 18
22 17	8 15	17 10	19 12	25 22	22 15
14 9	7 3	7 14	10 26	31 27	11 18
18 22	15 18	32 27	22 17	22 18	32 27
9 5	23 14	8 12	14 18	27 23	19 24
22 25	9 18	27 23		18 14	28 19
5 1	3 7	12 16	A	9 18	3 7
25 30		26 22	28 24	15 11	12 3
1 5		19 26	14 18	8 15	26 31
30 25		30 23	23 14	28 24	3 10
5 9		14 17	10 15	19 28	31 6
17 22		21 14	19 10	26 1	
31 27		16 19	12 28		
25 30		23 7	26 23		
9 14		3 26	8 12		
30 26			23 18		
6 10			5 9		
			14 5		
			7 23		
			17 14		
			12 16		
			B		
			22 18		
			13 29		
			18 2		
			29 25		
			32 27		
			25 30		
W. Wins.	W Wins.	Drawn	Drawn.	Drawn.	B Wins.
Anderson.	Sturges.	Payne.	Payne.	Sturges.	Sturges.

BRISTOL.

42	43	44	45
25 21	30 26	3 8	11 16
5 9	11 15	23 16	20 11
28 24	26 17	8 12	7 16
10 14	16 19	21 17	24 20
17 10	23 16	12 19	10 14
7 23	12 19	18 14	20 11
16 7	17 14	9 18	14 18
3 10	1 6	26 23	22 17
20 16	29 25	19 26	18 23
10 14	6 9	31 8	27 18
16 11	31 26		15 22
8 12	9 18		11 8
11 7	27 23		22 25
12 16	18 27		8 4
24 20	32 16		25 29
16 19	15 18		4 8
7 3	21 17		29 25
14 18	4 8		17 14
3 7	17 13		19 23
18 25	8 11		26 19
7 11	24 20		25 22
19 24	2 6		8 11
11 27	28 24		22 17
24 31	11 15		14 9
	16 11		17 14
	7 16		9 5
	20 11		14 18
	5 9		19 15
	24 20		6 9
	15 19		13 6
	26 22		1 19
	18 23		5 1
	22 18		19 23
	23 26		1 5
	25 21		2 6
	26 30		5 1
	21 17		6 9
	30 25		1 5
	18 15		9 13
	25 22		5 9
	20 16		13 17
	19 23		31 26
			23 27
			11 16
DRAWN.	B. WINS.	W. WINS.	W WINS.

Sturges.   Drummond.

END GAME NO. 10.

See Old Fourteenth, Var. 179.

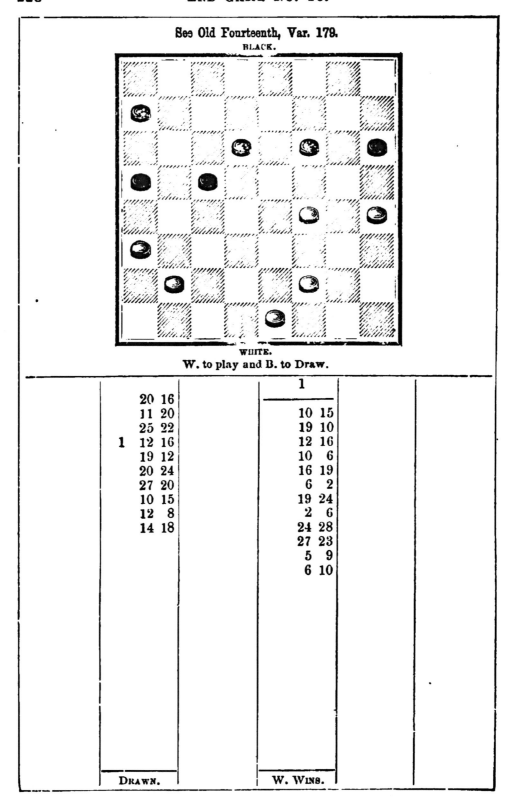

W. to play and B. to Draw.

	20 16		1
	11 20		10 15
	25 22		19 10
1	12 16		12 16
	19 12		10 6
	20 24		16 19
	27 20		6 2
	10 15		19 24
	12 8		2 6
	14 18		24 28
			27 23
			5 9
			6 10
	Drawn.		W. Wins.

END GAME NO. 11.

See Laird and Lady Var. 17.

BLACK.

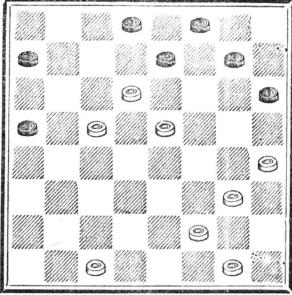

WHITE.

B. to play and Draw

1	13 17	1	
	24 19	7 11	
	7 11	24 19	
	27 23	11 18	
	11 27	27 23	
	32 23	18 27	
	17 22	32 23	
	23 18	13 17	
	8 11	23 18	
	19 15	17 22	
	2 7	18 15	
	15 8	2 7	
	5 9	20 16	
	DRAWN.	W. WINS.	

END GAME NO. 12. By C. H Irving.

See Whilter, Var. 70.

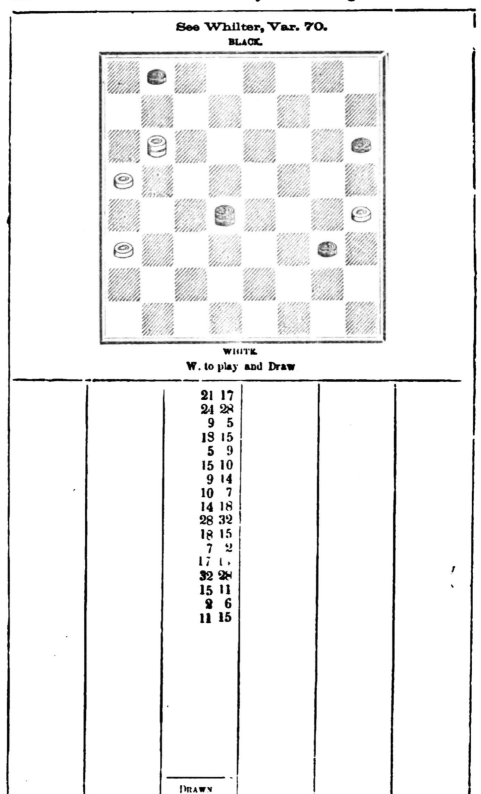

BLACK.

WHITE.

W. to play and Draw

	21 17		
	24 28		
	9 5		
	18 15		
	5 9		
	15 10		
	9 14		
	10 7		
	14 18		
	28 32		
	18 15		
	7 2		
	17 13		
	32 28		
	15 11		
	2 6		
	11 15		

DRAWN

END GAME NO. 13.

See Laird and Lady, Var. 68.

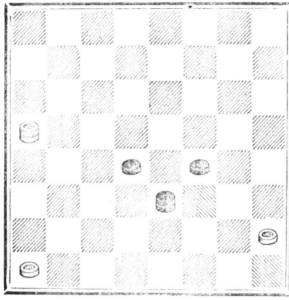

BLACK.

WHITE.

B. to play and Win.

		1	2
	18 22		
	13 17	17 22	21 17
	23 26	26 31	31 26
	17 13	22 18	17 13
	26 30	31 27	26 22
	13 17	18 15	
	22 26	27 21	
1	17 21	15 18	
	26 31	24 20	
2	29 25	18 15	See End Games Nos. 1 and 2.
	31 27	19 23	
	25 22	15 19	
	27 23	20 24	
	22 17	19 26	
	23 18	30 23	
	17 13	28 19	
	18 14	23 16	
	B. WINS.	B. WINS.	B. WINS.

WHILTER.

GAME.	1	2	3	4	5
	11 15	7 11	5 9	16 20	3 7
	23 19	19 22 17	17 13	26 30 26	22 18	16 20
1	9 14	20 3 7	11 16	A 2 7	15 22	30 26
	22 17	26 23	A 22 17	23 18	19 15	28 2 7
	7 11	A 15 18	16 23	14 30	10 26	21 17
	25 22	23 14	26 19	19 16	17 3	14 21
2	11 16	9 18	8 11	12 19	5 9	29 25
	26 23	17 14	29 25	31 26	30 23	21 30
3 }	5 9	10 17	22 } 4 8	30 23	2 7	19 16
4 }		21 14	23 }	27 2	3 10	12 19
	17 13	11 16	27 23	20 27	6 15	23 16
5 }	3 7	19 15	15 18	32 16	24 19	30 23
6 }		6 10	32 27	6 9	15 24	27 2
7	29 25	15 6	11 15	16 12	28 19	20 27
8	1 5	1 17	24 20	9 13	27 1 6	32 23
	22 17	25 22	15 21	2 7	21 17	10 14
9	8 11	18 25	23 19	10 15	6 10	28 24
10	31 26	30 14	2 7	28 24	17 13	14 17
11	16 20	21 16 19	30 26	3 10	9 14	23 19
	19 16	21 15	8 11	12 3	13 9	17 26
	12 19	7 10	19 15	1 6	8 11	31 22
	23 16	14 7	10 19	3 7	9 6	3 7
12	14 18	2 18	17 10	6 9	22 26	2 11
13 }	26 23	29 25	24 6 15	7 14	31 22	8 15
14 }		8 11	23 5	9 25	11 15	19 10
	18 22	31 26	19 24	29 22	27 24	6 15
	25 18	5 9	13 9	5 9	16 20	13 6
	15 22	28 24	24 28	21 20	6 2	1 10
	23 18	9 14	27 23	15 19	20 27	22 17
15 }	22 25	26 23	15 19	20 16	32 28	15 18
16 }		11 15	23 16	19 23	15 24	21 19
	17 14	23 19	12 19	16 11	28 19	18 23
	10 17	14 17	9 6	23 26	27 31	16 11
	21 14	19 10	1 10	11 7	2 7	23 27
17	11 15	17 21	5 1	26 30	31 26	11 7
	18 11	—	25 19 24	7 2	22 18	27 31
	9 18	A		A	26 22	7 2
	30 21	9 14	A	A	18 9	31 27
	18 22	25 22	26 23	5 9	10 14	
18	21 17	5 9	16 20	17 13	9 6	
	22 26	17 13	30 26	2 7	22 26	
	24 19	11 16	2 7		6 2	
	26 30	29 25			26 31	
	19 15				7 10	
	30 26				14 17	
	17 14	Same as Game	Same as Var. 5	Same as Var 5	23 18	
	26 22	at 12th Move.	at 3rd Move.	at 3rd move.	31 26	
	13 9				19 15	
	6 13				26 23	
	15 10				10 14	
	22 17					
	DRAWN	DRAWN.	DRAWN.	DRAWN.	W. WINS.	DRAWN.
			Anderson.	Anderson.	Anderson.

WHILTER. 233

6	7	8	9	10	11
8 11	24 20	7 11	37 } 7 11	24 20	4 8
24 20	15 24	31 26	A } 24 20	15 24	25 22
15 24	20 11	29 16 20	15 24	28 19	16 20
28 19	8 15	19 16	28 19	14 18	41 23 18
3 7	28 19	12 19	14 18	23 14	14 23
22 18	15 24	23 7	23 7	9 18	27 18
1 5	27 20	2 11	16 23	19 15	20 27
29 25	1 5	30 26 23	27 16	10 19	32 23
14 17	22 18	31 } 8 12	11 16	27 23	15 24
21 14	4 8	32 }	20 11	19 26	28 19
10 17	32 27	33 23 19	8 29	31 8	11 16
25 21	8 11	14 18	7 3	4 11	17 14
9 14	27 24	19 16	29 25	A 32 27	10 17
18 9	14 17	12 19	30 26	16 19	21 14
5 14	21 14	27 23	38 12 16	27 23	16 20
23 18	10 17	18 27	32 28	16 26	19 15
14 23	24 19	32 7	25 30	30 23	A 7 11
27 18	9 14	20 27	26 23	7 10	
16 23	18 9	22 17	30 25	25 22	
21 14	5 14	15 19	28 24	10 15	
6 10	31 26	7 2	16 20	23 18	
14 9	11 16	34 } 10 15	23 19	15 19	
10 15	20 11	35 }	20 27	17 14	
18 14	7 16	36 25 22	31 24	11 15	
12 16	29 25	27 32	25 22	18 11	
9 5	17 21	2 7	24 20	6 9	
15 19	25 22	32 27	22 18	13 6	
14 9	14 17	7 11	19 16	2 25	
11 15	19 15	27 32	18 23		
20 11	21 25	11 15	3 7	A	A
7 16	30 14	19 23	2 11	25 22	20 24
9 6	6 10	18 27	16 7	11 15	14 10
2 9		32 23	39 4 8	20 11	7 14
13 6		28 24	7 3	7 16	15 10
		4 8	8 12	30 26	6 15
		30 25	3 7	5 9	13 6
		8 12	40 23 18	32 27	2 9
		24 20	7 11	2 7	18 4
		23 26	12 16	27 24	24 27
		22 18		16 19	23 18
		26 22	A	26 23	14 23
		17 14	31 26	19 26	26 19
		22 15	2 7	14 19	
		14 5	25 22	25 24	
		15 18	16 20	22 18	
		21 17	23 18	7 11	
		28 15			
		17 14	Same as Var. 29 at 6th Move.		
		6 9			
		13 6			
		1 17			
W. WINS.	DRAWN.	DRAWN.	DRAWN.	B WINS.	DRAWN

Anderson   Anderson.   Anderson.   Anderson.

12	13	14	15	16	17
15 18	26 22	17 14	10 15	9 14	25 29
26 23	18 23	10 17	16 12	18 9	24 19
11 15	27 18	21 14	22 25	5 14	6 10
16 12	20 27	18 22	12 8	24 19	13 6
7 11	32 23	26 17	15 22	A 4 8	2 9
12 8	11 20	9 18	8 3	16 12	16 12
18 22	18 11	25 21	7 10	11 15	10 17
25 18	7 16	18 22	24 19	12 3	12 8
15 22	22 18	16 12	42 11 15	15 31	11 16
8 3	2 7	11 16	19 16	32 27	19 12
2 7	30 26	27 23	22 26	31 24	4 11
23 18	4 8	20 27	30 23	28 19	12 8
14 23	17 14	23 18	15 19	7 11	
27 18	10 17	7 11	23 18	44 3 7	
20 27	21 14	32 23	19 23	11 16	
32 23	8 12	22 26	3 7	19 12	
	25 22	28 24	2 11	2 11	
	16 19	15 22	16 7	12 8	
	23 16	24 20	25 30	14 18	
	12 19	26 31	7 3	8 3	
	22 17	23 18	30 26	10 15	
	7 11	31 27	3 7	3 7	
	26 22	12 8	43 4 8	11 16	
	11 15	27 24	7 14	7 10	
	18 11	8 3	8 12	15 19	
	9 25	24 19	A 28 24	10 1	
		3 8	26 31	18 23	
		19 15	14 10		
		17 14	6 22	A	
		22 26	27 18	22 25	
		30 23	20 27	28 24	
		15 22	32 23	25 29	
		8 15	31 26	19 15	
		22 17	13 6	11 18	
		20 11	26 19	24 19	
		17 26	18 14	29 25	
				19 15	
			A	10 19	
			18 15	17 1	
			9 13	25 22	
			17 14	1 6	
			12 16	2 9	
			14 10	13 6	
			6 9	19 24	
			13 6	6 2	
			16 19		
			6 1		
			26 31		
W. Wins.	**B. Wins.**	**B. Wins.**	**Drawn.**	**Drawn**	**Drawn.**
Anderson	Anderson.	Anderson.		Anderson.	

WHILTER.

18	19	20	21	22	23
11 8	26 23	11 16	16 20	14 18	3 8
4 11	3 7	26 23	29 25	17 14	27 23
16 12	21 17	8 11	2 6	10 17	11 16
11 15	11 16	50 17 14	31 26	19 10	24 20
12 8	25 21	51 10 17	8 11	6 15	15 24
22 26	46 16 20	21 14	24 19	13 6	28 19
8 3	30 26	9 18	4 8	2 9	1 5
7 10	47 8 11	52 19 10	26 23	21 5	20 11
3 8	19 16	6 15	6 9	18 23	8 24
26 31	12 19	23 14	23 18	27 18	25 22
45 8 11	23 16	3 7	11 16	15 29	53 } 24 28
10 14	48 9 13	25 22	19 15	32 27	54 }
11 9	26 23	1 6	16 19	3 7	22 18
5 14	5 9	29 25	15 10	27 23	12 16
27 23	23 18	6 9	19 23	7 10	18 15
20 27	1 5	30 26	10 3	24 19	10 26
23 19	31 26	9 18	23 26	11 16	17 1
2 7	9 14	26 23	18 15	28 24	9 14
32 23	18 9	2 6	9 18	16 20	30 23
31 27	5 14	23 14	27 24	23 18	4 8
23 18	26 23	6 9		20 27	1 6
14 23	49 15 18	21 26		31 24	2 9
19 16	22 8	9 18		4 8	13 6
	4 11	26 23		18 15	8 12
	16 12	4 8		12 16	6 2
	13 22	23 14			16 19
	12 8	15 18			23 16
	22 25	22 15			12 19
	29 22	11 18			2 6
	14 18	24 20			14 18
	23 14	16 19			6 10
	10 26	27 24			18 22
	8 3	19 23			10 15
	6 10	20 16			19 23
	24 19				15 18
	11 15				
	27 23				
	15 24				
	28 19				
	26 31				
	23 18				
	10 15				
	3 10				
	15 22				
DRAWN.	DRAWN.	DRAWN.	W. WINS.	DRAWN.	W. WINS.

Anderson.

24	25	26	27	28	29
7 14	11 15	29 25	9 14	3 7	1 5
23 7	1 6	8 11	19 15	55 22 17	22 17
3 10	10 14	17 13	16 19	8 11	2 7
26 22	20 16	11 16	23 16	19 16	25 22
A 18 23	7 10	A 22 17	12 19	12 19	16 20
27 18	16 11	3 8	15 10	23 16	23 18
14 23	14 18	25 22	1 5	1 5	14 23
22 18	21 17	9 11	10 6	26 22	27 18
10 14	18 23	31 26	5 9	14 18	20 27
18 15	26 22	4 8	6 1	29 25	32 23
1 5	23 26	23 18	19 23	18 23	15 24
15 10	25 21	14 23	27 18	27 18	28 19
6 15	19 24	27 18	14 23	20 27	11 16
13 6	22 18	20 27	1 6	32 23	17 14
15 18	15 22	32 23	9 13	11 20	10 17
6 1	6 15	15 24	6 10	18 11	21 14
5 9	26 30	28 19	23 26	7 16	8 11
1 6	15 19	10 14	10 14	22 18	56 { 30 25
9 13	30 25	—	26 30	4 8	A
6 9	19 23	A	14 18	31 27	16 20
13 17		31 26	30 25	8 12	25 21
25 22		3 7	32 27	18 14	20 24
		22 17	8 11	9 18	57 19 15
A		7 11	27 24	23 7	12 16
1 5		25 22	11 16	2 11	15 8
22 15		4 8	24 20	17 14	4 11
10 19		23 18	16 19	16 19	14 10
27 23			18 15		7 14
19 26			19 24		22 17
31 22			20 16		24 27
			24 28		17 1
			16 11		27 31
			28 32		13 6
			15 18		31 15
			32 28		
			31 27		A
			28 32		22 17
			27 24		16 20
			32 27		58 19 15
			24 20		
			27 24		
			20 16		
			24 19		
			16 12		
			19 15		
			11 7		
			15 11		
			7 2		
			11 16		
			2 7		
W. WINS.	W. WINS.	B. WINS.	W. WINS.	DRAWN.	DRAWN

S. Osgood.   Anderson.   S. Osgood.

WHILTER.

30	31	32	33	34	35
22 17	15 18	11 16	22 17	19 23	27 31
15 18	22 15	24 19	15 18	2 7	2 7
24 19	10 26	15 31	24 19	10 15	1 5
18 22	30 23	32 27	11 15	59 25 22	7 14
25 18	11 15	31 24	28 24	27 32	9 18
14 23	25 22	28 3	4 8	28 24	17 14
27 18	6 10	10 15	30 26	4 8	18 23
10 15	13 6	30 26	8 11	60 } 7 11	25 22
19 10	15 18	20 24	32 28	61 }	31 27
6 31	22 15	3 7	11 16	23 26	30 25
13 6	10 26	24 27	26 22	11 18	
1 10	6 2	7 10	1 5	32 22	
17 13	26 31	15 19		30 23	
8 12	27 23	10 17		28 26	
13 9	20 27	19 24		18 15	
11 16	2 7	23 18		26 23	
9 6	A 8 11	27 31		22 18	
16 19	7 16	17 14		23 14	
6 2	14 18	1 5		17 10	
10 15	23 14	21 17		9 14	
2 7	31 26	31 27		13 9	
15 18	32 23	14 10		6 13	
7 10	26 12			10 7	
18 23	14 10			8 12	
10 14	———			7 3	
12 16	A			12 16	
14 18	1 6			3 7	
31 27	7 2			16 20	
18 22	6 10			7 11	
4 8	23 19			20 24	
22 26	8 11			11 16	
27 31	32 23			21 27	
26 22	31 26			16 19	
8 12	2 7			27 32	
22 25	4 8			19 23	
23 27	7 16			1 5	
32 23	10 15			15 11	
19 26	19 10			32 28	
30 23	26 12			11 7	
31 26				28 24	
23 18				7 2	
26 22				24 20	
				2 6	
				5 9	
				6 2	
				20 16	
				2 7	
B. WINS.	DRAWN.	W. WINS.	B. WINS.	DRAWN.	W. WINS.

Anderson. Anderson. Anderson.

WHILTER.

36	37	38	39	40	41
17 14	25 22	25 22	23 18	23 19	19 16
9 18	16 20	32 28	A 7 2	7 11	12 19
2 9	19 16	A 12 16	18 15	19 24	23 16
27 31	12 26	31 27	2 7	11 15	8 12
9 14	30 23	22 24	15 10	24 28	27 23
18 23	62 2 7	28 12	7 14	15 19	20 27
25 22	24 19	4 8	9 18	28 32	23 19
4 8	15 24	3 7	20 16	20 16	11 20
14 10	28 19	2 11	18 23	32 28	32 23
23 27	63 14 18	12 3	16 11	16 11	15 24
10 7	22 15	11 15	5 9	28 32	28 19
8 12	11 18	3 7	11 7	11 7	14 18
7 11	23 14	15 19	23 26	32 27	22 15
27 32	9 18	7 11	7 2	7 2	20 24
11 18	27 24	19 23	26 30	27 31	
19 23	20 27	11 15	17 14	19 15	
18 27	32 14	23 27		31 27	
32 23	8 11		A		
13 9	31 27	A	7 3		
12 16	4 8	22 25	18 15		
30 25	27 23	28 24	20 16		
16 20	11 15	25 22	15 19		
21 17	19 16	24 19	16 11		
31 26	8 11	22 25	19 16		
25 21	16 12	26 23	17 14		
26 30	11 16	25 22	9 18		
9 5	13 9	19 15	21 17		
23 19	6 22	64 12 16	16 7		
22 18	23 18	23 18	3 1		
30 26		6 9	4 8		
18 14		15 6	1 6		
26 22		22 15	8 11		
17 13		6 1	6 10		
22 17		15 10	11 16		
14 10		13 6	10 15		
19 15		2 9	18 22		
21 14		17 13			
15 6		9 14			
14 9		13 9			
6 2		14 18			
9 6		9 6			
1 10					
5 1					
2 7					
DRAWN.	DRAWN.	DRAWN.	DRAWN.	W. WINS.	B. WINS.

Anderson   Anderson   Anderson.

42	43	44	45	46	47
25 29	10 15	19 16	8 12	8 11	7 11
19 16	18 11	2 7	10 14	29 25	19 16
2 7	26 22	16 12	12 16	9 14	12 19
	27 18	20 24	15 18	24 20	23 7
	22 8	12 8	16 19	15 24	2 11
	17 14	24 27	18 22	28 19	17 13
	9 13	8 4	27 23	6 9	65 11 16
	28 24	27 32	20 27	17 13	66 22 17
	20 27	4 8	23 18	14 17	8 12
	32 14	11 15	14 23	13 6	29 25
		8 12	19 17	17 26	9 14
		32 27	31 26	31 22	24 19
	See End Game No. 6.	12 16	32 23	2 9	15 24
		22 26	26 19	22 18	24 19
		30 23	17 22	9 14	16 30
		27 18	2 7	18 9	31 26
		16 12	22 26	5 14	30 23
		15 19	7 11	25 22	27 2
		3 8	26 31	1 5	1 6
		18 15	19 23	27 24	2 9
		8 4	28 24	4 8	5 14
		19 23	23 27	32 28	25 22
		4 8	24 20	5 9	4 8
		23 27	27 23	22 18	13 9
		12 16	21 17		20 24
		27 31	6 10		9 5
		16 20			8 11
		31 27			5 1
		20 16			11 15
		27 24			17 13
		16 12			14 18
		24 19			22 17
		8 4			15 19
		15 11			1 6
		12 8			10 15
		19 15			6 10
		8 12			24 28
		14 18			
		12 8			
		18 22			
		8 3			
		15 18			
		3 8			
		11 15			
W. WINS.	W. WINS.	B. WINS.	B. WINS.	W. WINS	DRAWN.
	Anderson.	C. H. Irving.	Anderson.	Anderson.

WHILTER.

48	49	50	51	52	53
9 14	6 9	17 13	9 18	23 14	12 16
29 25	29 25	16 20	23 7	16 23	32 28
6 9	15 18	25 22	16 23	27 18	16 19
17 13	22 8	9 14	27 18	15 22	23 16
1 6	13 29	29 25	15 22	25 18	A 4 8
22 17	8 3	4 8	25 18	3 7	28 19
14 18	29 25	31 26	3 10	29 25	8 11
24 19	23 19	2 7	29 25	6 10	16 7
15 24	14 18	22 17	6 9	25 21	2 11
28 19	19 15	5 9	25 22	10 17	31 27
11 15	10 19	25 22	9 14	21 14	11 15
32 28	24 15	1 5	18 9	1 6	27 24
15 24	7 11	23 18	5 14	30 25	14 18
28 19	15 8	14 23	32 27	6 10	17 14
20 24	4 11	27 18	11 15	25 21	13 25
27 20	16 7	20 27	24 19	10 17	14 7
18 23	2 11	32 23	15 24	21 14	15 18
26 22	27 24	15 24	28 19	2 6	19 15
23 26		28 19	4 8	32 27	18 23
22 18		11 16	27 23	6 10	7 2
26 30		17 14	8 11		23 27
16 12		10 17	22 18		2 7
7 11		21 14	1 5		27 32
12 8		16 20	18 14		24 20
9 14		67 30 25	5 1		32 27
18 9		20 24	31 26		7 10
5 14		14 10	11 15		
8 3		7 14			A
11 15		19 15			14 18
19 16		24 27			22 15
15 19		15 10			10 19
3 7		6 15			16 11
		18 4			6 10
		14 17			13 6
		13 6			2 9
		17 21			17 13
		22 17			9 14
		21 30			13 9
		26 22			14 18
		27 31			9 6
		23 18			10 14
		31 26			6 2
		18 15			18 23
		26 23			2 7
					5 9
					30 26
					23 30
					11 8
					4 11
					7 23
W. Wins.	W. Wins.	B. Wins.	Drawn.	B. Wins.	W. Wins.
Anderson.	Anderson		Anderson.		

54	55	56	57	58	59
4 8	19 16	19 15	14 10	26 22	7 11
22 18	12 19	16 19	7 14	20 24	27 32
8 11	23 16	23 16	A 22 17	30 25	11 27
32 28	8 12	12 19	24 27	12 16	32 23
24 27	24 19	15 8	17 1	19 12	28 24
31 24	15 24	4 11	27 31	11 15	4 8
11 16	28 19	22 17	13 6	18 2	25 22
30 26	1 5	19 24	31 24	9 27	8 11
16 20	22 17	26 23	—	2 9	24 20
24 19	14 18	11 15	A	5 30	23 19
20 24	26 22	18 2	19 15		22 18
19 15	18 25	9 27	24 27		19 23
10 19	29 22	2 9	15 8		17 14
17 1	4 8	5 21	4 11		1 5
24 27	22 18		22 17		21 17
23 16	8 11		6 10		23 19
12 19	17 14		13 6		30 25
13 6	10 17		27 31		6 10
2 9	21 14		18 9		13 6
26 22	20 24		31 13		19 23
	27 20				14 7
	6 10				23 26
	13 6				
	2 9				
	32 27				
	10 17				
	19 15				
	12 19				
	15 8				
W WINS.	DRAWN.	B. WINS.	B. WINS.	B WINS.	DRAWN

O. Dutton.

WHILTER.

60	61	62	63	64	65
7 10	30 25	8 12	11 15	22 18	15 19
23 26	32 28	24 19	23 18	23 14	24 15
10 19	69 24 20	15 24	15 24	9 18	11 25
32 27	8 12	28 19	18 15	17 14	29 22
30 23	70 7 11	11 15	10 19	18 22	10 14
27 25	28 32	32 28	17 3	14 10	22 17
19 15	11 27	15 24	8 12	6 9	8 11
25 22	32 23	28 19	21 17	13 6	17 10
15 19	22 18	4 8	4 8	2 9	6 15
22 26	23 14	22 18	3 7	10 6	13 6
19 15	17 10	8 11	12 16	12 16	1 10
26 23	6 15	27 24	22 18	6 2	21 17
24 20	13 6	20 27	8 12	16 19	4 8
8 12	1 10	31 24	18 15	31 27	26 23
68 15 19		12 16		22 26	8 12
23 16		19 12		2 7	28 24
20 11		11 16		26 31	5 9
9 14		24 20		15 11	17 13
17 10		16 19		31 24	9 14
6 15		23 15		11 8	13 9
		14 23		4 11	15 18
		12 8		7 23	9 6
		10 15		24 28	11 16
		8 3		3 7	24 19
		6 10		28 24	18 22
		13 6		7 10	6 2
		2 9		24 28	14 17
		17 13		10 6	2 6
		9 14		9 13	10 14
		3 7		6 10	6 9
		15 18		28 24	
				10 14	
				24 28	
				14 18	
				28 24	
				18 22	
				24 28	
				23 18	
				28 24	
				21 17	
				24 19	
				17 14	
				19 24	
				14 10	
				24 19	
				18 14	
DRAWN.	DRAWN.	W. WINS.	W WINS.	W. WINS.	W. WINS.
Anderson.	Anderson.	Anderson.	Anderson.	Anderson.	Anderson.

WHILTER.

66	67	68	69	70
22 18	19 15	20 16	7 11	7 10
15 22	7 10	12 19	28 19	23 26
26 17	14 7	15 24	11 27	10 19
8 11	3 13	9 14	19 15	9 14
A 27 23	23 16	17 10	27 23	17 10
20 27	12 19	6 15	8 12	6 24
31 24	26 23	13 9	23 18	22 18
16 20	19 26	23 19	15 10	28 32
24 19	30 23	24 27	18 23	25 22
20 24	20 24	15 18	12 16	26 30
29 25	23 19	9 5	23 27	18 14
4 8	24 27	18 22	16 19	30 25
25 22	19 15	27 32	27 32	22 17
8 12	27 31	22 26	19 24	25 22
23 18	15 10	32 27	32 28	14 10
11 16	6 15	26 31	24 27	32 27
18 15	18 4	27 32	28 24	10 7
16 23	9 14	19 23	27 32	27 23
28 19	4 8	32 28	24 28	17 14
23 26	31 26	31 27	32 27	23 18
32 28		28 32	28 32	14 10
26 31		27 24	27 24	18 15
15 11		32 28	32 28	7 2
31 27		23 19	24 27	15 6
11 7		28 32		2 9
27 23		24 28		22 18
		21 17		
		28 24		
A		32 28		See End Game No. 12
29 25		24 27		
4 8		28 32		
27 23		27 23		
20 27		32 28		
31 24		23 18		
16 20		28 32		
23 19		18 22		
20 27		17 13		
32 23				
8 12				
25 22				
11 15				
28 24				
9 14				
B. WINS.	B. WINS.	B. WINS.	DRAWN.	DRAWN.
Anderson.		Anderson.	C. H. Irving.	C. H. Irving.

END GAME NO. 14.

See Laird and Lady, Var. 96.

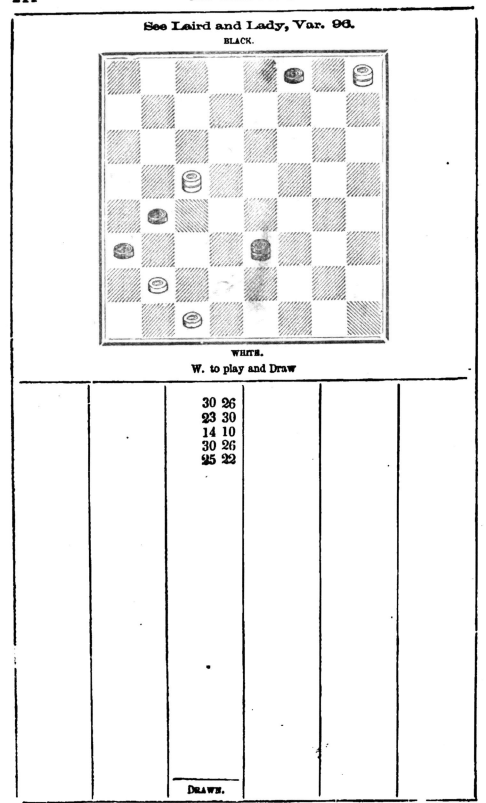

W. to play and Draw

		30 26		
		23 30		
		14 10		
		30 26		
		25 22		

DRAWN.

END GAME NO. 15, By Jas. Ash. 245

See Laird and Lady, Var. 115.

BLACK.

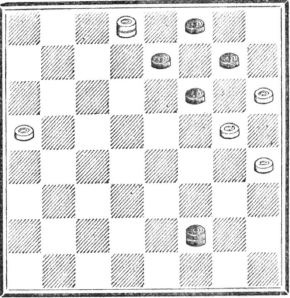

WHITE.

W. to play and Win.

		1
2 6	*19 15	
27 23	14 10	9 5
6 9	7 14	1 6
23 19	16 7	5 1
9 14	3 10	6 9
19 15	12 3	1 5
13 9	14 17	9 14
15 10	3 7	5 1
14 17	10 14	25 22
10 15	7 10	1 6
17 21	15 18	22 17
15 10	6 9	6 2
21 25		17 13
10 14		2 6
9 6		14 9
14 9		6 1
6 1		13 17
1 9 14		1 5
1 5		17 14
14 10		5 1
5 9		14 10
10 15		
25 21		
15 18		
21 17		
18 15		
17 14		
15 19		
9 6	W. Wins.	W. Wins.

END GAME NO. 16.

See Suter, Var. 15.

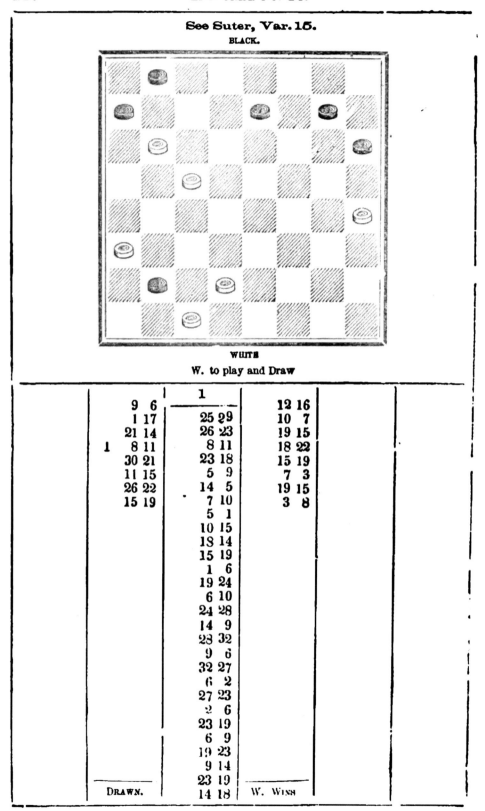

BLACK.

WHITE

W. to play and Draw

	1	
9- 6		12-16
1-17	25-29	10- 7
21-14	26-23	19-15
1 8-11	8-11	18-22
30-21	23-18	15-19
11-15	5- 9	7- 3
26-22	14- 5	19-15
15-19	7-10	3- 8
	5- 1	
	10-15	
	18-14	
	15-19	
	1- 6	
	19-24	
	6-10	
	24-28	
	14- 9	
	23-32	
	9- 6	
	32-27	
	6- 2	
	27-23	
	2- 6	
	23-19	
	6- 9	
	19-23	
	9-14	
	23-19	
DRAWN.	14-18	W. WINS

END GAME NO. 17.

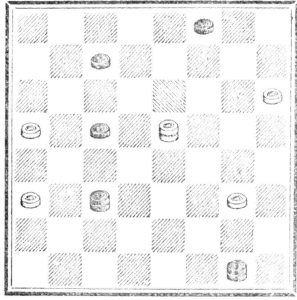

See Suter, Var. 44.

BLACK.

WHITE.

B. to play and W to Draw.

	1	
22 26		21 17
1 24 20	15 19	11 16
32 28	32 27	19 24
20 16	24 20	18 22
28 24	26 31	24 27
16 11	19 24	22 25
24 20	27 23	27 23
12 8	20 16	25 29
	23 27	23 18
	24 28	29 25
	31 26	4 8
	16 11	25 21
	26 23	18 14
	11 8	16 20
	23 19	14 7
	8 4	3 10
	19 16	8 3
	28 32	21 14
	27 23	
	4 8	
	23 18	
	32 27	
	18 15	
	27 23	
	15 10	
	8 4	
	16 11	
	23 19	
DRAWN.	14 18	B. WINS.

DOUBLE CORNER.

GAME.	1	2	3	4	5
9 14	11 15	25 22	24 19	27 24	27 24
22 18	6 18 11	8 11 16	11 16	16 20	20 27
1 5 9	8 15	29 25	27 24	24 19	31 24
2 24 20	25 22	16 20	16 20	4 8	7 11
3	5 9	24 19	31 27	29 25	24 20
11 16	22 17	A 8 11	7 11	8 12	3 7
20 11	9 13	21 17	25 22	25 22	19 16
8 22	30 25	14 21	3 7	1 5	12 19
25 18	13 22	18 15	29 25	31 27	23 16
12 16	25 11	11 18	11 15	3 8	14 23
4 29 25	7 16	23 5	18 11	19 16	26 19
4 8	24 20	4 8	8 15	12 19	9 14
25 22	3 8	22 18	19 16	23 16	30 26
8 12	20 11	7 11	12 19	14 23	6 9
28 24	8 15	25 22	23 16	26 19	26 23
16 20	28 24	11 16	9 13	8 12	9 13
21 19	4 8	18 15	16 12	30 26	22 18
1 5	24 20	16 23	1 5	9 13	13 17
5 32 28	8 11	26 19	26 23	22 18	18 9
7 11	29 25	3 7	14 17	10 14	5 14
27 24	6 9	22 17	21 14	18 9	16 12
20 27	25 22	7 11	10 26	5 14	11 15
31 24	9 13	31 26	23 19	19 15	32 28
11 16	27 24	11 18	6 10	12 19	15 24
19 15	7 1 5	27 24	30 23	27 24	28 19
10 19	32 28	20 27	15 18	20 27	17 22
24 15	5 9	32 7	23 14	32 16	12 8
16 19	24 19	2 11	10 17		7 11
23 16	15 24	17 14	19 15		19 16
12 19	28 19	11 16			11 15
26 23	11 15	28 24			16 11
19 26	19 16	16 23			22 25
30 23	12 19	26 19			8 3
3 7	23 16				25 30
22 17	14 18	A			
7 10	22 17	1 5			
28 24	13 22	18 15			
	26 17	8 11			
	9 13	15 8			
	17 14	4 11			
	10 17	22 18			
	21 14	9 13			
	13 22	18 9			
		5 14			
		25 22			
		11 15			
		22 17			
		15 24			
		28 19			
Drawn.	Drawn.	Drawn.	Drawn.	Drawn.	Drawn.
	P. Young	Sturges.	Drummond.	Drummond.	

DOUBLE CORNER.

6	7	8	9	10	11
18 9	2 6	12 16	8 11	4 8	29 25
5 14	24 19	11 } 24 19	25 22	25 22	8 12
23 19	15 24	12	3 8	6 9	18 15
9 6 9	22 18	13 16 20	22 17	17 13	11 18
25 22	6 9	23 24	11 16	1 6	22 15
9 13	32 28	11 15	26 22	22 17	10 19
22 17	13 17	18 11	16 23	9 14	24 15
13 22	28 19	8 15	27 9	24 20	7 10
26 17		30 25	6 13	15 24	27 24
8 11		4 8	30 26	28 19	10 19
29 25		14 22 18	A 12 16	11 15	24 15
14 18		15 22	32 27	26 22	16 19
27 23		25 18	16 20	15 24	23 16
18 27		1 5	24 19	22 18	12 19
32 23		32 28	15 24		32 27
A 11 16		9 13	28 19		4 8
24 20		18 9	8 11		27 23
15 24		5 14	17 14		8 12
20 11		29 25	10 17		23 16
7 16		14 17	21 14		12 19
28 19		21 14	4 8		15 11
10 15		10 17	29 25		1 5
19 10		26 22	8 12		25 22
2 6		17 26	26 23		6 10
		31 22	1 6		31 27
A		6 10	14 9		10 15
2 6		25 21	6 10		27 23
30 26		8 12	22 18		14 18
10 6 9		22 18	11 15		23 16
26 22		13 17	18 11		18 25
9 14		21 14	7 16		28 24
31 26		10 17	25 22		9 13
4 8		18 14	10 14		16 12
17 13		2 6	19 15		25 29
1 6		23 18	16 19		11 8
24 20		17 21	23 16		29 25
15 24		18 15	12 19		8 4
28 19		21 25			5 9
		15 10	A		4 8
		6 15	8 11		2 7
		19 10	17 14		24 20
		25 30	10 17		
		24 19	21 14		
		30 26	4 8		
		10 6	24 19		
			15 24		
			28 19		
			11 16		
			26 23		
			16 20		
			32 27		
			8 11		
			29 25		
DRAWN.	W. WINS.	DRAWN.	DRAWN.	W. WINS.	DRAWN.
Sturges.	P. Young.	Drummond.	Sturges.	Sturges.	Drummond.

DOUBLE CORNER.

12	13	14	15	16	17
24 20	8 12	22 17	8 8	2 6	31 26
8 12	22 17	8 11	23 17	23 19	9 13
27 24	9 13	32 28	15 22	16 23	17 14
10 15	18 9	1 5	17 10	26 10	15 18
24 19	13 22	17 13	2 6	6 15	24 19
15 24	26 17	14 18	26 17	31 26	18 27
28 19	6 22	23 14	6 15	14 23	19 15
7 10	30 26	9 18	31 27	26 10	11 18
32 28	10 14	A ⎫	1 5		20 4
10 15	26 10	B ⎬ 21 17	17 13		27 31
19 10	7 14	C ⎭	9 14		26 22
6 15	29 25	18 23	21 17		18 25
28 24		27 18	14 21		29 22
15 ⎫ 4 8		20 27	30 26		12 16
16 ⎭		31 24	15 18		22 18
22 17		15 31	23 14		31 27
15 22	Same as Glasgow Reversed, Var. 7 at 15th Move.		16 19		14 10
17 10		A			27 23
2 6		26 22			18 15
26 17		5 9			23 18
6 15		31 26			15 11
17 30 25		3 8			13 17
1 6		26 23			21 14
23 18		9 14			18 9
15 22		22 17			
25 18		8 12			
9 13		25 22			
17 14		18 25			
6 10		29 22			
14 7		11 16			
3 10					
18 14		B			
10 17		26 23			
21 14		18 22			
13 17		25 18			
14 10		15 22			
17 22		19 16			
10 7		10 14			
23 25		16 12			
29 22		11 16			
16 19					
21 15		C			
11 25		19 16			
		5 9			
		16 12			
		11 16			
		26 23			
		9 14			
		31 26			
		15 19			
		24 15			
		10 19			
DRAWN.	DRAWN.	B. WINS.	DRAWN.	W. WINS.	B. WINS.
Drummond.	P. Young.	Drummond.	P. Young.	Drummond.	Drummond

END GAME NO. 18, By Alonzo Brooks.

See Glasgow, Var. 19.

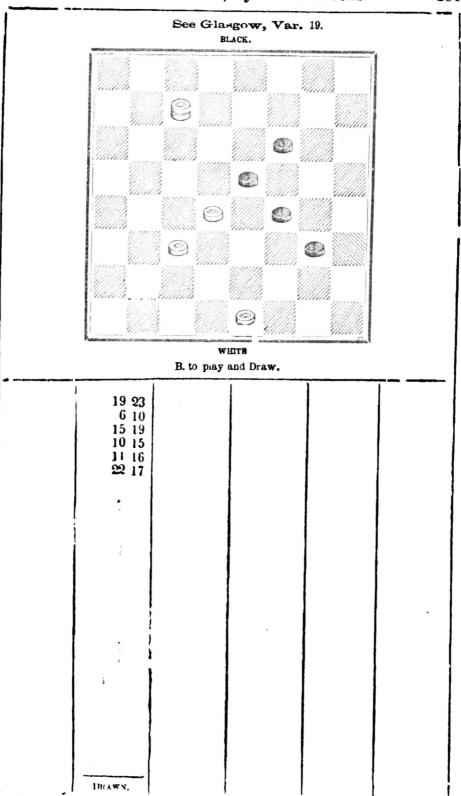

B. to play and Draw.

19	23
6	10
15	19
10	15
11	16
22	17

DRAWN.

END GAME NO. 19.

See Fife, Var. 41.

BLACK.

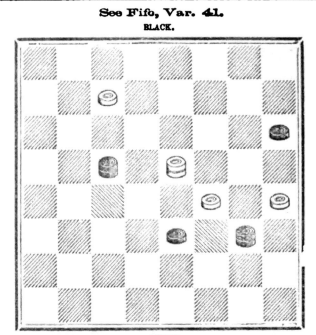

WHITE.

W. to play and Win.

| 15 10 |
| 14 7 |
| 6 2 |
| 24 15 |
| 2 27 |

W. Wins.

END GAME NO. 20.

See Ayrshire Lassie, Var. 31.

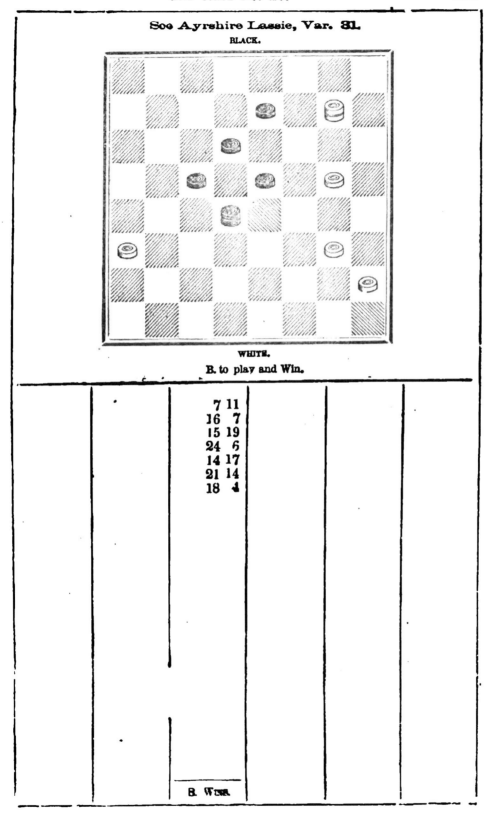

BLACK.

WHITE.

B. to play and Win.

7	11
16	7
15	19
24	6
14	17
21	14
18	4

B. Wins.

IRREGULAR.

GAME.	1	2	3	4	5
1) 11 15		9 13	10 15	21 17	24 20	23 19
2)		22 18	A 23 19	9 13	A) 15 19	8 11
3) 22 17		10 15	7 10	25 21	B)	17 22 17
4)		25 22	22 17	6 9	23 16	A) 4 8
5)		6 10		23 18	12 19	B)
8 11		18 14	Same as Whilter	9 14	Same as Bristol	17 13
6) 17 13		10 17	Var.1 at 2d move	18 9	at 5th Move.	
7)		21 14		5 14		Same as old 14th
8)		15 19		27 23		at 6th Move.
9 9 14	13	24 15		8 11	A	
25 22		11 25		30 25	8 11	
11 16		30 21		16 4 8	28 24	
24 19		8 11	A	24 19		9 14
15 24		29 25	21 17	15 24		25 22
28 19		11 15	B .15 18	28 19		18) 11 16
4 8		25 22	22 15	11 15		
22 18		4 8	11 18	32 28		A
8 11		23 18	23 14	15 24		9 14
18 9		8 11	9 18	28 19		25 22
5 14		28 24	17 14	8 11	Same as Ayrshire Lassie at 4th Move.	
29 25		12 16	6 9	22 18		
10 16 20		24 20		13 22		
25 22		16 19		18 9		
11 11 15		27 23	Same as Maid of the Mill Var. 1 at 9th Move.	1 6		Same as Glasgow Var. 1, at 3rd Move.
32 28		19 24		26 17		
15 24		14 9		6 22		
28 19		5 14		25 18	B	
12 7 11		18 9		11 16	9 14	
22 18		24 28		18 14	22 18	9 13
1 5		9 5		10 17	15 22	19) 17 14
18 9		7 10		21 4	25 9	10 17
5 14		23 18	B	7 10	5 14	21 14
19 16		15 19	9 13	14 7	29 25	
12 19		18 14	17 14	3 10	8 11	
23 7		10 17	15 18	29 25	25 22	
2 11		21 14	22 15	2 7	4 8	
26 23		2 7	11 18	25 22	23 19	
11 15		22 18	15 23 19	10 14	11 15	
30 26		7 10	8 11	19 15	27 23	
3 8		14 7	26 23	16 19	15 24	
27 24		3 10	18 15	23 16	28 19	Same as Laird & Lady at 8th Move.
20 27		18 15	11 18	12 19	8 11	
31 24		11 18	26 23	31 27	Same as Defiance Var. 4 at 3rd Move.	
15 18		26 23	18 27	14 18		
23 19		18 27	31 6	15 11		
8 11		31 6	1 10	7 16		
24 20		1 10	14 20 16			
11 15		14 20 16				
19 16			Same as Laird and Lady at 10th Move.			
18 23						
26 19						
15 24						
13 11						
DRAWN.	DRAWN.	DRAWN.	DRAWN.	DRAWN.	DRAWN.

Sturges.   O. Dutton.

IRREGULAR.

6	7	8	9	10	11
17 14	24 20	25 22	4 8	11 15	11 16
9 18	4 8	9 13	A 23 19	25 22	39 22 18
23 14	17 14	25 23 18	15 18	15 24	1 5
10 17	10 17	A 12 16		27 11	18 9
21 14	21 14	17 14		7 16	5 14
4 8	9 18	10 17	Old 14th	22 18	26 22
20 } 26 23	23 14	21 14	7th Move.	6 9	14 17
21 }	6 9	26 16 19		13 6	21 14
6 10	26 23	24 20		2 9	10 26
25 21	9 18	27 6 10	A	31 27	31 22
10 17	23 14	28 { 29 25	38 { 21 17	3 7	7 10
21 14	1 6	10 17	15 19	27 24	22 18
1 6	24 31 26	29 25 21	24 15	16 20	3 7
29 25	6 9	1 6	10 19	24 19	30 25
6 9	26 23	21 14	23 16	20 24	7 11
31 26	9 18	30 6 9	12 19	19 16	25 21
9 18	23 14	31 27 24	27 23	12 19	10 14
23 14	2 6	3 8	11 16	23 16	18 9
12 16	30 26	32 32 27	32 27	14 23	6 10
22 } 24 20	15 19	8 12	7 10	26 19	23 18
23 }	26 22	33 30 25	25 21	10 14	16 23
2 6	6 9	34 12 16	9 14	19 15	18 14
25 21	27 24	25 21	27 24	7 10	10 17
6 9	9 18	35 2 6	8 12	15 6	27 18
26 23	22 15	22 17	24 15	1 10	
9 18	11 18	36 15 22	10 19	16 11	
23 14	24 15	24 8	17 10	10 15	
16 19	18 23	4 11	6 15	11 7	
30 26	28 24	37 26 23	29 25	15 18	
15 18	23 26	9 18	16 20	30 26	
	25 21	23 14	23 16	24 27	
	26 30	6 10	12 19	32 23	
	29 25	27 23	31 27	18 27	
	7 11		3 8	26 22	
	15 10		27 23	27 31	
	12 16	A	8 12	7 2	
	10 6	6 9	23 16	9 13	
	16 19	27 23	12 19	2 6	
	24 15	9 14	25 22	14 17	
	11 18	18 9	5 9	21 14	
	6 2	5 14	13 6	31 26	
	30 26	30 25	1 10	22 18	
	32 27		26 23	26 22	
	26 31	Same as Var. 3 at 11th Move.		18 15	
	27 24			23 18	
	31 26			14 10	

| DRAWN. | B. WINS. | DRAWN. | DRAWN. | DRAWN. | DRAWN. |

Drummond. Sturges. J. D. Janvier. C. H. Irving.

12	13	14	15	16	17
	10 15	15 18	5 1	24 19	1 6	26 23
	19 10	22 15	10 14	8 11	24 19	4 8
	6 15	11 18	1 6	25 21	15 24	30 26
	22 18	29 25	14 17	4 8	28 19	15 18
	15 22	8 11	6 10	29 25	11 15	23 14
	26 10	24 19	17 21		32 28	9 18
	7 14	4 8	10 14		15 24	22 15
	30 26	28 24	21 25		28 19	11 18
40	3 7	1 6	20 16		7 11	19 15
	26 22	24 20	25 30		22 18	10 19
	7 11	6 10	16 11		13 22	24 15
	22 18	32 28	30 25		18 9	5 9
	1 5	10 17	11 7		6 13	28 24
	18 9	23 14	25 21		25 18	12 16
	5 14	2 6	7 3		3 8	24 20
	13 9	27 24	13 17		18 14	16 19
	11 15	17 21	3 7		10 17	20 16
	9 5	25 22	17 22		21 14	9 14
	15 19	6 9	7 10		11 16	16 12
	23 16	22 18	21 25		14 9	6 9
	12 19	13 17			2 7	27 23
	27 23	26 22			9 6	18 27
	19 26	17 26			7 10	32 16
	31 22	31 22				7 11
	2 6	9 13				16 7
	5 1					2 18
	6 10					26 22
	1 6					18 23
A	14 18					22 17
	6 15					14 18
	18 25					17 13
						9 14
	A					41 25 22
	19 15					18 25
	6 10					29 22
	14 18					8 11
	19 19					22 18
	18 25					
	21 17					
	25 30					
	17 14					
	30 26					
	11 9					
	26 31					
	DRAWN.	W. WINS.	DRAWN.	DRAWN.	DRAWN.	DRAWN.

Sturges. Drummond. Payne.

IRREGULAR.

18	19	20	21	22	23
14 18	25 22	24 19	25 21	26 22	26 23
29 25	5 9	15 24	6 9	16 20	16 19
A 11 16	42 27 23	28 19	26 23	30 26	23 16
26 23	9 14	11 16	9 18	2 6	11 20
6 9	43 ⎫ 24 20	26 23	23 14	22 17	25 21
23 14	44 ⎭	6 9	1 6	6 10	2 6
9 18	15 24	46 25 21	30 26	25 21	30 26
17 13	28 19	9 18	6 9	15 18	6 9
16 23	4 8	23 14	26 23	47 26 23	26 23
24 19	45 30 25	16 23	9 18	18 22	9 18
15 24	11 15	27 18	23 14	17 13	23 14
22 6	32 28	8 11	2 6	10 17	8 12
1 10	15 24	29 25	31 26	21 14	21 17
27 18	28 19	12 16	12 16	22 26	12 16
4 8	8 11		A 21 17	13 9	17 13
28 19	19 16		6 9	26 30	7 10
8 11	12 19		26 23	9 6	14 7
18 14	23 16		9 18	30 25	3 10
10 17	6 9		23 14	6 2	
21 14	26 23		16 19	25 23	
11 16	1 5		B 17 13	2 6	
14 9	31 27		7 10		
16 23	10 15		14 7		
31 27	17 10		3 10		
5 14	7 14				
27 9	16 7		A		
	2 11		26 23		
A	20 16		16 19		
4 8	11 20		23 16		
26 23	22 17		11 20		
10 14	13 22				
17 10	25 11		B		
7 14	20 24		24 20		
19 10	27 20		19 23		
6 15	14 17		27 18		
22 17	21 14		15 22		
2 7	9 27		17 13		
17 10	29 25		7 10		
7 14	5 9		14 7		
23 19	20 16		3 10		
	27 31		28 24		
	16 12		8 12		
	31 27		24 19		
	11 8		22 26		
	27 23		29 25		
	8 4		26 30		
	23 19		25 21		
	4 8				
	19 15				
	25 22				
	9 14				
W. WINS.	B. WINS.	DRAWN.	B. WINS.	DRAWN.	B. WINS.

Drummond.   J. D. Janvier.   Drummond.

IRREGULAR.

24	25	26	27	28	29
30 26	29 25	16 20	6 9	30 25	20 16
15 19	15 18	24 19	27 23	10 17	11 20
26 22	23 14	15 24	1 6	25 21	18 11
6 9	11 15	28 19	23 16	1 6	7 16
27 24	24 19	6 10	6 10	21 14	25 21
9 18	15 24	29 25	29 25	6 10	1 6
22 15	28 19	10 17	10 17	29 25	21 14
11 18	4 8	25 21	25 21	10 17	4 8
24 15	27 23	1 6	9 14	25 21	22 18
18 23	8 11	21 14	18 9	19 23	2 7
31 27	23 18	6 10	5 14	26 10	27 23
23 26		22 17	31 27	17 26	13 17
25 21		13 22	4 8	31 22	8 12
26 30		26 17	27 23	7 23	18 15
29 25		4 8	15 18	27 18	6 9
2 6		31 26	22 15	3 7	15 11
27 24		8 12	11 27		9 18
6 9		26 23	32 23		11 2
32 27		12 16	8 11		19 24
7 11		19 12	23 19		23 14
15 10		10 15	7 10		17 21
12 16		17 13	14 7		28 19
10 6		15 22	2 11		16 32
16 19		23 18	30 25		
24 15		11 16	3 8		
11 18		27 23	26 23		
6 2		22 26			
9 13		14 9			
2 6		5 14			
5 9		18 9			
6 1					
9 14					
1 5					
30 26					
20 16					
13 17					
5 9					
B. WINS.	B. WINS.	DRAWN.	W. WINS.	DRAWN.	B. WINS.

Sturges.   J. D. Janvier.   J. D. Janvier.   J. D. Janvier

IRREGULAR. 259

30	31	32	33	34	35
6 10	27 23	20 16	27 23	13 17	4 8
27 23	11 16	11 27	12 16	22 6	A 27 23
10 17	20 11	32 16	A } 22 17	13 29	13 17
23 16	7 16	8 12	B }	24 8	22 6
2 6	18 11	18 11	18 11	4 11	2 9
32 27	9 25	9 25	24 8	6 1	21 17
17 21	30 21	30 21	9 27	29 25	15 22
27 23	3 8	12 19	20 11	27 24	24 15
6 9			7 16	11 15	9 27
28 24			31 24		31 24
4 8			22 31		22 31
16 12			———		17 14
9 14			A		———
18 9			30 25		A
5 14			2 6		22 17
23 18			25 21		15 22
			6 10		24 15
			22 17		9 18
			13 22		B 26 23
			———		22 25
			B		23 14
			14 19		13 22
			7 14		21 17
			31 27		15 22
			2 6		20 4
			30 25		———
			6 10		B
					17 14
					16 19
					26 17
					13 22
					15 10
					19 23
					10 3
					23 32
					3 12
					11 15
					12 16
					22 26
					31 22
					18 25
W. Wins.	B. Wins.	B. Wins.	B. Wins.	Drawn.	Drawn.
Sturges.	J. D. Janvier.	J. D. Janvier.	J. D. Janvier.	J D. Janvier.	J D. Janvier

IRREGULAR.

36	37	38	39	40	41
13 22	14 10	9 14	22 17	12 16	13 9
26 17	6 15	25 21	7 11	26 22	8 11
15 22	27 24	48 15 19	26 22	3 7	25 22
24 8	22 25	24 15	11 15	22 17	18 25
4 11	26 23	10 19	32 28	7 10	29 22
14 10	13 22	17 10	15 24	13 9	11 15
6 15	24 19	6 15	28 19	1 5	22 17
31 26	15 24	23 16	3 8	9 6	14 18
22 31	28 12	12 19	22 18	2 9	17 14
17 13	7 10	29 25	8 11	17 13	23 26
		7 10	18 9	10 15	31 22
		25 22	10 14	13 6	18 25
		2 6	17 10	15 19	14 10
		27 24	6 24	6 1	25 29
		5 9		19 26	9 6
		22 17		31 23	29 25
		8 12		5 9	
		17 14		1 6	
		9 18		9 13	
		26 23		27 23	
		19 26		20 24	
		30 7		6 9	
		3 10			
W. Wins.	B. Wins.	Drawn.	B. Wins.	W. Wins.	Drawn.

J. D. Janvier. J. D. Janvier.

IRREGULAR.

42	43	44	45	46	47
26 23	32 27	30 25	32 28	31 26	17 13
9 14	4 8	4 8	11 15	9 18	10 17
24 20	30 25	32 27	A 30 25	23 14	21 14
15 24	6 9	6 9	15 24	16 23	18 22
28 19	24 20	24 20	28 19	26 19	26 17
11 15	15 24	15 24	8 11	8 11	11 15
32 28	28 19	28 19	22 18	25 22	A 27 23
15 24	11 15	11 15	13 22	11 16	20 27
28 19	A 19 16	20 16	18 9	27 23	23 19
4 8	12 19	15 24	6 13	1 6	15 24
49 30 26	23 16	27 20	25 18	22 18	32 23
7 11	15 19	12 19	13 17	6 10	24 27
19 16	A	23 16	21 14	14 9	23 18
12 19	20 16	8 11	10 17	5 14	8 11
23 7	15 24	26 23	50 ⎫	18 9	28 24
2 11	27 20	2 6	51 ⎬ 19 15	7 11	27 31
A 26 23	12 19		52 ⎭	9 5	24 19
6 9	23 16		11 16	11 15	31 26
B 23 19	8 11		20 11	32 28	19 15
11 15	26 23		7 16	15 24	26 22
27 24	2 6		15 11	28 19	15 8
14 18			16 20	3 7	22 15
20 16			B 23 19	30 26	A
18 25			20 24	7 11	13 9
29 22			11 8	26 22	7 10
15 18			24 28	11 15	14 7
22 6			A		5 21
1 10			19 16		6 2
A			12 19		8 11
27 23			23 16		2 6
6 9			8 12		3 7
22 18			16 11		6 9
13 22			7 16		21 25
26 17			20 11		9 14
25 21			12 16		25 30
31 27			26 23		14 17
9 13			15 18		30 25
B			22 15		17 14
27 24			13 22		25 21
11 15			B		14 9
20 16			31 27		21 17
15 18			12 16		9 6
22 6			18 14		17 13
1 10			17 21		6 1
B. WINS.	B. WINS.	B. WINS.	B. WINS.	B. WINS.	B. WINS.
Hay.	Hay.	Hay.	Hay.	Drummond.	J. D. Janvier.

IRREGULAR.

	48		49		50		51		52		53
	15 18		22 18		19 16		31 27		18 14		11 16
	29 25		13 22		12 19		2 6		17 21		24 20
53	11 15		18 9		23 16	A	19 15	A	26 22		8 11
	26 22		6 13		17 21		3 8		21 25		28 24
	7 11		30 25		26 23		29 25		22 18		10 15
	30 26		13 17		2 6		17 21		25 30		17 10
	2 7	A	21 14		16 12		25 22		14 9		7 14
	24 20		10 17		6 10		21 25		11·16		
	5 9		25 18		31 27				20 11		
	28 24		17 22		1 5		A		7 16		
	12 16	B	19 15		27 24		18 14		A		
	32 28		7 10		5 9		17 21		19 16		
	16 19		15 6		24 19		26 23		12 19		
	23 16		1 10		10 15		21 25		23 16		
	18 23				19 10				2 6		
	26 19		A		7 14				26 22		
	8 12		25 18						21 25		
	27 23		17 22								
	3 8		18 14								
	23 18		10 17								
	14 23		21 14								
	17 14		8 11								
	9 18										
	21 17		B								
	23 26		18 15								
	17 14		7 10								
	10 17		15 6								
	19 3		1 10								
	12 19										
	22 15										
	11 18										
	31 15										
	W. WINS.		B. WINS.		B. WINS.		B WINS		B WINS.		W. WINS.

END GAME NO 21

By Jas. Ash.

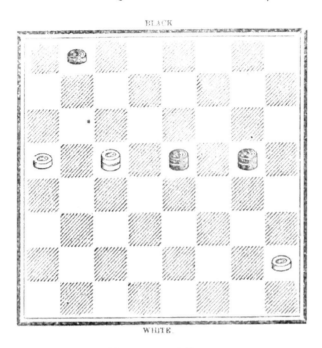

W. to play and Draw

For Solution see next page.

SOLUTION TO END GAME NO. 21.

	1	2	3	4	5
1 } 13 9 2 } 　　16 11 3 } 14 17 4 } 　　15 10 5　 9 5 　　11 15 6 } 17 22 7 } 　　15 19 　　22 26 　　10 15 8　26 22 　　15 11 　　22 26 　　11 16 9　26 22 　　19 23 　　22 17 　　23 18 10　17 13 　　16 19 　　13 9 　　19 15 　　28 24 　　15 11 　　24 20 　　11 7 　　20 16 　　 7 2 　　16 11 　　18 15 　　11 8 　　15 10 　　 9 13 　　 2 6 　　 8 3 　　10 14 　　 3 7	14 17 　　15 10 A 28 24 　　 1 6 　　17 22 　　16 20 　　24 19 　　10 14 　　― 　　 A 　　17 22 　　10 14 B 28 24 　　16 20 　　24 19 　　 1 6 　　― 　　 B 　　22 26 　　16 19 C 26 31 　　19 23 　　28 24 　　 1 6 　　24 20 　　14 10 　　― 　　 C 　　26 30 　　 1 6	14 9 　　15 10 A } 28 24 B } 　　16 11 　　 9 5 　　11 15 　　24 20 　　15 11 　　 5 9 　　 1 5 　　― 　　 A 　　 9 5 　　16 19 　　 5 9 　　 1 5 　　― 　　 B 　　 9 6 　　10 14 　　 6 2 　　16 11 　　28 24 　　14 18 　　13 9 　　18 14 　　 9 5	9 5 　　11 7 　　14 17 　　15 18 　　17 13 　　 7 2 　　13 9 　　18 15 　　28 24 　　15 10 　　 9 13 　　 2 6 　　24 20 　　10 14 　　20 16 　　14 9 　　16 11 　　 6 2	28 24 　　11 7 A 24 20 　　15 10 　　14 17 　　 1 5 　　― 　　 A 　　14 17 　　 7 10 　　 9 5 　　15 18 　　24 20 　　10 6 　　17 13 　　18 14 　　20 16 　　14 9 　　16 11 　　 6 2	9 6 　10 15 　 6 2 　15 18 　17 13 　18 14 　28 24 　14 18 　13 17 　11 16 　17 13 　18 15 　24 20 　16 11 　13 17 　15 18
DRAWN.	B. WINS.	B. WINS.	B. WINS.	B. WINS.	B. WINS.

SOLUTION TO END GAME NO. 21.

6	7	8	9	10
23 24	17 13	26 31	26 30	28 24
15 18	10 6	19 23	19 23	16 20
24 20	28 24	28 24	30 25	24 19
10 6	15 10	15 18	23 18	18 23
A 17 21	24 20	24 20	A 25 21	19 15
18 22	10 14	18 15	B	20 16
20 16	20 16	20 16	18 22	15 10
6 9	14 9	15 19	28 24	16 11
16 11	16 11	16 11	16 11	17 13
22 17	6 2	19 24	24 19	23 19
A		11 7	11 7	13 9
17 13		24 28	19 16	19 15
18 14		7 2	7 2	9 6
20 16		23 27	16 11	15 18
14 9			2 6	6 2
16 11			11 7	11 8
6 2			6 9	2 6
			7 2	18 23
			22 17	6 2
			A	8 11
			25 29	2 6
			18 22	23 19
			28 24	6 2
			16 20	19 16
			24 19	2 6
			22 18	16 12
			29 25	6 2
			18 23	11 16
			19 15	2 6
			20 16	12 8
			15 10	6 2
			16 11	16 12
			25 22	2 6
			23 19	8 3
			B	6 2
			25 30	12 16
			18 22	2 6
			28 24	16 11
			16 20	6 2
			24 19	11 15
			22 18	2 6
			30 25	15 18
			18 23	6 9
			19 15	
			20 16	
			15 10	
			16 11	
			25 22	
			23 19	
B. WINS.	B. WINS.	B WINS.	B. WINS.	DRAWN.

CRITICAL POSITIONS.

No. 1. By Payne.

17	14		1
6	2	6	9
13	9	13	6
1	6	1	17
5	1	5	9
6	13		
14	9		
13	6		
1	10		

1

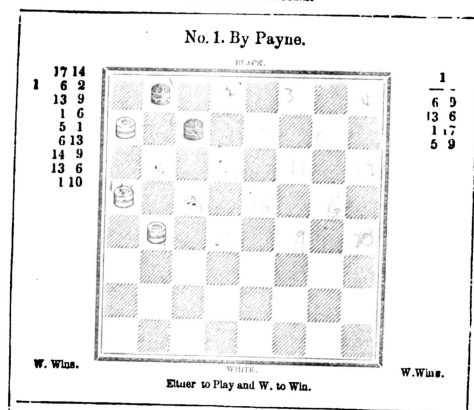

W. Wins. W. Wins.

Either to Play and W. to Win.

No. 2. By Payne,

18	15
6	1
14	9
24	28
23	19
1	5
9	6
28	32
19	24
5	1
24	19

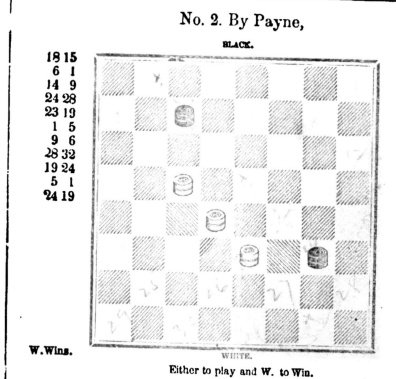

W. Wins.

Either to play and W. to Win.

No. 3. By Payne.

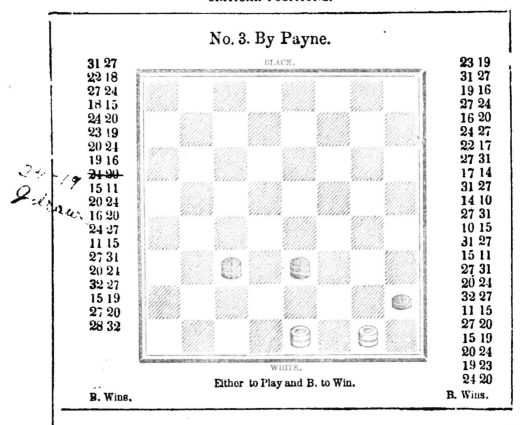

Either to Play and B. to Win.

31 27	23 19
22 18	31 27
27 24	19 16
18 15	27 24
24 20	16 20
23 19	24 27
20 24	22 17
19 16	27 31
31 20	17 14
15 11	31 27
20 24	14 10
16 20	27 31
24 27	10 15
11 15	31 27
27 31	15 11
20 24	27 31
32 27	20 24
15 19	32 27
27 20	11 15
28 32	27 20
	15 19
	20 24
	19 23
	24 20

B. Wins.   B. Wins.

No. 4. By Payne.

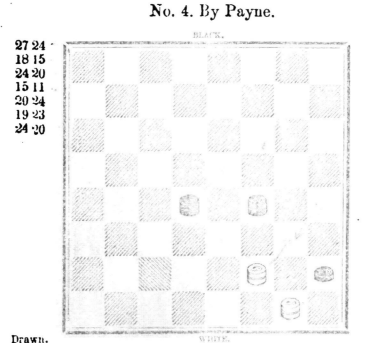

W. to play and Draw. •

27 24
18 15
24 20
15 11
20 24
19 23
24 20

Drawn.

• White draws by continuing square 20.

No. 5. By Payne.

14 17	
23 26	
15 10	
22 18	
10 6	
26 30	
17 21	
18 22	
6 9	
30 26	
9 14	
26 30	
14 17	
22 18	
17 14	

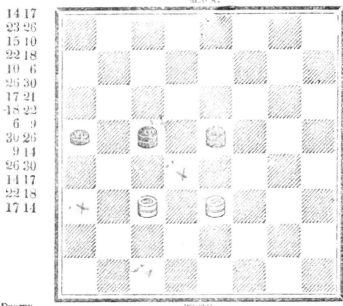

Drawn.

B. to play and W. to Draw.

No. 6. By Payne.

24 28	32 28
31 27	24 20
23 19	28 32
27 31	22 18
19 24	31 27
32 27	23 19
24 20	27 31
27 32	19 24
22 18	32 27
31 27	24 28
	27 32
	18 22
	31 27
	22 26
	30 23
	28 24

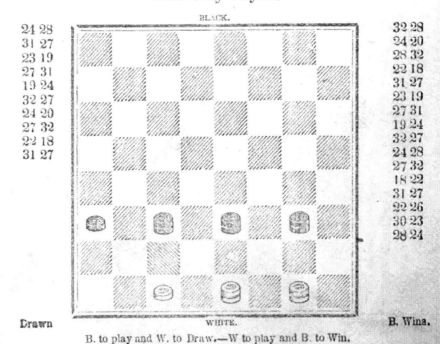

Drawn   B. Wins.

B. to play and W. to Draw.—W. to play and B. to Win.

CRITICAL POSITIONS.

No. 7. By J. W. Howard.

14 18	14 17
23 27	23 2*
18 23	17 22
27 32	27 23
15 19	28 32
32 28	19 24
23 27	22 17
20 16	
27 23	
28 32	
19 24	
16 11	
24 19	
11 7	
19 15	
32 28	
15 19	
7 10	
23 27	
10 14	
27 23	

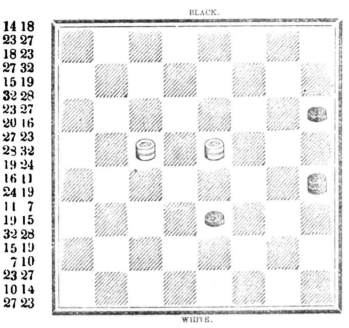

W. to play and Draw. — Drawn.

No. 8.

12 16
2 7
16 19
7 10
19 23
10 14
23 27
14 10
27 31
10 15
31 27
15 19
27 32

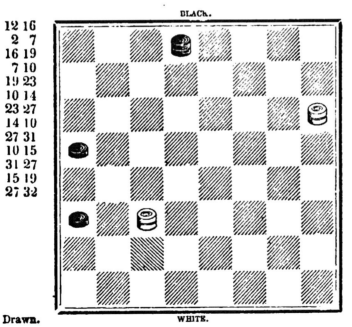

Drawn. — **W to play and Draw.**

No. 9. By Geo. Mugridge.

24 20
23 19
31 27
15 11
27 24
11 15
24 27
15 11
20 24
11 15
27 31
19 23
28 32
23 19
24 27

Drawn

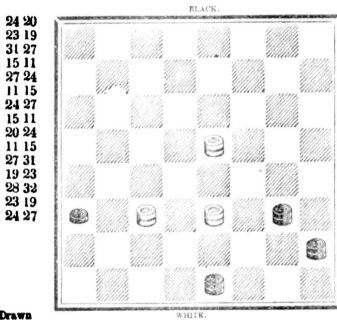

B. to play and W to Draw

No. 10

6 2
13 9
2 7
14 18
7 11

Drawn

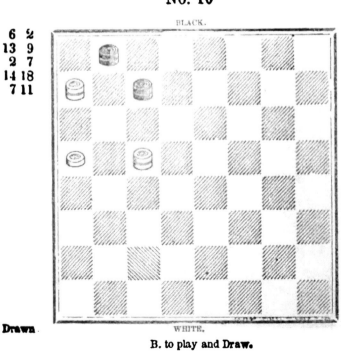

B. to play and Draw.

CRITICAL POSITIONS.

No. 11.

23 19	19 23
16 11	10 15
19 16	4 8
11 8	7 3
16 11	23 27
8 4	16 11
11 7	8 4
4 8	15 19
32 27	27 32
11 18	19 24
6 10	32 28
8 4	11 16
27 24	28 19
18 23	16 23
10 14	4 8
4 8	3 7
24 20	
23 19	
14 10	
8 4	
20 16	

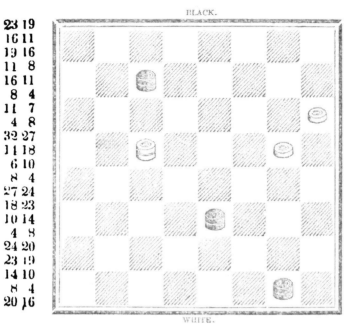

B. to play and Win.

No. 12.

1 27 31	1
10 7	18 14
18 23	19 23
	27 18
	10 15

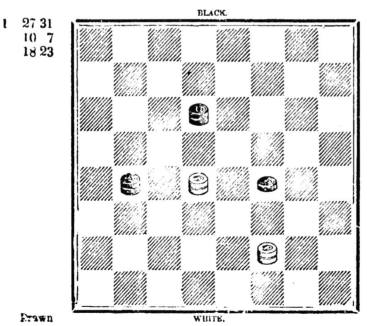

Drawn   WHITE.   B. Wins.

W. to play and Draw

No. 13. By Martin.

19 24	
11 15	
24 28	
15 18	
22 26	
31 22	
28 32	
18 27	
32 23	

Drawn.

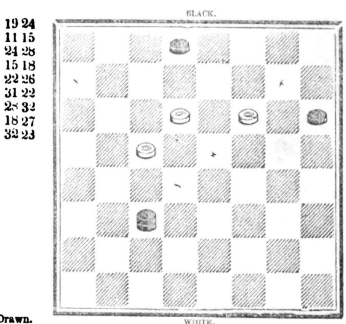

W. to play and Draw.

No. 14. By E. Hull.

32 27	
14 17	
27 31	
17 22	
30 26	
22 25	
20 16	
12 19	
26 23	
19 26	
31 29	

W. Wins.

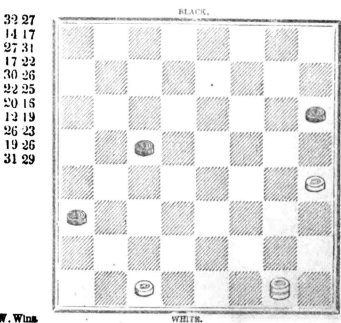

W. to play and Win

CRITICAL POSITIONS.

No. 15. By Alonzo Brooks.

22 17
32 23
31 26
23 30
17 21

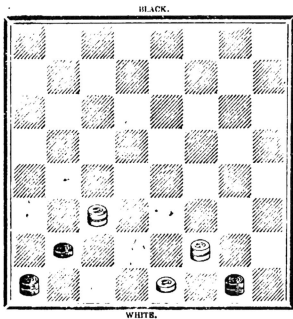

W. Wins

W. to play and Win

No. 16. By Alonzo Brooks.

10 15
31 22
29 25
22 29
15 22

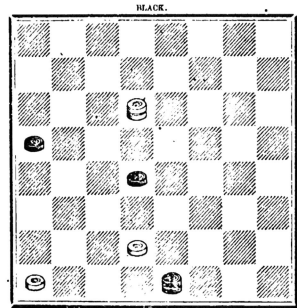

W. Wins

W. to play and Win.

No. 17. By E. Hull.

24	19
28	32
19	15
32	28
15	10
28	32
10	14
32	28
23	27
28	32
22	18
32	23
18	27
30	26
14	9

W. Wins

W. to play and Win.

No. 18. By E. Hull.

14	10
11	7
10	19
6	2
3	10
2	7
4	8

Drawn.

B. to play and Draw

No. 19. Selected.

31 26
24 20
26 23
19 26
14 18
26 30
18 22

B. Wins.

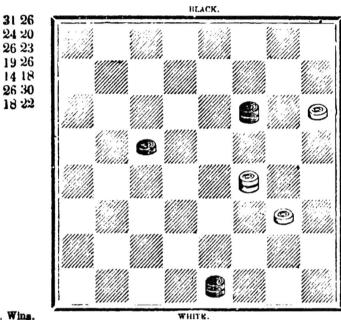

B. to play and Win.

No. 20. By Sturges.

22 17
21 25
17 13
25 30
14 9
 6 10
 3 7
11 2
 9 6

W. Wins

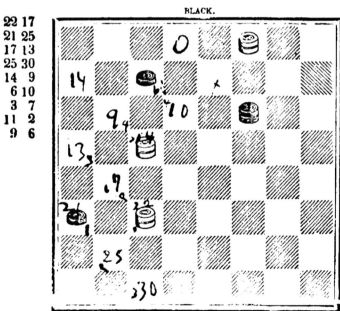

W. to play and Win.

No. 21. By J. M'Lean.

	15 18
	31 27
	18 22
	32 28
	22 18
	20 24
	18 22
1	27 32
	22 26
	32 27
	26 31

1
27 31
19 23
28 32
23 19
24 28
19 23
31 27

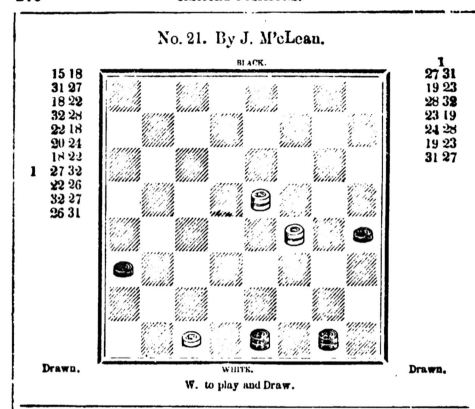

Drawn.   Drawn.

W. to play and Draw.

No. 22. By Wm. Everett.

11 15
27 32
15 18
32 27
18 22
27 32
19 23
32 28
23 27
12 16
22 26
16 20
26 23
28 24
27 32
24 27
23 19
27 31
19 15

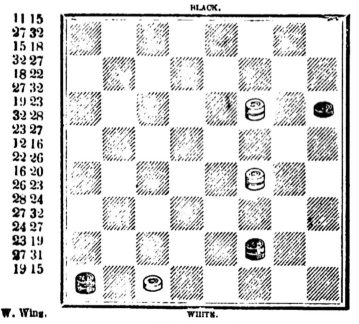

W. Wins.

W. to play and Win.

CRITICAL POSITIONS. 277

No. 23

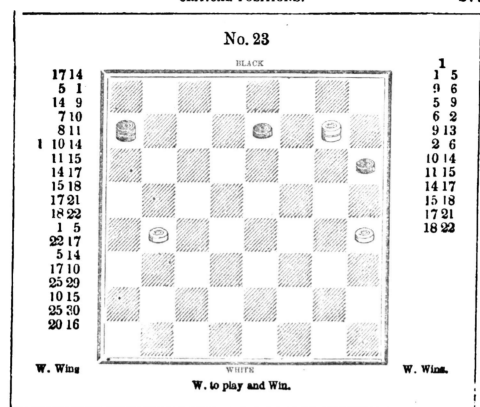

17 14	1
5 1	1 5
14 9	9 6
7 10	5 9
8 11	6 2
1 10 14	9 13
11 15	2 6
14 17	10 14
15 18	11 15
17 21	14 17
18 22	15 18
1 5	17 21
22 17	18 22
5 14	
17 10	
25 29	
10 15	
25 30	
20 16	

W. Wins.   W. Wins.

W. to play and Win.

No. 24. By J. Dunn.

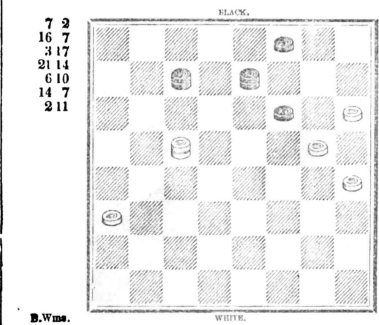

7 2
16 7
3 17
21 14
6 10
14 7
2 11

B. Wins.

B. to play and Win.

No. 25.

14 18
7 11
6 10
11 16
10 15
16 20
15 19
5 9
18 22

W. Wins.

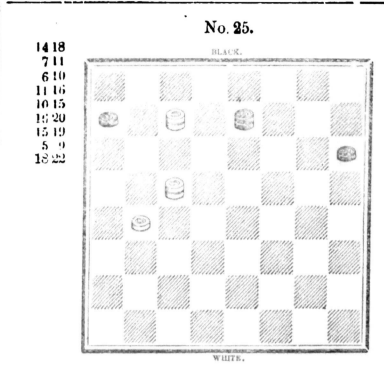

W. to play and win.

No. 26.

24 20
14 9
15 18
9 13
3 7
13 9
7 10
9 5
10 14
17 21
18 22
5 1
11 9
1 5
22 17
5 14
17 10
21 25
10 15
25 30
20 16

W. Wins.

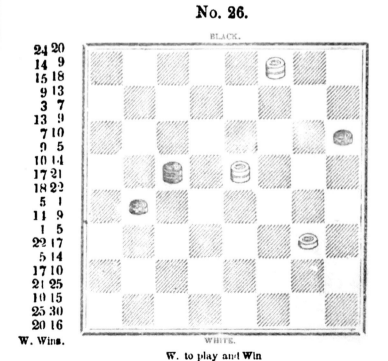

W. to play and Win

CRITICAL POSITIONS.

No. 27.

		1
6 10		18 23
1 14 17		10 17
21 14		23 18
18 9		17 13
24 19		18 14
11 15		21 17
10 6		14 21
15 21		24 19
6 13		

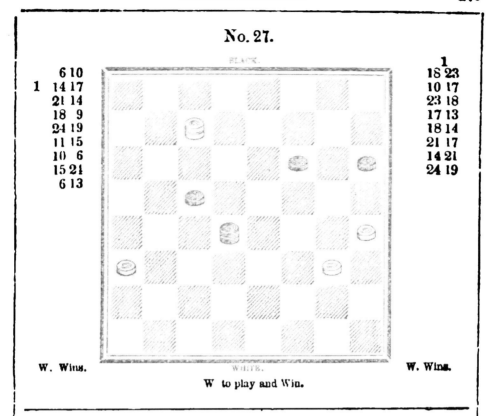

W. Wins.   W. Wins.

W. to play and Win.

No. 28.

30 25
27 18
22 15
14 17
25 21
17 22
15 18
22 26
21 17
9 13
18 23
13 22
23 30

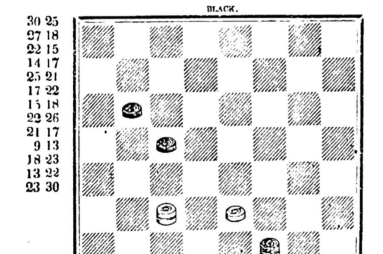

W. Wins.

W. to play and Win.

No. 29. By Alonzo Brooks

23 27
21 25
28 24
25 18
27 32
20 27
32 14
29 25
14 18

W. Wins.

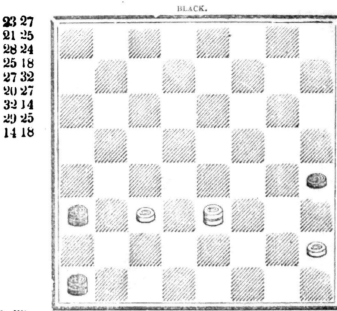

W. to play and Win.

No. 30. By O. Dutton

1 6
9 13
15 18
17 21
18 14
13 17
6 10
17 22
10 15
22 26
15 19
26 30
19 23
30 25
23 26
25 29
26 30
29 25
14 18

25 29
18 22

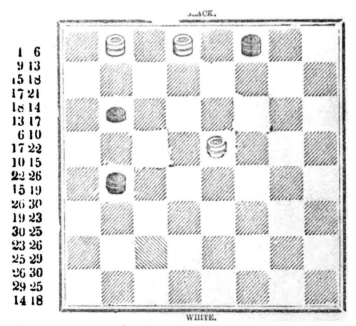

W. Wins

W. to play and Win.

CRITICAL POSITIONS.

No. 31. By A McIntosh.

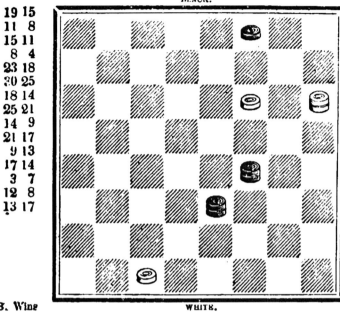

19	15
11	8
15	11
8	4
23	18
30	25
18	14
25	21
14	9
21	17
9	13
17	14
3	7
12	8
13	17

B. Wins

B. to play and Win.

No. 32. By J. Story

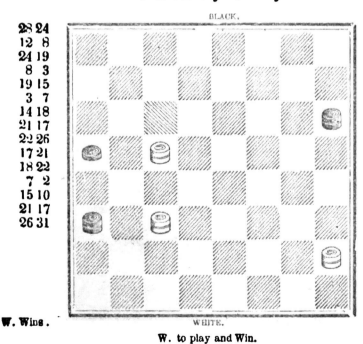

28	24
12	8
24	19
8	3
19	15
3	7
14	18
21	17
22	26
17	21
18	22
7	2
15	10
21	17
26	31

W. Wins.

W. to play and Win.

No. 33. By Anderson.

32 27	29 25
13 17	6 10
30 26	25 29
5 9	10 15
27 23	29 25
9 14	15 18
23 19	25 29
14 18	18 22
19 15	21 25
18 22	2 ,0
26 30	
17 21	
15 10	
22 25	
30 26	
25 29	
10 6	
29 25	
6 1	
25 29	
1 6	

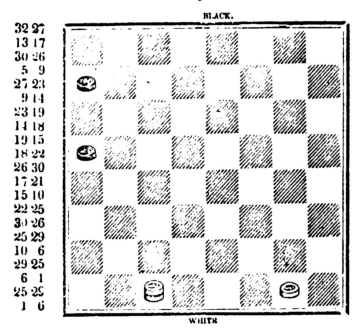

Either to play and W. to Win. — W. Wins.

No. 34. By Sturges.

32 27
28 32
27 24
19 28
26 23

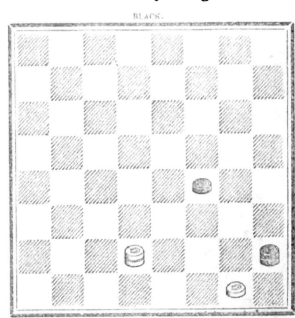

W. Wins. — W. to play and Win.

No. 35. By J. Paterson.

18 23
10 7
 3 10
 6 15
 8 11
15 8
27 24
28 19
25 1

Drawn.

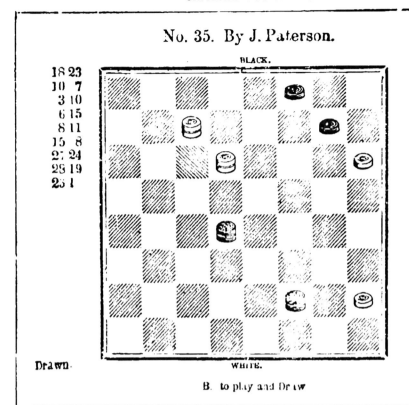

B. to play and Draw

No. 36.

3 7	9 5
	11 7
15 11	19 16
16 19	7 2
17 14	16 11
25 22	3 7
14 10	
21 27	
7 3	
27 23	
3 7	
23 18	
7 3	
22 17	
3 7	
18 14	
10 6	
17 13	
3 7	
14 9	
6 1	

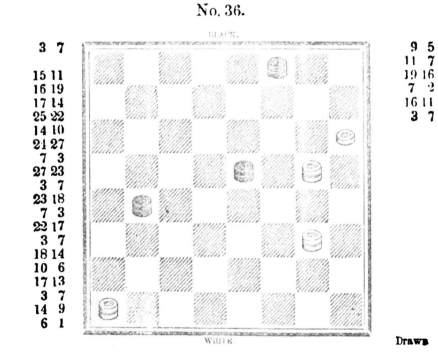

Drawn

B. to play and Draw.

No. 37. By Wm. Lewis.

	18 15	19 23
1	20 24	15 19
	22 17	23 27
	31 27	19 24
	15 11	27 32
	27 23	22 18
	11 16	20 27
		18 22

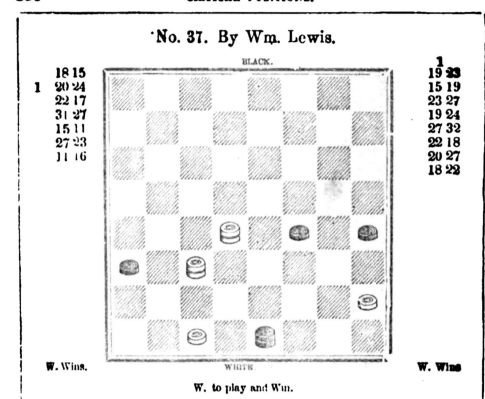

W. Wins.   W. Wins

W. to play and Win.

No. 38. Selected.

```
 4  8
26 17
 2  7
16 12
29 25
12  3
25 21
 3 10
21  7
```

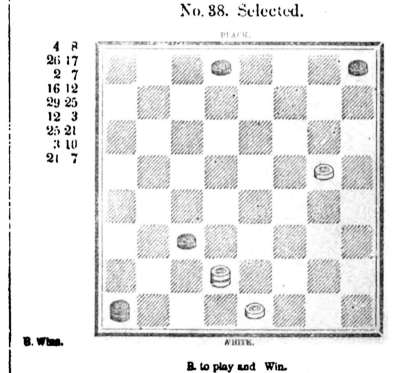

B. Wins.

B. to play and Win.

CRITICAL POSITIONS.

No. 39. By E. Hull

3 7
25 29
7 10
29 25
15 19
23 16
20 11
12 16
10 15
16 20
15 19

W. Wins.

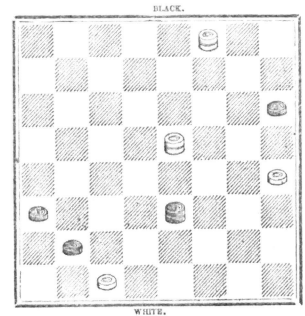

W. to play and Win

No. 40. By Sturges

6 10
19 23
27 9
7 5

W. Wins.

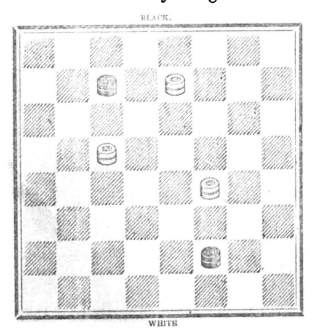

B. to play and W. to Win.

CRITICAL POSITIONS.

No. 41. By A. Thompson.

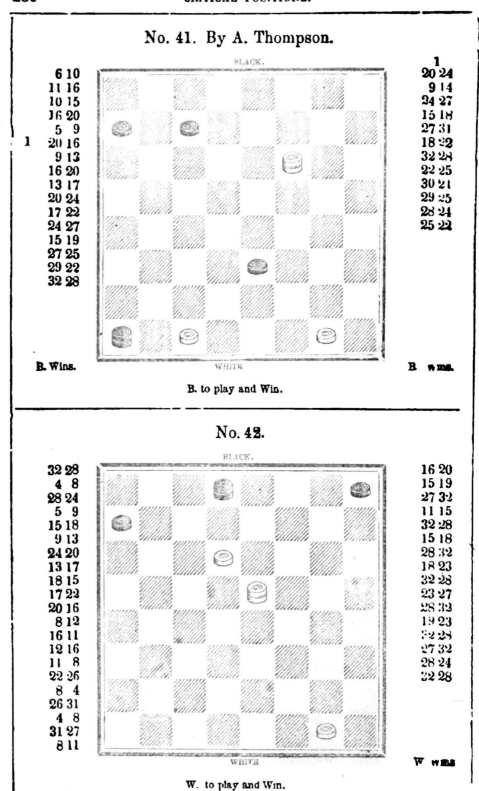

	6 10	1
	11 16	20 24
	10 15	9 14
	16 20	24 27
	5 9	15 18
1	20 16	27 31
	9 13	18 22
	16 20	32 28
	13 17	22 25
	20 24	30 21
	17 22	29 25
	24 27	28 24
	15 19	25 22
	27 25	
	29 22	
	32 28	

B. Wins. B. Wins.

B. to play and Win.

No. 42.

32 28	16 20
4 8	15 19
28 24	27 32
5 9	11 15
15 18	32 28
9 13	15 18
24 20	28 32
13 17	18 23
18 15	32 28
17 22	23 27
20 16	28 32
8 12	19 23
16 11	32 28
12 16	27 32
11 8	28 24
22 26	32 28
8 4	
26 31	
4 8	
31 27	
8 11	

W. Wins.

W. to play and Win.

CRITICAL POSITIONS.

No. 43. By A. H. Mercer.

5   9
2   6
9 14
6 10
14 17
10 6
17 22
6   9
22 26
9 14
26 31
14 18
31 26
19 15
26 22
15 8
22 15
8   3
15 11

B. Wins.

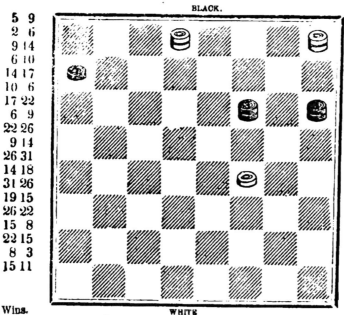

B. to play and Win

No. 44. By S. Brooks.

1   6
2   9
10 14

B Wins.

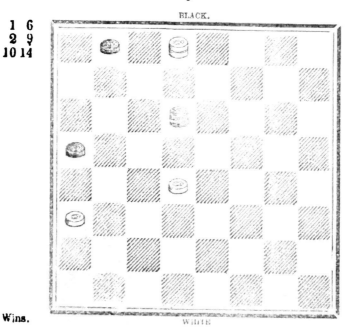

B. to play and Win

No. 45. By Jas. Ash

BLACK.

27	23
2	6
23	18
9	5
18	15
6	9
15	10
5	1
10	15
9	13
15	10
1	5
10	14

Drawn

WHITE.

B. to play and Draw.

No. 46. By E. Hull.

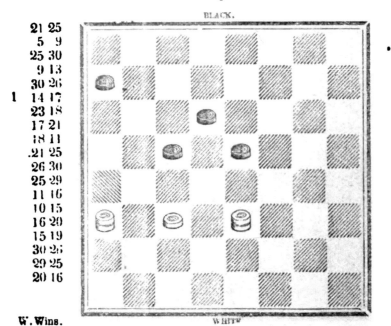

BLACK.

21	25
5	9
25	30
9	13
30	26
14	17
23	18
17	21
18	11
21	25
26	30
25	29
11	16
10	15
16	20
15	19
30	26
29	25
20	16

1

13	17
22	13
15	18
23	27
18	22
26	17
14	21
27	23
10	14
13	9
21	25
23	26
14	17
26	30
25	29
5	9
17	21
5	1

W. Wins.

WHITE.

W. to play and Win.   W. Wins.

No. 47. By J. Paterson.

15 10
7 11
10 7
25 29
7 3
29 25
3 8
25 22
8 11
22 17
15 10
1 5
9 6
17 13
10 15
13 9
14 10
9 2
19 24
28 19

W. Wins.

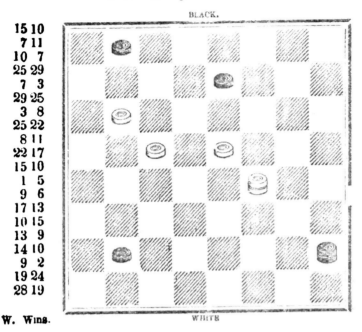

W. to play and Win.

No. 48. By J. D. Janvier.

15 10
29 25
10 3
25 22
14 9
22 15
3 7

W. Wins.

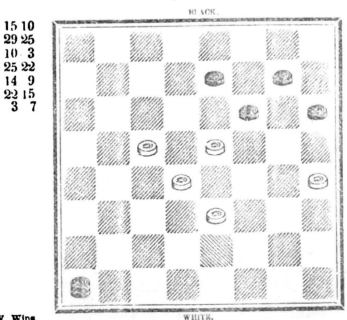

W. to play and Win.

No. 49. By Alonzo Brooks.

19 15	13 17
10 19	23 27
23 16	31 24
12 19	28 19
30 16	17 22
8 12	19 23
1 10	
12 19	
10 15	
19 23	
20 24	
23 26	
15 18	
9 13	
24 27	
26 31	
27 24	
31 26	
24 28	
26 31	
18 23	

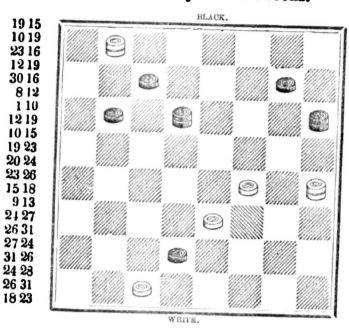

W. Wins.

W. to play and Win

No 50. By J. Neilson.

29 25
22 29
31 22
14 17
19 23
17 26
23 30
13 17
11 7
17 21
30 26
29 25
7 3
29 25
3 8

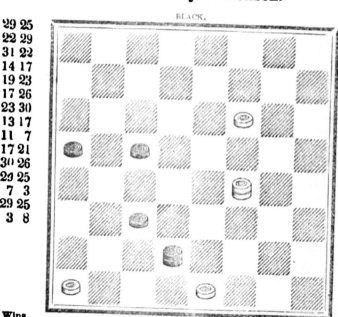

W. Wins.

W. to play and Win.

No. 51. By T Muir

7 11
27 31
11 15
31 22
30 25
22 29
15 22

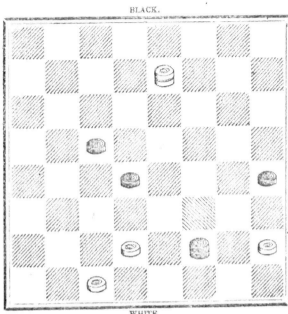

W. Wins.

W. to play and Win.

No. 52. By Alonzo Brooks.

31 26
22 17
26 23
17 13
22 18
15 10
12 16
10 6
18 14
6 1
14 9
13 6
16 11

B Wins.

B. to play and Win.

No. 53. By Alonzo Brooks.

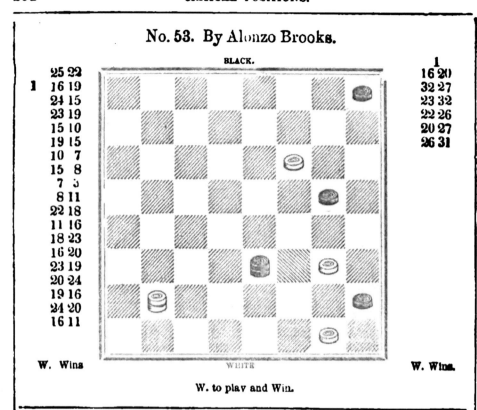

	25 22	1
1	16 19	16 20
	24 15	32 27
	23 19	23 32
	15 10	22 26
	19 15	20 27
	10 7	26 31
	15 8	
	7 3	
	8 11	
	22 18	
	11 16	
	18 23	
	16 20	
	23 19	
	20 24	
	19 16	
	24 20	
	16 11	

W. Wins   W. Wins.

W. to play and Win.

No. 54. By A. H. Mercer

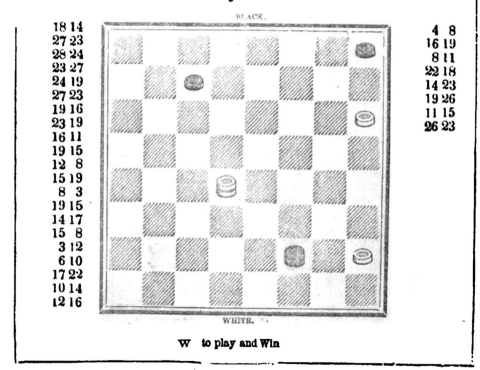

18 14	4 8
27 23	16 19
28 24	8 11
23 27	22 18
24 19	14 23
27 23	19 26
19 16	11 15
23 19	26 23
16 11	
19 15	
12 8	
15 19	
8 3	
19 15	
14 17	
15 8	
3 12	
6 10	
17 22	
10 14	
12 16	

W. to play and Win

CRITICAL POSITIONS.

No. 55. By Alonzo Brooks.

26 22
18 25
13 17
25 22
17 26
29 25
26 31
25 22
30 26
22 25
31 27

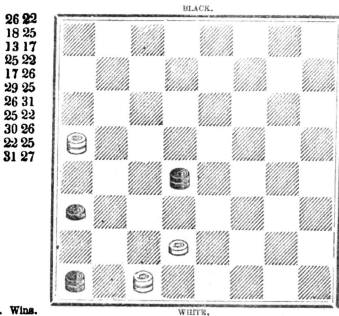

W. Wins.

W. to play and Win.

No. 56. By Alonzo Brooks.

20 16
25 18
26 23
19 26
27 31
12 19
31 24

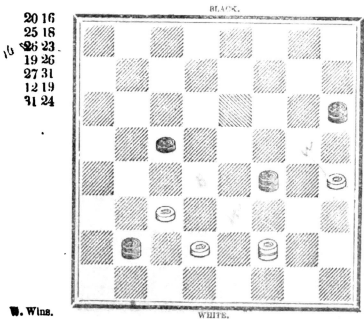

W. Wins.

W. to play and Win.

No. 57. By A. Ross.

15 10
14 7
6 2
19 12
2 11

Draws.

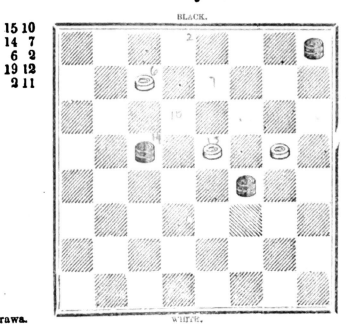

W. to play and Draw.

No. 58. By J. D. Janvier.

3 8
16 12
8 11
12 8
11 16
8 3
16 20
3 8
20 24
8 12
24 27
12 16
27 31
16 23
7 11
23 19
31 27
19 24
27 20
26 23
11 15

B. Wins

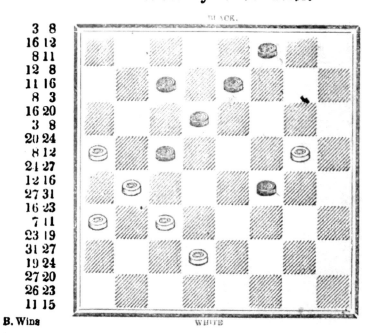

B. to play and Win.

No. 59.

BLACK.

1	5
9	14
5	9
14	17
9	14
17	21
14	18
13	17
31	26
32	27
18	14
27	31
14	9
31	22
9	13

WHITE.

W. Wins.

W. to play and Win.

No. 60. By A. Gardner.

BLACK.

14	18
23	26
30	23
19	26
18	23
26	30
32	28
30	25
28	24
16	20
23	27

WHITE.

W. Wins.

W. to play and Win

No. 61. Selected.

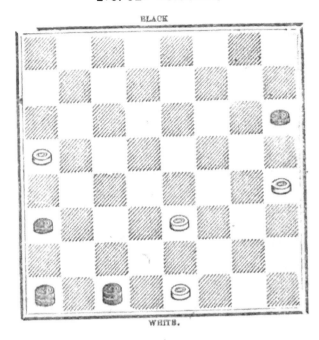

W. to play and Win.

	31 26	25 30	7 10	1
	29 25	10 7	25 30	
	13 9	30 25	10 15	25 22
1	25 29	7 3	30 25	26 17
	9 6	25 30	15 19	30 26
	29 25	3 7	25 30	23 19
	6 2	30 25	26 22	26 22
	25 29	7 10	30 25	17 13
	2 6	25 30	23 18	22 18
	29 25	10 15	25 30	9 6
	6 10	30 25	20 16	21 25
	25 29	15 19	30 25	6 1
	10 15	25 30	22 26	25 30
	29 25	19 23	25 30	13 9
	15 18	30 25	18 15	30 26
	25 29	22 26	30 23	9 6
	18 22	25 30	19 26	26 31
	30 25	18 14	12 19	6 2
	23 18	30 25	15 24	31 27
	25 30	14 10	29 25	2 7
	26 23	25 30	24 19	27 24
	30 25	10 7		7 10
	23 19	30 25		
	25 30	7 2		
	19 15	25 30		
	30 25	2 7		
	15 10	30 25	W. Wins	W. Wins

No. 62. By Alonzo Brooks.

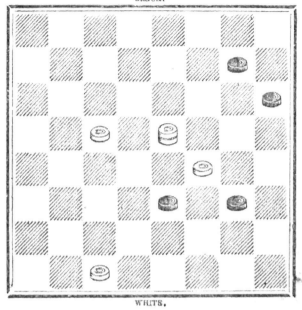

B. to play and Draw.

		1	2	3
1	23 27			
	14 10	24 28	27 32	32 27
2	27 31	19 16	10 7	30 26
	10 7	12 19	32 27	31 22
3	24 28	15 24	7 3	19 16
	7 3	8 11	27 23	— 12 19
	28 32	14 10	19 16	15 31
	3 7	11 15	12 19	22 17
	32 28	10 7	3 12	7 10
	7 11	28 32	23 27	8 11
	31 27	24 27	12 16	31 27
	11 4	15 18	27 23	11 16
	27 23	27 31	30 25	27 24
	15 10	32 28		16 20
		31 26		24 27
		23 27		
		26 23		
	DRAWN	W. WINS	W. WINS.	W. WINS.

No. 68.

11 15
18 11
30 26
21 30
19 23
27 18
12 8
30 23
 8 15

W. Wins.

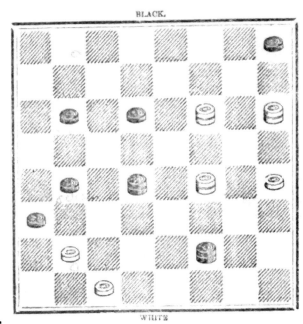

W. to play and Win.

No 64. By W. Lewis.

16 11
 7 16
13 17
22 13
 6 1
13 6
14 17
21 7
 1 26

B. Wins

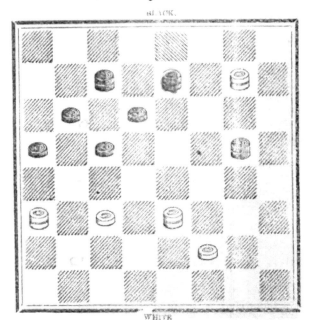

B. to play and Win

No. 65. Selected.

19 16
5 14
16 11
15 8
2 7
10 3
17 10

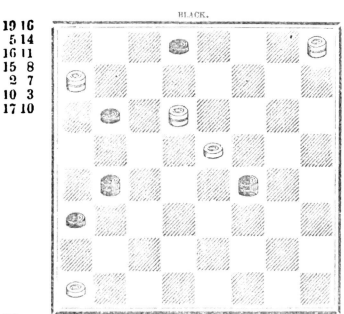

B Wins.

B. to play and Win

No. 66. By W. L. Crookston.

6 9
13 6
31 26
24 31
5 1
31 22
1 26
29 25
19 15
11 18
26 22
18 23
22 29

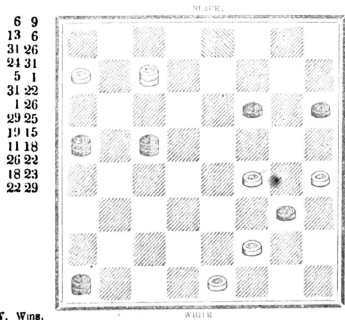

W. Wins.

W. to play and Win

No. 67. By Drummond.

11 16
20 11
 4 8
11 4
 3 8
 4 11
18 23
11 18
19 24
28 19
27 31
18 27
31 29

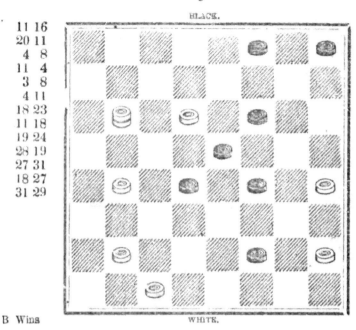

B Wins

B. to play and Win

No. 68. By A. J. Drysdale

20 24
28 3
10 6
 1 10
18 15
10 19
25 22

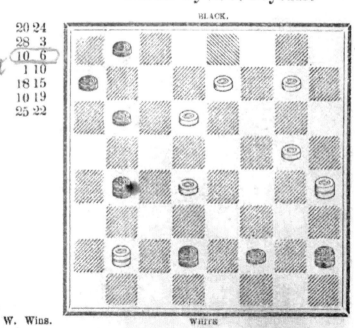

W. Wins.

W. to play and Win.

No. 69. By A. J. Drysdale.

8	7
6	2
7	11
21	17
14	21
2	7
12	16
7	3
15	19
3	12
19	26
12	19
26	31
19	16

Drawn.

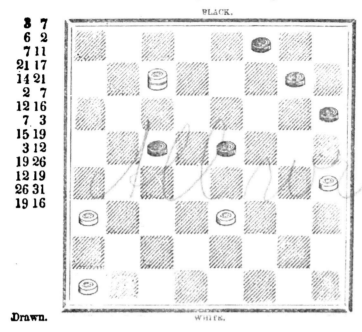

B. to play and Draw.

No. 70. By W. L. Crookston.

21	25
30	21
5	9
14	5
23	27
32	23
26	10

B. Wins.

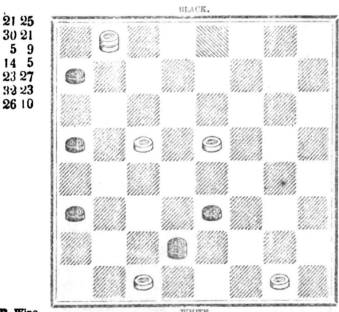

B. to play and Win.

No. 71. By J. McLean

9	6
2	9
28	24
20	27
32	23
18	27
1	6
9	13
11	7
3	10
6	24

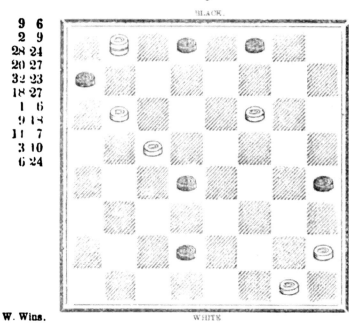

W. Wins.

W. to play and Win.

No. 72. By J. McLean.

12	8
4	11
14	10
6	15
29	25
22	29
3	7
15	22
7	30

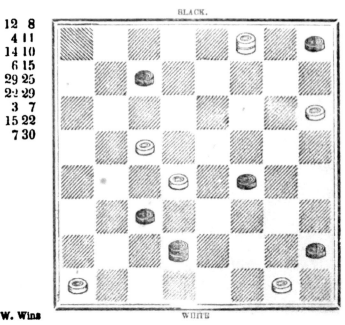

W. Wins

W. to play and Win.

No. 73. By Geo. Thompson.

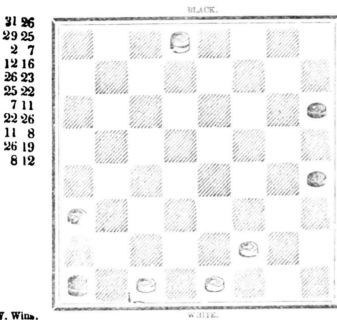

31	26
29	25
2	7
12	16
26	23
25	22
7	11
22	26
11	8
26	19
8	12

W. Wins.

W. to play and Win

No. 74. By Geo. Thompson

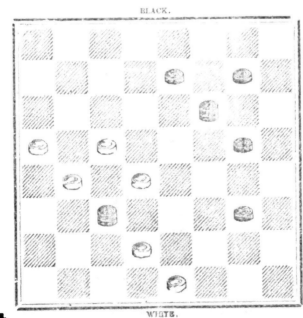

14	9
22	15
31	27
24	31
9	6
31	22
13	9
22	13
6	1
13	6

W. Wins.

W. to play and Win.

No. 75. By E. Hull.

19	16
30	26
29	25
4	8
25	21
26	23
21	17
8	12
16	11
23	18
17	21
18	9
21	17
6	10
13	6
5	9
6	2
9	13
2	6
13	22
6	15

W. Wins.

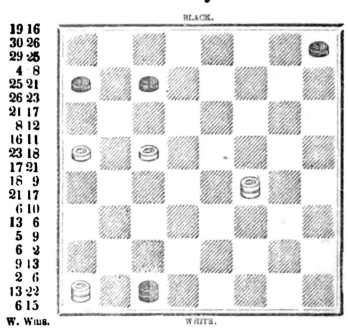

W. to play and Win.

No. 76. By E. Hull.

14	18
25	21
18	11
2	14
23	26
32	27
26	30
27	23
11	7
23	18
30	25
24	19
7	2
19	15
25	22
18	25
6	10

B. Wins.

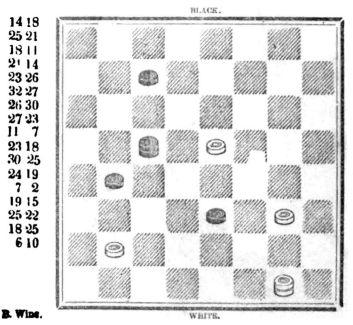

B. to play and Win.

No. 77. By P. Welch.

13 17
21 14
3 7
26 17
7 10
15 6
2 27
31 24
2 19
29 25
19 15

Drawn.

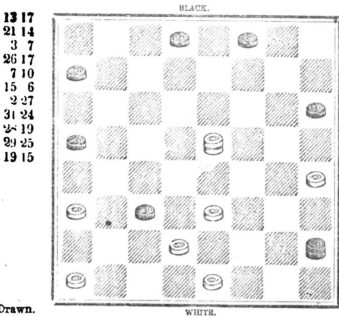

B. to play and W to Draw.

No. 78. By L. Kenyon.

23 19
24 15
31 27
32 23
14 10
5 14
6 1
15 6
1 19

W. Wins.

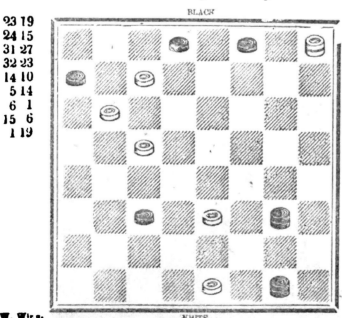

W. to play and Win.

DRAUGHT TREATISES.

This game has by several of the writers upon it been held to have preceded Chess of which it is supposed to be the root or source. In "M'Angus', Savage Life and Scenes" it is stated that Draughts is played by the savage tribes of New Zealand under the name of E'mu, and it does not seem possible they could have derived their knowledge of it from any other people.

Chess, according to Sir William Jones, dates some four thousand years back; if Draughts anticipated it, then, upon the principle that 'age is honorable,' the recreation is one of no mean pretentions.

We have some evidence of the estimation in which the game has been held in various countries by the publication of the following works on the subject, the first of which it will be seen was published over three centuries since.

1	Anton Torquemada,	Valencia	4 to	1547
2	Pedro Roderigo Montero,	do	4 to	1590
3	Lorenzo Valls,	do	4 to pp 110	1597
4	Juan Garcia Canalejas,	Spain	4 to about	1610
5	Juan Garcia Canalejas,	Saragossa	8 vo pp 144	1650
6	Pierre Mallet,	Paris	4 to pp 516	1668
7	Josef Carlos Garces,	Madrid	4 to pp 244	1684
8	Schmidt Johann Wolffgang,	Nurnberg		1700
9	Diego Cavallero del Quercitano,	Paris	8 vo pp 98	1727
10	Laclef,	do	8 vo 1736—	1740
11	William Payne,	London	8 vo pp 68	1756
12	Rica Paola Cecina Rica,	Madrid	8 vo pp 22	1759
13	Diego Cavallero del Quercitano,	Paris		1760
14	M. Manoury,	do	8 mo pp 144	1770
15	Ephraim Van Embden,	Amsterdam	8 vo pp 310	1785
16	M. Manoury,	Paris	12 mo pp 300	1787
17	William Painter,	London	8 vo pp 20	1787
18	Dictionnaire des Jeux,	Paris	4 to	1792

19 Manoury,	Bruxelles	8 vo 3rd Ed.	1796
20 Blonde,	Paris	8 vo pp 40	1798
21 A. F. Von Tholden.	Leipsic	8 vo pp 100	1800
22 Joshua Sturges,	London	8 vo pp 64	1800
23 J. G. Lallement,	Metz	12 mo pp 594	1802
24 F. Maillet,	Marseilles	12 mo pp 216	1804
25 M. Dufour,	Paris. 2 vols.	12 mo pp 516	1808
26 Sturges,	London	12 mo	1808
27 J. F. W. Koch,	Magdeburg	16 mo pp 276	1811
28 A. A. Everat,	Paris	12 mo pp 372	1811
29 J. G. Pholman,	London	12 mo	1811
30 do	do	16 mo pp 84	1815
31 F. Zimmerman,	Cologne	12 mo	1820
32 Ephriam Van Embden,	Amsterdam	2nd edition, 1785—	1822
33 J. G. Pholman,	London	16 mo pp 70	1823
34 Lauren Commard,	Paris	12 mo pp 222	1823
35 Blonde,	do	12 mo 2 vols	1824
36 J. Sinclair,	Glasgow	8 vo pp 46	1832
37 Lorenzo Sonzogno,	Milan	24 mo pp 122	1832
38 George Walker,	London Reprint of Sturges		1835
39 M. A. Lanci	Rome	8 vo pp 392	1838
40 John Drummond,	Falkirk	8 vo pp 66	1838
41 William Hay,	Sterling	8 vo pp 35	1838
42 George Walker,	New York, Reprint of Sturges		1845
43 Andrew Anderson,	Lanark	12 mo pp 75	1848
44 Bohn's Hand Book,	London, Sturges and Martins		1850
45 do	Philadelphia	do	1850
46 John Drmmmond		8 vo	
47 Walker,	London		1850
48 Alliey F. Commercy,		8 vo	
49 James Wylie,	Edinburg	16 mo pp 18	1852
50 Andrew Anderson,	Glasgow	12 mo pp 174	1852
51 John Drummond,	do	2nd ed. 8vo	1853
52 Andrew Anderson,	Am. Reprint	12 mo pp 176	1856
53 D. Scattergood,	Philadelphia	12 mo pp 32	1859
54 I. D. J. Sweet,	New York	16 mo pp 108	1859
55 Match Games between Anderson and Wylie.			
56 do do Martins and Coltbred.			
57 do do McKerrow and Martins,			1859
58 A book in the Yorkshire Dialect, date and title unknown.			
59 Thomas Hyde, De Ludis Orientalibus Oxonii,			1694
60 Ferraud Pierre Les veritas plaisantes, Rowan,			1702

61 Richard Twiss, Miscellanies, London,		1805
62 C. G. F. Von Duben, Unterricht, Berlin,		1810
63 Waidder S. Das Schachspiel, Vienna,		1837
64 Le Palamide, Chess Magazine, Paris,		1847
65 George Walker, The Philidorian, London,		1838
66 Yew York Clipper, Yew York,		1855
67 Porter's Spirit of the Times, do		1857
68 Wilke's Spirit of the Times, do		1859
69 Chicago Leader, Chicago,		1859
70 American Sportsman, Philadelphia,		1860
71 Household Journal,		1861
72 Henry Spayth, American Draught Player, 12mo, 1st edition,		1860
73 do do do do do 2nd do		1861
74 do do do do do 3rd do		1864
75 do Game of Draughts, do 1st do		1863
76 do do do do 2nd do		1864
77 do American Draught Player, do 4th do		1865
78 do Game of Draughts, do 3rd do		1865
79 do Draughts or Checkers for Beginners, do 1st do		1865

Nos. 10, 14, 15, 16, 20, 24, 25, 28, 29, 30, 31, 32, 34, 35, 60, 65
    Relating to Polish Draughts,...........................
English, 11, 17, 22, 26, 29, 30, 33, 36, 38, 40, 41, 42, 43, 44, 45,
    46, 47, 48, 49, 50, 51, 52, 55, 56, 57, 58, 61, 65,   28
French, 6, 9. 10, 13, 14, 16, 18, 20, 23, 24, 25, 28, 34, 35, 48, 60, 64,   17
German, 21, 27, 31, 62, 63...   5
Spanish, 1, 2, 3, 4, 5, 7, 12,.......................................   7
Italian, 37, 39...   2
Dutch, 8, 15, 32..   3
Latin, 59..   1
American, 53, 54, 66, 67, 68, 69, 70, 71, 72, 73, 74, 75, 76, 77, 78, 79   16

                                                          TOTAL......   79

Lightning Source UK Ltd.
Milton Keynes UK
UKOW021922281212

204188UK00007B/203/P